참역학은 이렇게 쉬운 것이다②
| 완결편 |

清岩 朴在鉉

본명 박청묵(朴淸默)
경북 영천시 고경면 단포리 133번지 출생
신의 계시로 입산수도 7년 만에 사주팔자 득도
사주팔자를 자연의 기(氣)과학으로 정립
격국과 용신을 새로운 측면에서 해석
음파메세지(氣) 성명학 · 한글이미지 성명학 창시
PSB TV 출연
MBC TV 「우리 이름 가는 길을 묻다」 단독출연
울산 매일신문 오늘의 운세 연재
울산 제일일보 오늘의 운세 연재
여성문화대학 생활역학 강사
사회단체 민족정신계승회 수석연구위원
한울경제연구소 자문위원
(주)행복한결혼 자문위원
전 음파이름학회 회장
전 음파메세지성명학회 회장
현재 한글이미지 음파작명원 운영

저서 : 『참역학은 이렇게 쉬운 것이다』(삼한)
　　　『참역학은 이렇게 쉬운 것이다② | 완결편』(삼한)
　　　『해몽정본』(삼한)
　　　『음파메세지(氣) 성명학』(삼한)
　　　『스스로 공부하게 하는 방법과 천부적 적성』(삼한)
　　　『한글이미지 성명학』(삼한)

검색어: 음파메세지, 음파작명
홈페이지 http://www.음파.kr, www.dao119.com

변함없는 전화　0505-516-2626
휴대폰　010-3566-0344

참역학은 이렇게 쉬운 것이다② — 완결편

1판 1쇄 인쇄일 2012년 6월 6일 | 1판 1쇄 발행일 2012년 6월 16일

발행처 삼한출판사 | 발행인 김충호 | 지은이 박재현
신고년월일 1975년 10월 18일 | 신고번호 제305-1975-000001호

411-776 경기도 고양시 일산서구 일산동 1654번지 산들마을 304동 2001호
대표전화 (031) 921-0441 | 팩시밀리 (031) 925-2647

값 23,000원
ISBN 978-89-7460-164-5　03180

신비한 동양철학 · 104

참역학은 이렇게 쉬운 것이다②
| 완결편 |

박재현 편저

삼한

 사람은 누구나 행복하기를 바랍니다. 그러나 대개 가난에 허덕이거나 고생스럽게 사는 것이 현실입니다. 생명의 에너지인 공기를 똑같이 마시면서 똑같은 시간을 보내는데 왜 누구는 가난하게 살아야 하는 것일까요? 누구나 행복할 권리가 있을 텐데요.

 필자는 왜 가난하게 살아야만 하는가에 대한 해답을 사주팔자에서 찾았고, 공부하는 아이들을 어떻게 지도해야 하는가도 사주팔자에서 찾았습니다. 이혼하지 않는 방법, 질병에 걸리지 않는 방법, 사업에 실패하지 않는 방법, 장애인이 되지 않는 방법 등에 대한 해답도 사주팔자에서 찾았습니다.

 우리는 대개 사주를 공부하기 시작할 때 선생이 가르쳐 주는 대로 배우고 따라합니다. 그냥 아무 생각없이 그렇게 배워 철학관이라는 간판을 내걸고 남의 운명을 봐줍니다. 대부분의 역학인들이 그렇다고 해도 과언이 아닐 겁니다.

 필자가 『참역학은 이렇게 쉬운 것이다』에서 용신론(用神論)에 대한 글을 쓴 후 용신(用神) 위주로 사주를 보지 않는 역술인들이 하나 둘 늘어나는 것은 사실입니다. 용신론(用神論)과 격국론(格局論)이 맞는다면 사주가 같은 사람들은 운명이 같아야 하는데 모두 다르게 살아갑니다. 그렇다면 용신(用神)과 격국(格局)이라는 이론은 맞지 않는다는 결론이 나옵니다. 이렇게 맞지 않는 이론으로 운명이 이러니 저러니 한다는 것은 어불성설이므로 과감하게 버릴 줄 아는 용기가 필요합니다.

필자는 사주학을 독학했다고 하나 실은 소형 녹음기를 들고 드나든 수많은 철학관 선생님들이 모두 스승이라고 할 수 있습니다. 전국에 계신 500분 정도의 선생님께 배웠으니 한두 사람에게 배운 이들과는 확실히 다르겠지요. 그들의 노하우를 모두 필자의 학문으로 승화시켰으니 말입니다.

『참역학은 이렇게 쉬운 것이다』는 1995년에 썼습니다. 그후 역학에 관한 책은 내지 않으려고 했으나 독자들께 고맙다는 인사도 많이 들었고, 역학에 대한 책을 더 내달라는 요구도 있어 『참역학은 이렇게 쉬운 것이다』에서 미처 쓰지 못한 사주를 활용하는 방법을 정리한다는 의미에서 다시 이 책을 내게 되었습니다.

전문가든 비전문가든 이 책이 사주라는 학문을 이해하는 데 도움이 되고, 사주에 있는 가장 좋은 길을 찾아 행복하게 살았으면 합니다. 특히 사주상담을 업으로 하는 분들도 참고하셔서 상담자들이 행복하게 살도록 도와주셨으면 합니다. 끝으로 변함없이 필자의 학문을 믿고 책을 내주시는 삼한출판사 김충호 사장님께 감사드립니다.

청암 박 재 현

제1장. 사주가 맞아야 하는 이유

1. 모든 생명체가 진화한 것은 틀림없는 사실이다

글 첫머리부터 진화론과 창조론을 말하려니 좀 이상하기는 하나 사주를 이해하려면 진화론과 창조론을 알아야 이해가 빠를 것 같아 필자의 견해를 언급해본다. 먼저 창조론은 기독교적 측면의 창조론으로 오해하지 않을까 하는 생각이 들지만 그것과는 무관하다는 것을 밝힌다.

그렇다고 불교신자도 아니다. 종교에 대해서 왈가왈부하고 싶지는 않다. 종교란 어차피 심약한 인간이 기댈 곳이 없어 찾는 것이라고 생각하기 때문이다. 이런 맥락에서 보면 기독교나 불교를 따질 이유가 하나도 없다. 그냥 자신이 추구하는 것과 맞는 것을 선택하면 된다. 여기서 말하고자 하는 창조론은 사주쟁이로서 그동안 분석하고 연구한 결과물이다.

『종의 기원』을 쓴 진화론자 다윈(Charles Robert Darwin)은 죽을 때

'(진화론적 입장에서) 종들이 조금씩 변한 흔적이 화석에 기록되어 있을 것'이라고 예언하였다. 그러나 1980년에 실제로 화석을 분석해보니 그런 흔적은 없었다. 특히 화석의 분석 결과 밝혀진 '종의 정지'는 중간종 같은 것은 원천적으로 존재할 수 없다는 것이 확인되었다. 한 종은 처음부터 끝까지 변하지 않는다는 것이다. 개구리는 영원히 개구리이지 황새나 두루미로 진화하기 위한 어떤 진화도 일어나지 않는 것이 화석의 참 모습이다.

그러나 이런 사실을 많은 사람이 모른다. '종의 정지' 결의는 대부분의 진화론자들이 알고 있고 창조론자들도 많이 알고 있는데 이를 이야기하는 사람이 없다. 또 DNA 정보 등이 새로 생길 수 없다는 사실을 명문화시킬 사람도 없다. 진화론자들은 절대 이런 일을 하지 않을 것이고 창조과학 쪽에서도 이런 사실에 대하여 무지하다. 아마 필자가 이런 것을 주장하면 사주쟁이가 헛소리 한다고 할 것이다. 그러나 사주쟁이의 헛소리이든 아니든 이 세상의 만물은 창조된 것이라는 것은 틀림없는 사실이다.

미국의 시사주간지 『타임』은 1995년 12월 4일 화석과 진화를 다루었다. 지구에서 발견되는 여러 지층 중에 캄브리아기(Cambrian)는 매우 유명하다. 캄브리아기는 수 킬로미터의 화석층인데 척추동물을 제외한 거의 대부분의 종이 한꺼번에 발견되었다. 캄브리아기는 영국에서도 많이 발견되었고 다윈 시대에도 이미 널리 알려진 사실이었다. 그래서 다윈에게 '진화론이 사실이라면 어떻게 캄브리아기에서는 모든 생명체가 한꺼번에 발견되냐'고 물으면 '캄브리아기 밑 어딘가 진화를 증명하는 지층이 숨어 있을 것'이라고 주장해왔다. 그러나 이런 주장은 더 이상 설득력이 없어졌다. 왜냐하면 다윈 이후 130년 동안 지구의 지층을 조사하였고 이제는 그 조사가 다 끝났기 때문이다.

1987년 이후 그린랜드·중국·시베리아 그리고 최근 나미비아까지 전 세계의 모든 지층들은 동일한 시간대에 동일하게 발전했음을 보여주고 있고, 캄브리아기 위로는 거의 모든 종이 한꺼번에 갑자기 출현하지만 캄브리아기 밑으로는 생물이 전혀 발견되지 않는다는 사실을 확인하여 주고 있다.

캄브리아기 밑으로는 아메리카·아프리카·호주 등이 대양을 사이에 두고 서로 멀어지고, 육지와 바다와 히말라야 산이 형성되던 흔적과 엄청난 화산·지진 등의 흔적과 도저히 생명이 살 수 없는 환경이었음을 알려줄 뿐이다. 더 충격적인 것은 만일 캄브리아기의 생명체들이 진화하여 생긴 것이라면 그 기간은 아무리 길어야 500~1000만 년 정도로 확인되었다는 사실이다.

『타임』은 이런 현상을 'Biology Big Bang' 또는 '초음속 진화'라고 소개하였다. 이 기사에서 취재 대상이 된 하버드대학의 MIT교수들은 이러한 발견이 동료 생물교수들에게 매우 큰 충격을 줄 것이라고 하였다. 생물학자들은 모든 종이 500만 년에 모두 진화했다는 사실을 설명할 도리가 없다는 것이다. 하버드대학 MIT교수들은 "우리가 과거에 추정하던 것보다 훨씬 더 빨리 많은 종들이 생겼습니다. 매우 이상한 일입니다."라고 하였다. 『타임』은 이 기사의 끝 부분에 "다윈의 진화론은 이제 화석에 나타난 현상들을 더 이상 설명할 수 없다. 다윈의 설보다 훨씬 더 빠른 속도로 진행되는 진화론이 나오지 않으면 안된다"라고 하였다.

결론적으로 『타임』은 생의 기원 문제에 대한 다윈의 가설은 완전히 폐기되었고, 새 이론은 검증된 것이 없고, 현재 화성 등 외계에서 생의 기원을 찾는 중이라고 하였다. 이는 곧 지구상에서는 생명체가 스스로 우연히 생겨날 수 없음을 시인한 말이다.

『타임』은 인류의 조상을 연구하는 분야는 과학이 아니라 상상에 불과하다고 결론지었다. 마지막으로 화석은 거의 탐사가 끝난 상태이고 그 결과는 다윈 진화론의 폐기라고 보도하였다. 즉 모든 종은 한꺼번에 나타났다는 것이다. 『타임』은 공공연히 다윈 진화론이 죽었음을 보도한 것이다.

『타임』은 매주 표지기사마다 편집후기를 맨 앞에 게재한다. 인류의 조상을 표지기사로 내보냈던 1994년 3월 14일 발행 분에는 수석부사장이 표지기사 편집후기를 썼다. 그 기사를 취재한 기자의 소감을 그대로 적으면 '인류의 조상을 취재한 기자는 기자가 되기 전 테네시 고등학교의 과학선생이었다. 그는 고등학교에서 가르쳤던 모든 진화론이 엉터리라는 사실을 고백하였다. 물론 다른 학교들도 엉터리로 가르쳐 왔다. 이런 사실이 최근 몇 차례의 『타임』의 진화론 특집기사로 밝혀진 것이다. 이제 진화론에 대하여 잘못 알고 계시던 분들은 생각을 바꾸어야 할 때가 온 것'이라고 하였다.

앞의 『타임』 기사에서 보듯이 이 세상의 만물은 진화한 것이 아니라 다른 방법으로 생긴 것이다. 그렇다면 어떤 방법으로 생명체가 탄생한 것일까 하는 의문이 생긴다. 우선 태양계를 보라. 저 하늘에 수없이 떠 있는 행성들. 그 행성들이 일정한 법칙 아래에서 움직인다는 사실을 주목할 필요가 있다. 행성들이 일정한 법칙없이 움직였다면 태양계는 벌써 어둠 속으로 사라졌을 것이고, 지구도 함께 사라지고 없을 것이다.

그렇다면 행성들이 일정하게 움직이는 법칙은 누가 만들었다는 말인가. 눈에 보이지 않는 존재가 있다는 것이다. 이 세상의 만물은 기독교에서 말하는 예수나 하나님이 창조한 것이 아니라 자연의 위대한 힘이 창조하였다. 그 위대한 존재를 우리는 창조주라고 부른다. 눈에 보이지는 않지만 부정할 수는 없다.

앞에서 말한 진화론은 이제 엉터리라는 사실이 밝혀졌다. 태양계를 비롯한 모든 것들이 창조되었다는 것을 부정하는 어리석음은 저지르지 말아야 한다. 더구나 생명체들은 창조된 후에 환경에 적응하지 못하는 종들은 사라지고, 잘 적응하는 종들은 진화해 왔다. 그리고 앞으로도 살아남기 위해서는 계속 진화할 것이다. 그 증거로 다음의 그림을 보기 바란다.

웬 나비와 얼룩말? 그리고 공작새 그림이냐고 할 것이다. 우선 나비 그림부터 보자. 중앙을 기점으로 양쪽 날개가 정확하게 대칭을 이룬다. 화가이거나 그림을 잘 그리는 사람이라야 이처럼 양쪽 날개가 정확하게 대칭을 이루도록 그릴 수 있을 것이다. 그리고 얼룩말의 아름다운 곡선무늬, 공작새의 꼬리부분에 있는 신비한 무늬도 그렇다. 진화론자나 과학자들은 이성에게 잘 보이려고 스스로 이런 무늬를 만들었다고 한다. 유치원생이 들어도 웃을 일이다.

손도 없을 뿐더러 자신의 등이나 꼬리를 볼 수도 없는데 어떻게 그렸다는 말인가. 그것도 이렇게 한치의 오차도 없이 아름답게 말

호랑 나비

산굴뚝 나비

아름다운 자태의 공작새

이다. 그러면 동료들이 그려줬을까. 천만의 말씀이다. 동료들이 아무리 그려주고 싶어도 그릴 수 있는 방법이 없다. 그렇다면 잠시 손이 있다가 다 그린 후에 사라진 것일까. 그럼 그렇다고 하자. 그렇다면 그렇게 그린 것이 어떻게 유전될 수 있다는 말인가. 그린 것이라면 당대에 끝나야 지극히 과학적인 것이다.

얼룩말

　이 그림들을 보면 분명히 누군가가 그렸다는 것이다. 컴퓨터에서 프로그램에 따라 그림도 되고, 그림이 움직이는 게임도 만들어 내며 별의별 것을 다 만들어낸다. 이와 마찬가지로 나비나 얼룩말이나 공작새 등을 만든 프로그램이 존재한다는 말이다. 그러니 자손 대대로 같은 무늬가 있는 것이다.

　이런 사실을 알고도 이 세상을 창조한 신비한 존재가 있다는 것을 부정할 수 있을까. 그래도 부정한다면 할 수 없지만 분명한 것은 누군가가 이 세상 만물의 프로그램을 만들었다는 것이다. 우주인일 수도 있고 4차원 세계에 사는 생명체일 수도 있다. 확실한 것은 그 어떤 것도 박테리아의 진화에 의한 것도 우연히 생긴 것도 아니라는 것이다. 어쨌든 지구에 존재하는 모든 생명체는 창조된 후 환경에 적응하기 위해서 진화했다는 사실이다.

이런 예는 수없이 많다. 그런데도 눈에 보이는 것만 믿는 과학자들은 부정한다. 그렇다면 왜 눈에 보이지 않는 공기를 마시면서 사는지 궁금하다. 학교에서 배우는 과학책에는 아직도 진화론에 관한 내용들로 가득 차 있다. 창조론에 대한 것은 싣지도 못하고 실으려고 노력도 하지 않는다. 원인은 창조론이라고 하면 먼저 기독교의 창조론을 생각하기 때문이다. 교육은 종교를 떠나 생각하고 가르쳐야 하는데 과학적으로 확실하게 증명된 진화론을 아직도 가르친다는 것은 후손들에게 거짓말을 가르치는 것이다. 진정으로 미래를 생각한다면 과감하게 수정해야 한다.

기독교에서는 성경에 쓰여 있는 대로 하나님이 이 세상을 창조했다고 주장하고 있는데 기독교에서 주장하는 창조론과 필자가 주장하는 창조론은 전혀 다른 차원으로 보아야 한다. 성경에서 말하는 신(God)은 그냥 신(神)일 뿐이다. 기독교가 우리나라에 들어올 때 신부들이 성경을 번역하려고 우리나라 신(神)을 알아보니 하느님을 비롯하여 천지신명님, 산신령님, 용왕님, 삼신할매 등 수없이 많아 어느 신(神)으로 번역해야 기독교를 포교하는데 도움이 될까를 고민하다가 하느님이라고 정한 것이다.

그 이유는 우리 민족이 숭배하는 최고의 신(神)이 한얼님이라는 것을 안 신부들이 한얼님을 자신들의 신(God))으로 둔갑시킨 것이다. 한민족의 정신 한얼이 오랜 세월을 지나면서 소리가 바뀐 것이 바로 하늘이고, 한얼님이라고 부르던 것이 하늘님으로 바뀌고, 그 하늘님이 발음하기 쉬운 하느님으로 바뀐 것이다. 그러니 하느님은 우리 민족의 사상적 근원인 것이다. 그것을 알고 신부들이 성경의

신(God)을 하느님이라고 번역한 것뿐이다. 그래서 천주교나 기독교가 더 빨리 대중들에게 다가갈 수 있었는지도 모른다.

아무튼 그들이 하나님이라고 부르면 부를수록 우리나라는 더 잘 될 것이다. 단군이신 한얼님에게 자꾸 도움을 청하면서 불러대니 한얼님이 잘 되도록 해주시지 않겠는가. 그 은덕으로 우리나라는 6.25전쟁의 폐허 속에서 불과 60여년 만에 13위 경제대국으로 성장했는지도 모른다. 이것은 기적이라고 표현할 수밖에 없다. 그런 측면에서 보면 천주교나 기독교인들에게 감사하다는 생각이 든다. 어쨌든 기독교에서 말하는 창조주 하나님은 그들이 종교적 차원에서 찾는 하나님이지 이 세상을 창조한 창조주는 절대 아니다.(삼한출판사, 박재현 지음, 『한글이미지 성명학』 9~17쪽에서 인용)

2. 사주가 맞아야 하는 이유

사주를 접하면서 처음 가진 의문은 사주는 왜 맞을까였다. 『사주정설』이란 역학책을 공부하던 아내에게 한자를 읽어주다 자연스럽게 접한 사주를 어느 정도 알게 되었을 때 필자의 사주부터 시작해서 가까운 사람들의 것을 분석하기 시작했는데 적중률이 높아 깜짝 놀랐다. 어떻게 글자로 된 학문이 이렇게 사람의 운명과 맞는지 도대체 이해되지 않았고 물어볼 사람도 없어 답답하였다.

사주팔자를 구성하는 글자라야 천간(天干) 10자와 지지(地支) 12자 뿐인데 말이다. 여러 사람의 사주를 볼수록 미치고 환장할 정도로 맞는 것이었다. 그렇다면 인간은 진화한 것이 아니라 창조된 것인가 하는 생각부터 별생각이 다 들었다. 특히 생년월일이 왜 그 사람의 운명을 좌우하는가 말이다.

이런 의문이 가시지 않은 어느 날 문득 깨달은 것이 있었다. 그것은 바로 살아 있는 모든 생명체는 공기를 마시고 내보내면서 생명을 유지한다는 사실이었다. 다시 말하면 공기가 없으면 모든 생명체는 이 세상에 존재를 할 수 없다는 사실이다. 그러니 그 공기가 바로 생명체들이 살아가는데 없으면 안되는 필요요소인 것이 틀림없으니 그 공기를 주에너지로 삼는 생명체인 사람은 그 공기의 영향을 받을 수밖에 없고, 그 공기의 변화에 따라 사람에게도 변화가 생길 것이라는 결론을 내고 보니 공기가 바로 사주를 구성하는 구성요소라는 확신이 들었다. 사주를 공부하다 보면 여기저기서 그 흔적을 발견하게 된다. 숨을 쉬지 않으면 살 수 없는 사람이기 때문에 그 공기로 구성된 사주팔자를 피할 수 없고, 사주팔자대로 모두 사는 것이다.

국어사전에서는 공기를 '지구를 둘러싼 대기의 하층부를 구성하는 무색무취의 투명한 기체. 산소와 질소가 약 1대 4의 비율로 혼합된 것을 주성분으로 하며, 그밖에 소량의 아르곤·헬륨 따위의 불활성 가스와 이산화탄소가 포함되어 있다. 동식물의 호흡, 소리의 전파 따위에 필수'라고 정의하였다.

공기는 지구의 역사와 더불어 생성된 것으로 공기가 없으면 지구 표면은 격렬한 태양광·태양열·우주선·우주진 등에 직접 노출되고, 탄소동화작용·질소고정작용·호흡이 이루어지지 않아 생물이 존재할 수 없다. 또한 소리가 공간에서 전파되지 않고 물체의 연소도 불가능하며 대기압이나 비·바람도 존재하지 않는다.

공기의 존재는 오랜 옛날부터 인정되어 왔다. 기원전 500년경 그리스의 자연철학자 아낙시메네스(Anaximenes)는 '인간이 살아 있는 것은 숨을 쉬기 때문이고, 호흡을 통하여 우리의 영혼과 육체가 서로 결합되어 농축되기 때문'이라고 설명하였다. 그는 또 '우리의 영혼이 공기로써 결합시키는 것처럼 호흡과 대기는 전세계를 에워싸고 있다'고 하였다.

아낙시메네스는 공기가 어떻게 만물의 근원이 되는가를 설명하기 위해 '질'적 차이들은 '양'적 차이들에 의해 야기된다는 중요한 개념을 설정했는데, 공기의 팽창과 수축은 양적 변화들을 보여주며 단일한 실체에서 발생하는 여러 사물들의 다양성을 적극적으로 설명할 수 있었다. 공기의 팽창은 온기를 발생시키는데 종국에는 불이 된다. 반면에 수축, 즉 공기의 농후는 냉기를 발생시키며 점차로 공기를 고체로 변환시킨다. 농후해진 공기는 바람을 만들고, 이 과정이 지속되면 물이 되고, 그 다음에는 땅이 생겨난다. 마지막으로 농후의 최후의 모습은 암석에서 발견된다는 일원설(一元說)을 주창하여 '우리의 영혼은 공기이고, 공기가 우리를 지배·유지하며, 공기는 신(神)'이라고 하였다.

서양에서는 이런 공기를 분석하며 이용하려고 했지만 동양에서는 한발 더 나아가 사람들이 사는데 필요한 방향으로 연구하며 발전시켰다. 공기를 이용한 것 중에 가장 중요한 것이 월력(月曆), 즉 달력이다. 이 월력을 기본으로 자연히 이루어진 것이 풍수지리와 사주학이다. 풍수지리는 바람의 흐름을 연구하며 발전해 온 학문으로 기본은 음양오행(陰陽五行)이고, 사주학 역시 기본은 음양오행이다. 이 음양오행이 공기에 존재하는 물질 에너지인 것이다. 사람은 산소를 호흡하면서 생명을 유지한다. 그러나 호흡할 때 산소만 마시는 것은 아니다. 공기 속에 있는 모든 요소를 몸 속으로 들이키고, 그 물질(에너지)들이 육체나 정신에 영향을 주므로 사람은 공기가 주는 영향대로 행동하며 사는 것이다.

아낙시메네스보다 훨씬 전에 우리의 조상인 단군은 인간은 자연의 일부분이라며 공기가 이 세상을 유지시키며 관리한다는 것을 깨닫고 음양오행을 발견하셨던 것이다. 오늘날 음양오행의 쓰임새를 보면 알 수 있다. 음양오행 없이는 한의학을 논할 수 없고, 우주 만물을 설명할 수 없다. 사주팔자만 보아도 확실하게 증명된다. 믿고 싶지 않아도 믿어야 한다. 눈에 보이지 않는다고 부정한다면 왜 눈에 보이지 않는 공기로 호흡하며 사는가.

일본에서는 산소카페가 유행한 지가 오래되었고, 우리나라에서도 공기청정기니 뭐니 하는 것들이 일상화된 지 오래되었다. 공기가 인간에게 아무 작용을 하지 않는다면 어떤 공기로 숨을 쉬든 무슨 상관이란 말인가. 눈에 보이지는 않지만 나뭇가지는 흔들리고 우리는 그 보이지 않는 공기로 생명을 유지하는 것이다.

필자는 사주팔자를 바꾸고 싶다는 사람들에게 사주팔자를 바꾸고 싶으면 숨을 쉬지 말라고 했더니 그러면 죽는다고 말한다. 그렇다. 숨을 쉬지 않으면 안되게 만들어놓고 그 속에 사람의 운명을 좌우하는 에너지가 생성되도록 한 창조주가 새삼스럽게 위대하게 느껴진다. 컴퓨터 프로그램이 데이터베이스에 깔려 있듯이 이 세상을 움직이는 에너지가 바로 공기 속에 깔려 있는 것이다. 이것을 이해하지 못하면 사주팔자를 바꿀 수 없고 사주라는 학문이 더 이상 발전하기 어려울 것이다. 언젠가는 과학이 이 미스테리를 푸는 날이 올 수 있을지 모르나 그렇다면 그날이 인류가 멸망하는 날이 아닌가 싶다.

왜냐하면 그 비밀이 풀리면 어떤 살상무기보다도 더 무서운 무기가 되는 공기의 기능을 이용하여 미운 놈들을 모두 없애 버릴 것이고, 너나 할 것 없이 모두 편안하게 살려고 할테니 하찮은 일은 누가 한다는 말인가. 그러다 보면 이 지구는 온통 싸움과 오물 투성이로 회복할 수 없을 것이고 공기는 엉망진창이 될 것이니 자연스럽게 모든 생명체들은 서서히 그 빛을 잃어갈 것이다. 이런 말들이 필자가 유명한 철학가라면 언론에서나 학계에서 떠들어 줄 것이고, 일부 학자들이 연구에 들어가기도 할 것이다.

공기가 사주팔자의 구성요소라고 한다면 왜 사주팔자를 구성하는 글자를 생년월일시에 두는가 하는 의문이 생길 것이다. 그것은 어머니의 뱃속에 있을 때는 어머니에게 에너지를 받기 때문에 밖의 공기와는 무관하기 때문이다. 그러다 태어나면서 공기와 접촉하기 시작하는데 바로 그 순간 공기의 구조가 작용하여 그 사람의 몸 구조로 만들고, 죽을 때까지 그 사람과 함께 있으며 도저히 그 구성된 공기의 구조를 버릴 수도 바꿀 수도 없다. 그때의 공기 구조와 조화를 잘 이루면 운이 좋아 하는 일이 잘 풀리고, 조화가 잘 이루어지지 않으면 실패나 질병, 사고 등이 일어나는 것이다.

그래서 생년월일시가 그 사람의 운명을 좌우하는 것이다. 좀더 쉽게 말하면 어머니의 뱃속에 있을 때는 공기와 접촉하지 않는다. 그러다 태어나는 순간 공기의 요소들이 그 사람의 몸에 입혀지는 것이다. 이것을 필자는 색상에 비유한다. 어머니의 뱃속에 있을 때는 색상이 없다가 자궁 밖으로 나오는 순간 공기 속에 존재하고 있던 에너지의 색상으로 온몸이 도색된다는 것이다. 그렇게 도색된 색상이 조화를 잘 이루면 모든 일이 잘 풀리고, 그렇지 않으면 고통스럽게 사는 것이다. 그리고 사람마다 색상이 다른데 개개인의 색상을 알아 볼 수 있는 프로그램이 바로 사주팔자이다. 이렇게 공기 에너지의 영향은 생명체는 물론 무생물에도 영향을 미친다.

아직 사주에서 풀리지 않는 것이 있다. 왜 내 사주 때문에 부모와 형제는 물론 배우자와 자녀에게까지 영향을 미치는가 하는 것이다. 그동안 이 문제를 많이 연구했으나 아직 답을 찾지 못하였다. 인간으로서는 도저히 알 수 없는 창조주의 영역이 아닌가 하는 생각이 들고, 알아봐야 사주팔자를 바꿀 수 있는 것도 아니여서 지금은 개인의 운명을 어떻게 하면 바꿀 수 있을까를 연구하고 있다. 가끔 한 사람의 사주에 여러 명의 관계가 나타나는 것을 본다. 신기한 일이다. 컴퓨터로 프로그램을 짜서 맞춘다고 해도 어려운 일이 한 사람의 사주에 나타나는 것이다. 다음은 혼자 살던 어느 남자와 상담한 내용이다.

"사주를 보니 지금 결혼하려고 하네요?"
"네. 올해 한 여자를 만났는데 결혼하려고 합니다."
"그런데 결혼하기 어렵겠습니다."

"왜요?"

"사주를 보니 그렇습니다."

"무슨 말이십니까?"

"남편이 있습니다."

"네? 남편이 있다구요?"

"네."

"사실은 남편이 아파서 누워 있는데 회복할 수 없다고 합니다."

"참 답답합니다. 우리나라 여자들은 병석에 있는 남편을 두고는 다른 남자와 절대 결혼하지 않습니다."

"……"

"그런데 묘하네요. 그 여자의 남편도 다른 여자가 있는데 그 여자도 남편이 있고, 그 남편도 또 다른 여자가 있습니다."

"네?"

"네. 그렇습니다."

"사주에 그런 것까지 나옵니까?"

"네."

"사실은 제가 그 여자를 너무 좋아해서 여기저기 수소문해서 집안을 알아보았는데 그렇더라구요."

"이렇게 사주에서 줄줄이 엮여 있는 것이 보이니 사주쟁이인 저도 신기합니다."

이렇게 서로 연결되는 것은 신이 아니면 할 수 없는 일이다. 그 많고 많은 사람들 중에서 말이다. 신도 보통 신이 아니라 창조주만

이 할 수 있는 것이다. 창조주가 일일이 사람들을 찾아다니며 당신은 이 사람을 만나야 하고 당신은 저 사람을 만나야 한다고 하지는 않을 것이다. 지구의 인구가 60억이 넘는데 일일이 어떻게 사주에 맞는 사람을 선택할 수 있다는 말인가. 그 임무를 맡은 것이 바로 공기이고, 그러한 일들이 일어나도록 프로그램이 되어 있다는 사실이다. 그 프로그램이 얼마나 정밀한지 한치의 오차도 생기지 않으니 사람은 어쩌면 신이 원하는 대로 사는지도 모른다.

그렇다면 신이 원하는 대로 사람이 살아간다면 운명을 바꿀 수 없다는 말인가 하는 의문이 생긴다. 그동안의 경험으로 볼 때 절대로 그렇지만은 않다. 사주의 주인이 하는 일이나 이름에 따라 운명이 바뀔 수 있도록 프로그램이 되어 있다는 것이다. 이것을 증명하는 방법은 간단하다. 이름을 바꾼 사람들이 과거의 삶과는 다르게 사는 것을 보아도 그렇고, 사주를 상담한 후에 교통사고가 날 운인데도 조심하여 사고가 나지 않는 것 등을 보면 확실하게 알 수 있다. 그렇게 운명이 바뀌어가는 것은 다름아닌 공기의 변화를 유도하여 좋은 에너지를 받아들이기 때문이다. 그러니 운명이 좋은 쪽으로 바뀌어 갈 수밖에 없는 것이다. 공기만 제대로 활용한다면 이 세상은 지상낙원이요 천국이 될 것이다.(삼한출판사, 박재현 지음, 『한글이미지 성명학』 22~29쪽에서 인용)

3. 전생의 업대로 사는 것이 아니라면 정말 억울할 것이다

불가에서는 잘 살고 못 사는 것을 흔히 전생의 업 때문이라고 한다. 그러나 아직 확인할 수 있는 방법은 없다. 전생의 업 때문에 고통스럽게 살아간다면 그나마 감수하기 쉽겠지만 사주팔자 때문이라면 정말 억울할 것이다. 누구는 사주팔자가 좋아 부자 부모를 만나 하고 싶은 일 다하면서 사는데 누구는 찢어지게 가난한 부모를 만나 일생을 돈 걱정을 하면서 살아간다. 이렇게 고생하는 사람들은 한결같이 전생의 업 때문이라고 생각하니 다행이다. 그렇지 않으면 세상에 대한 원망으로 묻지마 살인 같은 일이 수없이 일어날지도 모른다.

최근에 들어 자꾸 사람들은 정말 전생의 업대로 사는 것인가 하는 생각이 든다. 오늘도 서울역 근처에서 헤매는 노숙자들, 건설현장에서 뼈가 빠지게 일하는 노동자들, 생명을 내놓고 험한 파도와 싸우면서 고기를 잡는 어부들, 빈 상자를 하나라도 더 주우려고 밤늦게까지 거리를 헤매는 사람들, 오늘 죽을까 내일 죽을까 하며 죽음을 생각하는 사람들 등 많은 사람들의 생각이 모두 그러할 텐데 전생의 업 때문이 아니라면 억울해서 잠도 못잘 것 같지 않은가.

최면술로 전생을 볼 수 있다고 하나 걸 때마다 전생이 달라지니 믿기 어렵다. 알 수 있는 방법은 저 세상으로 가는 수밖에 없다. 죽어보지 않고는 알 수 있는 방법이 없다는 것이다. 그러나 전생의 업 탓을 하지 않는 방법이 사주팔자에 있다. 전생의 업으로만 생각할 것이 아니라 사주팔자를 활용하는 것이 더 중요하다는 것이다. 필자는 그 답을 찾았고, 이 책을 통해 밝히고자 하니 이제 전생의 업 타령은 그만두기 바란다.

그런데 사람이란 묘한 데가 있다. 잘 되면 자기가 잘 해서 그런 것이고 안 되면 조상의 탓으로 돌린다. 이제 조상탓으로 돌릴 일도 없고 그냥 사주팔자대로 행복하게 살면 된다. 다만 나이가 많은 사람들은 어렵다. 지난 세월을 되돌릴 수 없기 때문이다. 타임머신을 타고 옛날로 돌아갈 수만 있다면 사주팔자에 있는 가장 좋은 운으로 살 수 있는데 말이다. 그러나 나이가 어린 사람들은 행복한 삶을 살 수 있는 방법이 있다.

필자는 사주를 공부하면서 어떻게 하면 사주에 있는 좋은 운을 받아 행복하게 살 수 있을까 하는 생각만 했다. 그 결과를 얻기까지는 많은 시간과 노력이 필요했지만 결과는 엄청난 것이었다. 필자는 항상 운을 바꿀 수 없으면 사주를 보지 말라고 한다. 개운할 수 없는데 사주는 봐서 무엇하겠는가. 상담해주는 사람의 달콤한 말을 들으면 기분이야 좋지만 방법이 없고, 나쁜 얘기를 하면 기분만 나빠지니 굳이 사주를 볼 필요가 없다는 것이다. 머리만 복잡해지는데 돈버리면서 뭐하려고 사주를 보는지 모르겠다.

특히 상담할 때는 사주를 정확하게 알려주려고 나쁜 운도 모두 말해준다. 상담자는 좋은 말을 기대하며 왔는데 기분 나쁜 말만 하니 돌아가면서 온갖 욕을 한다는 것도 안다. 그뿐만이 아니라 주위 사람이 상담하려고 하면 적극적으로 말린다. 그러나 대개 몇 년 후에는 다시 찾아온다. 왜냐하면 살아보면 상담한 내용대로 되기 때문이다.

상담하러 오는 사람들은 대개 여자들인데 당신 사주가 그래서 남편이 바람을 피우는 것이고, 남편이 되는 일이 없다고 하는데 누가 좋아하겠는가. 그러나 무슨 사명감인지 계속 그렇게 상담하니 먹고 살기가 어렵다. 기분 좋은 말을 해주려고 해도 사주를 보면 도저히 그럴 수가 없다. 그러니 30여년 동안 욕먹는 일만 열심히한 꼴이다. 그래도 개운해서 행복하게 사는 사람도 많고, 그들에게 고맙다는 인사를 받는 맛으로 산다.

상담자에게 절을 받는 경우가 꽤 있는데, 큰절을 받을 때는 기분이 묘하다. 맞절을 할 수도 없고 우물쭈물하다가 그냥 받는 경우가 많은데 기분은 정말 좋다. 더구나 연세가 지긋한 분들한테 절을 받을 때는 더 그렇다. 그래서 이런 사람들의 운명을 바꿔주고 싶어 30년이 넘게 개운하는 방법만 연구했다고 해도 과언이 아니다.

4. 사주는 태어나자마자 보아야 한다

이 세상 모든 만물은 우주(자연)라는 모태에서 태어나 살다가 늙으면 다시 우주(자연)의 품으로 돌아간다. 살아 있는 모든 생명체는 자연의 법칙에서 벗어날 수 없고, 자연을 떠나서는 그 생명을 유지할 수 없다. 자연이라는 거대한 존재는 무엇으로 생명을 탄생시키고 또 생명력을 이어갈 수 있도록 만드는 것일까.

우리는 생명체를 좌지우지하는 공기를 천기(天氣)라 부르고, 땅속의 영양분을 먹고 자라는 식물을 지기(地氣)라 부른다. 살아 있는 모든 생명체는 천기(天氣)를 호흡하면서 천기(天氣)의 에너지를 얻고, 땅에서 자라는 음식물을 섭취하면서 지기(地氣)의 에너지를 얻어 천기(天氣)와 지기(地氣)의 에너지가 적절하게 조화를 이루어 가면서 생명을 유지하는 것이다.

천기(天氣)는 우주의 에너지이며, 만물이 살아가는 데 없어서는 안되는 원동력이기 때문에 천기(天氣)와 지기(地氣)가 넘치면 건강하고, 약하면 병약해지고, 부족하거나 없어지면 죽음을 맞이하는 데 지기(地氣)보다는 천기(天氣)가 더 중요한 생명의 에너지다.

천기(天氣)를 다스리며 움직이는 것은 태양과 달이며, 지구가 태양 주위를 돌면서 생기는 변화가 천기(天氣)의 흐름을 조정하고 봄·여름·가을·겨울이 있게 만들고, 그 속에서 모든 만물이 태어나고 병들고 죽어가는 것이다. 태양과 달과 지구의 위치에 따라 천기(天氣)의 흐름에 변화가 생기고, 기압의 차이로 바람이 불고 구름이 이동해 천기(天氣)도 함께 변동해 사계절이 생기고 낮과 밤이 생기며 낮과 밤의 천기(天氣)의 흐름이 다르고 하루에도 열두 번씩 천기(天氣)의 흐름이 바뀌는 것이다.

천기(天氣)의 흐름에 의해 태어난 생명체인 사람이기 때문에 천기(天氣)의 흐름대로 주어진 삶을 살아가는 것은 당연한 결과다. 그 천기(天氣)의 흐름에 의해 행복과 불행, 사랑과 이별, 건강과 질병, 부모 형제와의 관계, 배우자와 자식간의 관계, 직업, 결혼, 이혼 등을 겪으면서 사는 것이다.

필자는 인생을 산에 많이 비유한다. 처음에 태어날 때는 같은 위치의 정상에 있으나 운명의 길을 선택해 산 아래로 내려가기 시작하면서 각각의 운명이 달라지는 것이다. 처음에는 편안해 보이는 길을 선택해 내려가다보면 절벽을 만나는 경우도 있고, 처음에는 길이 험해 보여도 내려가면서 점점 평탄한 길을 만나는 경우도 있다. 처음에는 어느 길이 편하고 행복한 길인지 판단하기 어렵다. 그래서 많은 사람이 눈에 보이는 평탄한 길을 선택해 내려가다가 절벽을 만나 죽을 때까지 고생하는 것이다. 고통 속에 헤매는 대부분의 사람들이 눈에 보이는 상황만 보고 그 길이 고통이라는 늪으로 들어가는 길인지도 모르고 다시는 돌아오지 못할 길을 선택해 그 길로 가는 것이다.

그런데 눈에 보이지 않는 것을 볼 수 있게 해주는 프로그램이 바로 공기 속에 있는 생명의 에너지인 음양오행(陰陽五行)이다. 처음에 내려가는 길을 선택할 때 보이지 않는 길을 보이게 해주는 음양오행(陰陽五行)으로 이루어진 사주팔자를 처음 시작할 때 보면 가장 좋은 것이다. 그래야 조금이라도 고생을 적게 할 수 있고, 자신의 그릇을 알 수 있고, 자신의 천직인 재능을 살려 그 길로 가면 행복하게 살 수 있다.

대부분의 역술인들은 아이의 사주는 봐주지 않는다. 부모 밑에서 부모의 보살핌을 받으며 살아가기 때문이라고 하면서 말이다. 그러나 이 말은 자신의 무식을 드러내는 것이다. 사주를 전혀 모르는 사람이라면 이해할 수 있지만 사주를 배운 사람이 그런 말을 하는 것은 사주를 제대로 알지 못하는 것이라고 볼 수밖에 없다. 아무리 갓난아기라고 해도 사람인데 왜 천기(天氣)의 영향을 받지 않겠는가. 사람은 누구나 천기(天氣)의 영향을 받고, 천기(天氣)의 영향에 의해 아프거나 죽을 수도 있다. 그러니 사람은 태어나자마자 사주를 보아야 운명을 제대로 알 수 있다.

필자는 고등학생 이하의 사주는 무조건 봐준다. 지금도 인터넷카페를 열어놓고 무료로 봐주고 있다. 처음 선택은 매우 중요하기 때문에 어릴수록 사주를 보는 것은 더 유리하다. 나이가 많으면 많을수록 선택할 수 있는 길이 거의 없거나 적기 때문에 사주를 볼 필요가 없다. 그래서 나이가 많은 분들과 상담할 때는 건강문제 정도나 챙겨드린다. 사주를 업으로 하는 사람들에게 부탁한다. 대한민국의 미래를 걱정한다면 아이들이 태어나자마자 사주를 제대로 봐주라고.

5. 사주를 활용할 수 있는 부분은 많다

사주를 활용할 수 있는 부분은 참 많다. 첫째는 자신의 그릇을 아니 천직을 선택할 수 있고, 둘째는 자녀의 진로를 지도하는 데 많은 도움을 받을 수 있고, 셋째는 자신이나 가족의 건강을 지키며 사고를 막을 수 있고, 넷째는 좋은 운과 나쁜 운을 아니 실패는 줄이면서 성공을 극대화시킬 수 있고, 다섯째는 결혼생활의 실패를 막을 수 있다.

사주보다 더 과학적인 것은 없고, 사주를 정확하게만 분석한다면 절대 오진은 있을 수 없다. 사주라는 학문을 믿고 활용하는 사람과 믿지 않고 활용하지 못하는 사람과의 운명은 하늘과 땅 차이일 것이다. 모든 사람은 태어날 때의 조건은 같다고 생각한다. 물론 한 날 한 시에 태어나 사주가 같아도 부모가 부자인 사람이 있고, 부모가 가난한 사람도 있다. 그러나 현 시대는 부모의 도움없이도 얼마든지 공부할 수 있으니 그런 염려는 하지 않아도 된다. 다만 부모의 도움이 없다는 핑계로 노력하지 않기 때문에 사주팔자 타령을 하는 것일 뿐이다.

 우리는 주위에서 부모가 재산이 많아도 실패한 사람들을 쉽게 볼 수 있다. 그러한 것을 보더라도 부모의 재산이 있고 없고의 차이는 별 의미가 없다. 다만 의미를 붙인다면 성공할 때까지 남보다 더 노력해야 한다는 것 뿐이다. 위와 같이 사주가 같으면 일생을 같은 운명의 길로 살아가야 사주가 맞는다고 우기는 사람들이 있는데 이것은 하나만 알고 둘은 모르는 것과 같다.

 왜냐하면 사주가 같아도 어떤 직업을 선택하냐에 따라 운명이 달라지기 때문이다. 여기서 말하는 직업이란 천직이며 자신의 그릇이다. 이 직업이야말로 사람에게 가장 중요한 것이며, 그 사람의 운명을 결정하는 것이다. 사주가 나쁘다고 팔자타령을 하는 이들은 자신의 그릇을 과대평가하고 직업을 잘못 선택해서 스스로 자신의 운명을 나쁘게 몰아가는 사람들이다. 사람에게 가장 중요한 것은 직업이고, 그 직업에 따라 운명이 바뀐다는 것을 명심해야 한다.

제2장. 행복의 지름길은 천직대로 사는 것

1. 불행은 과욕에서 시작된다

동물의 왕국을 자세히 보면 사자가 편안하게 잠을 자거나 쉬고 있는 곳에서 그리 멀지 않은 곳에서 사자의 먹이인 노루·누·얼룩말 등이 한가로이 풀을 뜯는 모습을 볼 수 있다. 언제 사자한테 잡아먹힐지 모르는 판에 한가로이 풀을 뜯는 동물들이 이해되지 않는 사람도 있을 것이다.

동물학자들에 의하면 사자들은 포식한 후에는 절대 사냥을 하지 않는다고 한다. 배가 고파야만 사냥에 나서는 것이다. 그래서 사자의 먹이인 동물들은 사자가 배가 고픈지 부른지를 잘 알고, 사자가 배가 고플 때가 되었다고 판단하면 바로 도망치고, 사자의 배가 부를 것이라고 판단하면 사자가 가까이 있든 말든 한가롭게 풀을 뜯어먹는 것이다.

그러나 사람은 어떤가. 아무리 배가 불러도 한 마리라도 놓칠까봐

노심초사하며 모두 차지하려고 한다. 이것이 사람이다. 사람의 욕심은 끝이 없다. 재물이 많은 사람들은 재물이 얼마나 좋은지 없는 사람들은 모른다고 한다. 그러나 재물에 대한 욕심 때문에 얼마나 많은 사람들이 명예를 잃고, 얼마나 많은 사람이 죽어갔던가. 도대체 왜 사람은 이렇게 욕심이 많은 것일까.

동물 중에서 가장 욕심이 많은 것이 사람일 것이다. 사람의 욕심은 끝이 없다. 돈 앞에 무릎을 꿇는 수많은 정치인들이 바로 그 본보기일 것이다. 그들은 돈이 많으면서도 뇌물을 받다가 인생을 엉망으로 만들었다. 재물 때문에 대통령직에서 또는 수상직에서 쫓겨난 사람들, 그들은 먹고살 만큼 재물이 있을 텐데 더 탐내다 명예를 더럽히면서 감옥으로 갔다.

어디 그뿐이랴. 뇌물받다가 언론에 시달리거나 감옥에 가는 정치인, 퇴직금 한푼 받지 못하고 쫓겨나거나 감옥에 가는 공무원, 회사에서 공금을 횡령하다 쫓겨나는 회사원, 재산을 빨리 물려주지 않는다고 부모를 무참하게 죽이는 자식 등 이루 헤아릴 수 없다.

그놈의 돈이 무엇인지 돈 때문에 사람이 사는 것 같다. 돈이 많으면 많을수록 더 욕심이 생긴다고 하니 참 알다가도 모르겠다. 서민들은 먹고살 걱정을 하는데 배부르고 가진 자들은 어떻게 하면 한푼이라도 더 모을까로 골머리를 썩히니 정말 아이러니요 가관이다.

도대체 사람의 욕심은 어디까지인가. 세계 최고 갑부인 빌게이츠도 하루에 네 끼를 먹는 것은 아니다. 부자든 가난뱅이든 하루에 세 끼를 먹을 텐데 그렇게 많은 돈이 필요할까. 물론 돈이 많으면 편하겠지만 지나친 욕심이 화를 부른다는 것을 왜 모르는지. 돈이 아무리 많아도 생명을 연장시킬 수 있는 방법은 아직 없다. 언젠가는 다 두고 가는 것이 우리 삶인데 무슨 놈의 욕심이 그리 많은지.

필자는 돈 욕심이 가장 많은 사람이 누굴까를 생각해본 적이 있다. 아마 첫번째는 정치인과 종교지도자들이고, 두번째는 머릿속에 글깨나 든 사람들이고, 세번째는 기업하는 사람들일 것이다. 이렇게 욕심이 많은 사람들은 20% 정도인데 그 나라의 돈을 거의 가지고 있다고 해도 과언이 아닐 것이다.

몇 해 전에 만난 고등학교 여교사가 있었는데, 그녀는 연봉이 7,500만 원이나 되면서도 만족하지 못했다. 그 돈이면 4인 가족이 충분히 상류생활을 할 수 있을 텐데 말이다. 게다가 남편은 우리나라에서 손꼽히는 그룹 회사의 부장이다. 아마 잘은 몰라도 두 사람의 연봉을 합치면 1억 5천만 원은 넘을 것이다. 그런데도 부족하다고 하니 도대체 얼마나 더 벌어야 만족할런지. 상담하면서 말렸는데도 결국 학교를 그만두고 장사를 시작했다. 처음에는 잘 되는 것 같더니 갈수록 잘 되지 않아 1년 정도 버티다 가게문을 닫았다. 그 후 몇 년 동안 아무것도 하지 않았는데 지금은 어떻게 사는지.

사람들은 제각각 자신의 그릇을 갖고 이 세상에 태어났다. 이 세상을 담을만한 큰 그릇으로 태어난 사람이 있는가 하면 물 한방울만 담아도 넘치는 그릇으로 태어난 사람도 있다. 큰 그릇으로 태어난 사람은 재물이라는 물을 얼마든지 담을 수 있지만 작은 그릇으로 태어난 사람은 아무리 많이 담으려고 해도 넘칠 것이다. 그래도 욕심을 버리지 못하고 악착같이 재물을 채우려 하면 그릇이 견디지 못하고 깨지고 말 것이다. 그릇이 깨진다는 것은 바로 죽음을 의미하는 것이다. 옛말에 먹고살만하니 죽었다는 말이 있다. 자신의 그릇보다 더 큰 재물을 얻었기 때문이다.

몇 년 전 일본에서 있었던 일이다. 어느 한적한 길에서 노인의 시신이 발견되어 경찰서에서 부검을 해보니 굶어죽은 것이었다. 수소문 끝에 신원을 파악했는데 통장에 수백억 엔이 있었고, 주위 사람들에게 물어보니 돈을 쓰기가 아까워 이곳저곳을 돌아다니며 걸인으로 살았다고 한다. 그렇게 돈이 많으면서도 아까워서 쓰지 못하고 걸인으로 살았다니 참으로 기가 막힌 일이다.

이와는 다르게 사시는 분이 계셔 소개해본다. 어느 경치 좋은 관광지에서 닭백숙집을 하시는 어르신의 부탁으로 작명을 하러 가게 되었다. 처음이자 마지막 출장작명을 한 것이다. 그때 그 분이 필자의 사무실에 올 수 있는 시간이 없어서였다.

"어르신! 이곳은 관광지라 그런지 공기도 맑고 경치도 좋아 손님이 많겠습니다."

"그런대로 있지요."

"여기 뒤쪽을 보니 텃밭이 제법 넓던데 평상이라도 몇 개 더 놓으시지요."

"할망구하고 둘이 하는데 욕심은 없어요. 하루에 한 사람 오면 어떻고 두 사람 오면 어떻습니까? 먹고사는 데 지장없으니 욕심은 내지 않습니다. 그냥 놀면 뭐하나요. 소일거리로 장사를 하다보면 사람이라도 만날 수 있어 하는 거지 꼭 돈을 벌려고 하는 것은 아닙니다."

"어디 사람 마음이 어르신 마음 같습니까? 돈벌려고 별의별짓을 다하는 세상 아닙니까?"

"나는 살면서 자식들한테 절대 욕심부리지 말라고 가르쳤습니다. 아들이 둘인데 둘다 중견그룹에 다니지요. 늘 그럽니다. 돈 욕심은 절대 갖지 말아라. 너와 네 식구들이 건강하면 그것으로 만족하고 살아라 하고 말이지요."

"어르신의 말씀을 듣고나니 고개가 절로 숙여집니다. 오래오래 건강하십시오. 언제 시간나면 또 놀러오겠습니다."

이런 멋진 생각을 하는 분도 계신다는 말을 하고 싶어 적어보았다. 사냥감들이 한가로이 풀을 뜯는 모습을 보면서도 느긋하게 잠이 드는 사자처럼 산다면 얼마나 좋을까. 제발 자신의 그릇을 알고 세상을 살았으면 좋겠다. 그리고 돈독에는 절대 오르지 말아야 한다. 왜냐하면 어떤 명약으로도 치료할 수 없기 때문이다. 원효대사의 멋진 시가 있어 소개해본다.

다 놓아버려

옳다 그르다
길다 짧다

깨끗하다 더럽다
많다 적다를

분별하면 차별이 생기고
차별이 생기면 집착이 생기게 되는 것이다.
옳은 것도 놓아버리고
그른 것도 놓아버려라

긴 것도 놓아버리고
짧은 것도 놓아버려라

하얀 것도 놓아버리고
검은 것도 놓아버려라

바다는 천 개의 강
만 개의 하천을 다 받아들이고도
푸른빛 그대로요
짠맛 또한 그대로다

2 행복의 지름길은 천직을 선택하는 것이다

　세상을 살면서 노력하지 않는 사람은 없을 것이다. 그런데 왜 누구는 가난하고 누구는 부자가 되는가. 가난한 사람들도 최선을 다하면서 살았을 것이다. 그런데도 그들은 가난하게 살 수밖에 없고, 노숙자로 살 수밖에 없는 이유는 무엇일까.
　결과가 있으면 반드시 원인이 있는 법. 그 원인을 추정해보면 그들은 자신의 재능이나 적성을 제대로 찾지 못하고 돈을 많이 버는 직업만 쫓거나 게으르게 살았기 때문이라고 생각한다. 욕심을 버리고 자신의 재능이나 적성을 잘 알고 활용했다면 평생을 통해서 자신이 하고 싶은 일을 열심히 할 수 있으니 재물은 저절로 따라올 것이니 가난하거나 노숙자가 되지는 않았을 것이다.

결과가 좋지 않은 것은 모두 과욕이 부른 것이다. 무슨 일이든 돈만 벌 수 있다면 하는 생각으로 욕심을 냈고, 힘들고 어려운 일은 하기 싫으니 편하고 힘이 덜 드는 일만 골라서 했기 때문에 가난하며 노숙자가 된 것이다.

사람이 세상을 살면서 원하는 대로 모두 이룰 수 있다면 얼마나 좋겠는가. 천국이나 극락이 멀리 있는 것이 아닐 텐데, 세상일이란 원하는 대로 모두 이루도록 되어 있지만은 않다. 그런데도 사람들은 자신이 주인공이고 원하는 것은 다 이룰 수 있을 것이라고 막연하게 생각하며 살아간다.

본능대로 행동하면서 살면 문제없이 살 수 있다. 그러나 대부분의 사람들은 텔레비전이나 메스컴을 통해 보고 들은 좋은 것만 하고 싶고, 갖고 싶은 욕심으로 그저 돈만 많이 벌 수 있는 일이라면 자신의 재능이나 적성과 관계없이 직업을 결정하고 마는 것이다.

가난해진 원인은 성인이 되어 생긴 것이 아니다. 가난의 시작은 이미 어릴 때부터 싹트기 시작해 성인이 되면 완전히 자라는 것이다. 어떻게 어릴 때부터 가난의 싹이 트기 시작하냐고 묻고 싶을 것이다. 어릴 때 적성을 제대로 찾아 활용할 수 있도록 해주지 못하고 그저 돈벌이가 잘 되는 직업이나 성적에만 의존해 상급학교로 진학했으니 이미 가난은 시작된 거나 마찬가지다.

 적성이란 무엇인가. 그 사람의 재산목록 1호이다. 재산목록 1호를 무시하지 않고 잘 개발해 적성에 맞는 직업을 선택하면 평생 걱정 없이 행복하게 잘 살 것이고, 사랑하는 가족들까지도 행복하게 살 수 있을 것이다. 더구나 조기명퇴란 절대 있을 수 없다. 설사 조기 명퇴를 하더라도 나의 적성에 맞는 일이 또 다른 곳에 반드시 있을 것이다. 그런데도 우리는 적성을 외면하고 그저 돈 잘버는 직업이나 성적에만 매달려 원하지 않은 학교나 학과에 들어가 일생을 망치는 결과를 낳는다.

 몸에 맞지 않는 옷을 입고 평생을 살아간다고 생각하면 끔찍할 것이다. 그런데 한번 선택한 옷이 마음에 들지 않는다고 버리면 지금 입은 옷보다 더 맞지 않는 것을 입는 것은 뻔한 일이다. 자신이 수십 년을 공부하면서 가꾸고 만들어온 옷도 마음에 들지 않는데 아무 준비없이 생각나는 대로 하루아침에 만든 옷이 어떻게 잘 맞겠으며 내 마음에 들겠는가.

 평생을 입고 살아야할 옷, 내 몸에 꼭 맞고 내 마음에 쏙 드는 옷을 만들려면 어릴 때부터 열심히 공부해야 하는 것은 당연하지만 그보다도 자신의 적성을 하루라도 빨리 찾는 것이다. 단 한 시간이라도 빨리 적성을 안다면 연구하고 개발시킬 수 있는 시간이 더 많기 때문에 확실하게 적성을 살려 행복하게 살 수 있다.

 아이들은 자신이 어떤 재능과 적성을 갖고 있는지 잘 모른다. 설사 안다고 해도 부모가 인정하지 않는 경우도 많다. 부모들은 무조건 돈 잘버는 아이로 키우고 싶은 마음에서일 것이다. 그러나 이 부모의 욕심이 아이를 가난뱅이로 몰아간다는 사실을 명심해야 한다. 아이들의 재능과 적성을 발견하고 그 재능과 적성을 발전시켜 주고, 그 길로 갈 수 있도록 최선을 다해 도와주어야 아이들이 자신들이 가야할 길로 제대로 갈 수 있다. 그 길만이 아이들을 가난뱅이나 노숙자로 만들지 않는 최선의 방법이다.

 그럼 그 일을 누가 해야 하는가. 아이들의 재능과 적성을 발견하고 그 재능과 적성을 발전시켜 주고 그 길로 갈 수 있도록 최선을 다해 도와줄 수 있는 사람은 아이들을 이 세상에 오게 만들고, 아이들과 같은 DNA를 가진 부모가 가장 적임자이고, 그 다음이 아이들을 가르치는 선생님들이다.

 아이들의 재능이나 적성을 발견하고 그 재능대로 살 수 있도록 이끌어준다면 아이들은 하고 싶은 일을 하니까 신바람이 날 것이고, 신바람이 나서 일을 하니 능률이 오를 것이고, 능률이 오르니 사람들에게 인정을 받으며 수익이 창출될 것이다. 그러면 무슨 걱정이 있겠는가. 하는 일이 재미있으니 스트레스를 받지 않아 정신적으로나 육체적으로나 건강하며 행복하게 살 것이다.

 한번 선택한 길을 바꾸기는 어렵다. 사람들에게 자신이 하는 일에 만족하냐고 물으면 90% 이상이 그렇지 않다고 할 것이다. 자신의 일이 적성에 맞지 않아 다른 일로 바꾸려고 해도 현실이 허락하지 않고, 설사 과감하게 바꾸어도 그 일에 대한 전문지식이 약하기 때문에 대개 실패할 것이다. 첫 단추를 잘 끼워야 한다는 것을 모르는 사람은 없을 것이다. 그런데도 대부분은 첫 단추를 잘못 끼웠는지도 모르고 살다가 가난이라는 굴레에 갇혀버린다.

사람은 누구나 제각각 특성이 있고, 그 특성에 따라 맞는 일이 있어 그 일을 하고 싶어할 것이다. 분명히 하고 싶은 일이 있는데도 막연하게 인기있는 직업을 쫓거나 대학교 간판이나 따려고 허송세월하게 하는 것이 현재 우리나라의 교육시스템이다.

이런 교육 시스템이 아이들의 장래를 망치고, 부모의 욕심이 아이들의 장래를 망친다. 여기에 대해서는 다시 한번 자세히 짚어보겠지만 아이들을 가난하게 살게 할 것인가, 행복하게 살게 할 것인가는 부모가 하기에 달려있다. 제발 "도대체 누굴 닮아 그러니?"라는 말은 하지 말기 바란다.

교육시스템이 잘못되었더라도 그 시스템에 의한 교육을 받을 수밖에 없으니 그탓만 하면서 시간을 보내면 안 된다. 아이들의 재능이나 적성을 무시하고 성적에만 의존해 진학하면 허송세월만 보내게 될 것이다. 그런데 그렇게 보낸 허송세월이 다시 돌아올 수 있으면 좋으련만 세월이란 한번 가면 다시 돌아오지 않는다. 부모들은 그 허송세월이 사랑하는 내 아이를 가난의 늪으로 밀어넣고 있다는 것을 알아야 한다.

이런 사실을 알면서도 자신만의 생각으로 아이를 키우려는 부모가 있으니 부모의 자격을 정지시키는 법이라도 만들고 싶다. 바다로 흘러간 강물이 다시 돌아올 수 없듯이 한번 흘러간 세월은 절대 다시 돌아오지 않는다. 그러니 공부하는 시기는 정해져 있다. 그 시기를 놓치면 공부할 수 있는 기회가 거의 사라지고 만다. 그 공부할 수 있는 시기에 엉뚱한 일을 하니 가난하게 살 수밖에 더 있겠는가.

적성을 알아보는 프로그램들이 다양하게 있는 것으로 안다. 어느 프로그램을 활용하든 아이가 좋아하는 일이면 된다고 생각한다. 물론 매스컴이나 텔레비전을 보고 연예인이 되고 싶다고 해서 무조건 그 길로 가라고 부추길 수는 없을 것이다. 아이들을 잘 관찰하면 재능이나 적성이 보일 것이다. 무관심하게 아이를 보면 수십 년이 걸려도 아이의 재능이나 적성을 알 수 없다. 따뜻한 애정과 관심으로 주의 깊게 관찰해야 한다.

호박꽃에게 아무리 좋은 거름을 주면서 예뻐해도 장미꽃이 될 수는 없다. 아무리 잘 훈련한 개라도 사람의 말을 하라고 하면 할 수 있겠는가. 아무리 훌륭한 조련사가 훈련시켜도 개는 사람의 말을 할 수 없다. 개가 사람의 말을 할 때가 온다면 사람도 욕심대로 무슨 일을 하든 모두 이룰 수 있을 것이다.

이처럼 호박꽃이 장미꽃이 될 수 없고, 개가 사람의 말을 할 수 없듯이 사람도 제각각 능력과 재능이 따로 있다. 다시 말하면 할 수 있는 일과 할 수 없는 일이 있다. 부모들 중에는 자녀의 그릇은 작은 종지기인데 크고 아름다운 고려청자인 줄 아는 사람이 너무 많다. 그리고는 그 종지기한테 자꾸 고려청자가 되라고 강요하니 아이들은 죽도록 고생하나 결국은 어렵게 살아가게 된다.

그러나 종지기도 할 일이 있다. 그것이 적성인데 찾지 못하면 물이 넘치는 종지기에 계속 물을 붓는 것과 같은 현상이 생길 것이다. 넘치는 물을 감당하지 못하는 종지기의 고통을 생각해보라. 어떻게든 흘러넘치는 물을 담아보려고 안간힘을 쓰지만 물은 계속 넘치고 정신적인 고통만 더할 뿐이다.

내 목숨까지도 아끼지 않는 사랑하는 내 아이의 그릇이 사람의 생존권을 좌지우지할 수 있는 권력자 그릇인지, 사업가의 그릇인지, 다른 사람을 도와주면서 살아가야 하는 그릇인지, 자신의 이름을 내걸고 살 수 있는 그릇인지, 얼굴을 알리면서 살아야 하는 그릇인지, 인기를 업으로 삼아야 하는 그릇인지, 예술가 그릇인지, 기술자 그릇인지, 연구가 그릇인지, 병든 사람을 치료해주는 그릇인지를 잘 파악해서 최선을 다해야 행복하게 살 수 있다.

우리나라에는 대학교가 너무 많다. 성적이 좋지 않은 사람도 대학에 다닐 수 있는 시대에 사는 것은 어쩌면 축복일지 모르나 고급백수만 만드는 것이 현실이다. 성적이 좋지 않아도 대학은 졸업했으니 시시한 데나 일은 거들떠 보지도 않는다. 그러니 외국에서 근로자들을 데려오는 현상이 생기는 것이다. 내국인의 실업자만큼 외국 근로자는 늘어날 것이다.

대학교가 많다는 것은 군대식으로 말하면 장교를 양성하는 사관학교가 많다는 것과 같다. 모든 군인이 장교가 된다면 전쟁은 누가 하는가. 우리나라의 교육현실이 이렇다. 고급인력만 많아진다고 나라가 잘 되는 것은 아니다. 적재적소에 필요한 인력이 있어야 나라가 제대로 돌아간다는 것을 정치인이나 교육계 종사자들은 간과해서는 안 된다.

세상을 살면서 가장 중요한 것이 바로 자신의 그릇을 아는 일이고, 그 그릇에 맞는 일, 즉 하고 싶은 일을 하는 것이다. 그 길만이 행복한 삶을 살 수 있는 방법이다. 그러니 하루라도 빨리 재능이나 적성을 찾는 것이 가장 중요하고, 그 다음에는 그 길로 갈 수 있도록 도와주어야 한다. 그렇게 되면 가난은 대물림되지 않을 것이고, 아이들은 행복하게 살 수 있을 것이다.

3. 직업은 빨리 선택할수록 좋다

최근 대학졸업자의 과잉으로 고학력 실업자가 늘어나는 추세라고 한다. 대학까지 나왔으니 거기에 맞는 직장에 들어가야 하는데 자리는 한정되어 있으니 실력이 특별하게 뛰어나지 않으면 취직은 꿈도 꾸기 어렵다.

1990년대 이후 우리나라의 대학진학률은 급속히 증가했다. 1990년에 33.2%이던 것이 2004년에는 81.4%로 높아졌다. 실업계의 대학진학률도 8.3%에서 62.3%로 늘어났다. 그러니 대학졸업자가 취업을 한다는 것은 낙타가 바늘구멍을 통과하는 것보다 더 어려워진 것이다. 생각을 바꿔 아무 데라도 들어가려니 대학을 졸업한 것이 발목을 잡는다. 한마디로 배운 것은 많은데 써먹을 데가 없다. 그런데도 모두 대학에 가려고 고생을 마다하지 않는다. 대학을 나와도 별볼일이 없는데도 말이다.

대학생 중에 자신의 재능이나 적성에 맞는 학과에 들어간 사람이 몇이나 될까. 재능이나 적성과는 관계없이 성적만으로 가니 4년이라는 시간을 낭비하면서 쓸데없는 자만심만 키우게 된다. 그러니 대학에서 배운 것은 평생 한번도 활용해보지 못하는 경우가 허다하다. 차라리 그 학자금으로 다른 길을 찾아보는 것이 좋을 것이다.

자신의 재능이나 적성에 맞지 않는 학과에 들어간 학생이 80% 정도라는 통계자료는 충격적이다. 그 결과 중도에 학업을 포기하거나, 휴학하고 재수해서 다시 입학시험에 도전하거나, 편입시험에 매달리는 학생이 7만여명이나 된다고 한다. 그러나 그런 생각도 못하거나 엄두도 내지 못하고 되는 대로 학교를 다니다 졸업하는 사람이 더 많다고 한다. 그러니 대기업에 들어가서도 적성에 맞지 않아 이직을 희망하는 사람이 35% 이상이라고 하니 이 얼마나 불행한 일인가.

이런 결과를 가져오는 것은 자신의 재능이나 적성을 고려하지 않고 수능과 내신점수만으로 일단 좋은 대학에 들어가고 보자는 생각과 부모의 강권으로 인기학과를 선택했기 때문이다. 그나마 다행인 것은 요즘은 대학에서도 신입생을 뽑을 때 적성검사 비중을 점점 높인다는 것이고, 기업에서도 신입사원을 채용할 때 적성검사를 한다는 것이다. 따라서 취직이 잘 되는 인기학과를 나왔다고 해도 자신의 적성과 잘 맞지 않는다면 취업하기 어려울 것이고, 취직했다 해 좋은 성과를 내기가 힘들며 오랫동안 살아 남기는 어려울 것이다.

물건을 하나 살 때도 이것저것 생각하면서 결정하는데 자녀의 인생이 걸린 중요한 진학문제를 자신들의 생각이나 의지대로 쉽게 결정하는 것은 결코 자녀의 장래를 걱정하는 부모라고 할 수 없다. 물론 부모들도 할 말은 있을 것이다. 돈도 많이 벌어야 하고 출세도 해야 되지 않냐고. 그러나 그것은 자녀의 입장에서 하는 말이 아니다. 그래서 부모의 눈이 아니라 자녀의 눈으로 세상을 보자는 것이다.

인기학과나 유망직종이라고 해서 무조건 선택할 것이 아니라 내 자녀의 재능이나 적성에 맞는지를 우선 생각해야 한다. 자녀가 성공하기를 바란다면 어려서부터 고액과외를 시키기에 앞서 재능이나 적성을 관심 깊게 살펴보고 정확한 판단을 내리고 그 판단대로 도와주고 이끌어야 할 것이다. 부모의 욕심이나 편견보다 자녀를 중심으로 객관적으로 판단해서 그에 맞는 지식과 기술을 익혀 진로를 찾아가야 성공할 수 있다.

또 공부에 취미가 없어 성적이 중하위권에 머물러 있다고 해도 실망하거나 포기할 필요는 없다. 세상은 공평해서 잘난 사람이든 못난 사람이든 타고난 재능이 있고, 그 재능에 맞는 일이 반드시 있다. 그 재능만 찾는다면 누구라도 실패하지 않고 성공할 수 있는 것이다.

자녀의 재능을 발견하지 못했다면 관심있게 지켜보면 발견하게 될 것이다. 지금 재능이 보이지 않는다고 실망할 필요도 없다. 아직 재능을 발견하지 못했거나 개발하지 못한 것일 뿐이다. 자녀를 위해 우선적으로 부모가 할 일은 관심있게 지켜보면서 아이들의 재능을 발견하고 키워주는 일이며 그 재능을 발견하는 시기가 빠르면 빠를수록 성공률은 높아질 것은 분명한 일이다.

음악에 소질이 있는 자녀에게 그림을 그리라고 하면 어떨까? 일류 학원에 보내고 고액과외를 시키면 과연 그림을 잘 그릴 수 있을까? 천만의 말씀이며 이건 말도 안 되는 소리다. 절대 그림을 잘 그릴 수 없다. 그림을 그리는 재능은 타고나는 것이다. 이렇게 하는 것은 고통만 주고 삶 자체를 피곤하게 만들 것이다. 물론 극단적인 예이기는 하지만 천부적으로 타고나는 재능이나 적성을 하루라도 빨리 찾아 최선을 다해 도와 사랑하는 자녀가 아름답고 멋진 인생을 살 수 있도록 하자는 것이다.

4. 흘러간 물은 물레방아를 돌릴 수 없다

왜 이렇게 아이들의 적성 얘기를 많이 하는지 궁금할 것이다. 이유는 어리면 어릴수록 적성과 재능을 개발하기 쉽기 때문이다. 흘러간 물은 물레방아를 돌릴 수 없듯이 한번 흘러간 세월은 인생의 원동력이 될 수 없다. 나이가 어리면 어릴수록 선택할 수 있는 직업의 범위가 넓고, 나이가 많을수록 좁아지기 때문에 아이들 얘기를 많이 할 수밖에 없는 것이다.

비록 부모들이 가난하더라도 내 아이만큼은 행복하고 아름다운 삶을 살 수 있도록 할 수 있기 때문이다. 필자가 사주공부를 하면서 느낀 것은 천직을 외면하면 고생하고, 천직대로 살면 만사가 잘 풀린다는 것이다. 그래서 필자와 상담한 후에 운명을 바꾼 사람들이 한둘이 아니다.

사주에서 가장 중요한 것은 적성과 재능을 찾는 것이다. 그것이 바로 천직으로 가는 열쇠이기 때문이다. 사주에 있는 천직을 찾는 것이 사주를 보는데 가장 중요한 문제이지 운이 있고 없고가 아니다. 평생을 살면서 흔히 말하는 대운을 만나는 사람이 몇 명이나 될까. 거의 없을 것이다. 대운보다 더 중요한 것이 바로 천직이다. 운이 별로 좋지 않아도 천직대로 살면 잘 풀리는 것을 필자는 많이 보았다. 물론 필자가 천직을 찾아준 경우가 더 많지만 말이다. 분명한 것은 천직대로 직업을 택하면 잘 풀린다는 것이다.

이 세상에 존재하는 모든 것들은 제각각 임무가 있다. 특히 사람에게는 그 작용력이 더 강하다. 무생물이나 동물이나 식물 등은 본능적으로 움직이고 활동하면 자기의 임무를 다하는 것이다. 그러나 유독 사람만은 본능을 뒤로 한 채 욕심을 채우기 위해 자신이 이 세상에 온 이유를 잊어버리고 오직 욕구를 충족시키려고 엉뚱한 길로 가고 있다. 그 결과는 고통뿐인데도 말이다. 불교에서는 이것을 업이라고 말한다. 필자가 생각할 때는 업보다는 자의든 타의든 자신의 할 일을 모르고 다른 일을 선택해서 생긴 것이라고 본다.

사람들은 똑같은 사주로 태어났으면 똑같이 살아가야 한다고 생각한다. 이것은 절대 아니다. 10여년 전인가 어느 텔레비전 프로그램에서 김영삼 전 대통령과 같은 사주를 가진 사람들을 찾아 그들의 삶을 방송한 적이 있다. 남자들도 있었고 여자들도 있었다. 모두들 한결같이 고생한 것은 김영삼 전 대통령과 별반 다를 것이 없었지만 그들은 대통령은 아니었다. 왜일까? 그들은 지도자가 되기 위해 노력하지 않았기 때문이다. 물론 부모에게 물려받은 재산 등도 달랐다.

그러나 열심히 공부하고 노력했다면 그들도 지도자가 될 수 있었을 것이다. 사주가 같다고 같은 삶을 산다면 이 세상은 살 맛이 없고, 사람은 신의 꼭두각시에 불과할 것이다. 사람은 절대 신의 꼭두각시는 아니다. 사람들 모두 행복했으면 하는 바램이 신의 바램이었겠지만 욕심많은 사람들이 그렇게 하지 않는 것이다. 그런데 전생에 업이 많아 그렇다고 쉽게 말한다.

 물론 전생의 업 때문에 그런지도 모른다. 그러나 분명한 것은 내가 하는 일에 따라서 길흉이 바뀐다는 것이다. 더욱 쉽게 간단한 예를 들어보면 명예운이 똑같이 좋은 두 사람이 있다고 가정해보자. 한 사람은 봉급생활자을 하고 한 사람은 사업을 한다고 했을 때 직장인이 승진하고 출세하는 운일 때 사업하는 사람은 관재구설수에 휘말리게 된다.

 이러한 예를 보면 알 수 있듯이 자기가 하는 일에 따라 길흉이 달라진다는 것을 우리는 경험을 통해 알 수 있다. 이렇게 되면 두 사람의 생활 차이는 엄청나게 벌어진다. 이런 일들이 반복되면 한 사람은 편안하고 행복하게 살아갈 것이고, 다른 한 사람은 눈물과 고통 속에서 헤매며 살아갈 것이다.

 예전에는 태어난 환경이 다르고 부모 형제가 달라 다르게 사는 것이라고 했다. 천만의 말씀이다. 지금은 부모 형제가 재물이 없어도 열심히 공부해서 성공할 수 있는 시대다. 돈이 없어 공부를 못한다는 말은 새빨간 거짓말이다.

 2001년부터 중학교 무상의무교육이 전국적으로 시행되고 있다. 중학교까지 무상으로 공부를 시켜주겠다는데 왜 공부를 못한다는 말인가. 그 다음부터는 공부만 잘 하면 장학생으로 얼마든지 공부할 수 있다. 돈이 없어 공부를 못한다는 말은 하지 말기 바란다. 물론 학원비나 과외비 등이 많이 들어가는 것은 사실이다. 그러나 공부하려고 들면 EBS 방송을 보면 강의 내용이 알차고 좋다. 특히 요즘은 컴퓨터의 발달로 방송 프로그램을 비디오 없이도 녹화할 수 있고, 편한 시간대에 얼마든지 반복해서 볼 수도 있다.

공부만 능사가 아니다. 기능 방면에 재능이 있으면 기능인이 되면 되고, 요리에 취미가 있으면 요리사가 되면 되고, 운전을 잘 하면 운전을 하면 된다. 공부를 못해도 할 수 있는 일은 아주 많다. 다만 힘든 일은 하지 않으려고 하기 때문에 가난하게 사는 것 뿐이다. 지금은 자신의 적성에 맞는 일만 한다면 얼마든지 가난에서 벗어나 경제적으로 아무런 걱정없이 행복하게 살 수 있다. 그 가장 기본적인 것이 바로 자신의 적성을 찾아내는 일이다.

일반적으로 적성을 찾을 수 있는 합리적이고 과학적인 프로그램들도 많은 것으로 알고 있으나 더 정확한 것은 사주라고 본다. 사주에서 벗어나는 적성은 실패할 확률이 높다. 필자가 생각하기에는 사주에서 우선적으로 적성을 찾고 그 다음에 세부적인 것은 다른 프로그램이나 다른 정보들을 활용하는 것이 가장 좋다.

의사가 아닌 사람이 수술을 하면 반드시 의료사고가 나며 의사 자격증을 가진 백수들이 의외로 많다. 이것은 사람의 생명을 다루면 안되는 사람이 사람의 생명을 다루기 때문에 생기는 불상사다. 우리 부모들은 자녀들이 공부를 잘 하면 판사·검사·의사 등을 하라고 부추긴다.

물론 공부를 잘 하면 사법고시나 의사고시에 합격할 확률은 높다. 그렇지만 그 길이 자신의 적성과 맞지 않는다면 중간에 포기하거나 잘 풀리지 않아 백수가 되는 경우가 없다고는 할 수 없을 것이다. 실제로 판사생활을 하다가 그만두고 영업용 택시 기사를 하는 사람이 있다고 들었다. 존경심이 저절로 생긴다.

욕심 때문에 자신의 길을 가지 않고 다른 길로 가면 일은 뜻대로 풀리지 않고 돈도 벌지 못하니 가족에게 맛있는 음식은커녕 끼니도 제대로 먹이지 못하는 결과를 초래하게 될 것이고, 삶에 지친 아내는 가정을 버리고 떠날 것이며, 자녀들은 결손가정의 아이가 되어 정신적인 고통 속에서 헤매게 되니 공부가 제대로 될 수도 없을 뿐더러 돈이 없으니 공부를 제대로 시킬 수도 없을 것이다. 그러면 자녀들의 인생도 엉망이 될 것이며, 더 심하면 결혼도 하지 못하고 평생 독신으로 고독하게 살다가 원많고 한많은 세상을 원망하면서 죽어갈 것이고, 후손은 끊어질 것이다.

이 세상에서 가장 큰 죄는 스스로 목숨을 끊는 것이고, 그 다음이 바로 자식을 낳지 않는 것이다. 자식을 낳지 않는 죄를 지었으니 죽으면 아마 불지옥에 떨어지지 않을까.

자신의 적성을 제대로 찾아 자신의 길로 가야만 행복한 삶을 영위할 수 있다는 것을 다시 한번 강조하고 싶다. 자신의 길이 어느 길인가를 하루라도 빨리 찾기를 간절히 바라는 마음이다. 특히 자녀의 길을 빨리 알아야 한다. 그래야만이 내 사랑하는 자녀가 아름답고 행복하게 살 수 있는 것이다. 그래야만이 후손들이 영원하게 부귀영화를 누리게 될 것이다.

사주를 볼 때 가장 중요한 것은 직업을 찾는 것이다. 직업만 제대로 찾으면 최고의 역학자라고 해도 무방하다. 현대는 직업이 세분화되고 전문화되어 사주분석을 하는데 어려움이 많다. 그리고 직업도 다양하다. 그 다양한 직업 중에서 무엇을 선택하냐는 것이 매우 중요하다. 잘못 선택한 직업은 바로 실패로 연결되기 때문이다. 실패를 하지 않으려면 정확한 사주분석이 있어야 한다. 정확한 사주분석을 하는데 도움을 주려고 필자가 그동안 연구하고 체험한 것을 글로 쓰고자 하는 것이다.

물레방아를 돌리려면 새로운 물이 필요하듯이 앞으로 남아 있는 세월을 잘 활용하려면 지금이라도 직업에 대한 생각을 다시 해보아야 할 것이다. 어떤 직업이 천직인지를 찾아야 한다. 나이가 어리면 어릴수록 선택의 폭도 넓고 개발의 가능성과 시간도 충분하다. 그러니 하루라도 빨리 자기의 천직을 찾을 수 있으면 좋겠고 상담해주는 역술가라면 이 책을 참고삼아 상담자에게 맞는 천직을 찾아 주기를 바라는 마음이다.

5. 부모의 욕심과 잘못 때문에 낙오자가 될 수도 있다

부모들은 자식들을 보기만 하면 공부타령이다. 초등학교에 들어가기 전에는 그림을 그려야 하고, 초등학교에 들어가면 피아노·미술·영어·컴퓨터·과외 등 수많은 학원을 다녀야 한다. 과연 그많은 것들을 배워 몇 가지나 활용하면서 사는지 궁금하다.

자녀의 타고난 재능을 찾아 개발시켜 줄 생각은 하지 않고 오직 일등을 해서 좋은 대학에 가야 하고, 공부를 잘 하면 무조건으로 판사나 검사나 의사가 되기를 바라면서 그 길로 몰아넣는다. 다행히 그 길이 천직이라면 모르나 그렇지 않으면 자녀의 운명은 비참해질 것이다.

특히 사업운이 없는데도 부모의 사업을 물려받으라고 강요하기도 한다. 이런 경우에는 100% 실패한 뒤 일생을 방황하며 살아가게 된다. 또 부모의 재산을 믿고 마구 쓰는 자녀들도 있다. 이런 경우에는 자녀에게 절대 돈을 주면 안 되고 빚도 갚아주면 안 된다. 돈을 주거나 빚을 계속 갚아주면 그 자녀는 부모의 그늘에서 벗어나지 못하고 부모의 재산이 거덜나고 나면 그때부터 고생길로 접어들게 되어 있다. 여기에 그렇게 비참하게 사는 사람들 얘기를 모두 쓸 수는 없다. 그러나 그런 사실이 현실에 있다는 것은 여러분도 아시리라 믿는다.

공부를 잘 하면서도 운동에 소질이 있는 사람도 있을 수 있고, 그림에 소질이 있는 사람이 있을 수 있고, 기계공작에 소질이 있는 사람도 있을 수 있고, 요리를 하는데 소질이 있는 사람이 있을 수도 있는데도 그 재능을 개발해 줄 생각은 하지 않고 오직 판사나 검사나 의사를 선호하게 되니 결국은 부모가 자녀의 신세를 망칠 수도 있다. 자기의 적성이 판사나 검사나 의사가 아니면 거의 다른 직업을 선택해 떠나게 된다. 특히 의사는 천직이 아니면 반드시 의료사고가 일어난다. 언론에 보도되는 의료사고의 주인공들은 분명히 천직이 의사가 아닌 사람들이라는 것을 사주를 보지 않아도 알 수 있다.

부모의 역할이 얼마나 중요한가는 말하지 않아도 독자들도 알고 있을 것이다. 상담하다보면 분명히 공부를 열심히 해야 할 운인데도 공부하지 않은 사람들이 있다. 그래서 물어보면 부모가 돈벌이에 바빠 자녀에게 관심을 가질 시간이 없었다는 것이다. 자녀는 부모의 분신인데 돈버는 데만 신경쓸 것이 아니라 자녀를 훌륭하게 키우는 데 더 많은 노력을 기울여야 한다. 자녀의 길흉은 부모에게 달려 있기 때문이다.

일부 역술인들은 아이들의 사주를 보면서 신살(神殺)을 가지고 나쁜 쪽으로 아이들의 사주를 몰아부칠 때가 있다. 이것은 매우 위험한 일이다. 아직 부모의 보호 아래 자라고 있는데 신살(神殺)로 아이들의 인생을 함부로 말하면 안 된다.

상담 중에 가끔 듣는 얘기인데 아직 한창 자라는 학생한테 승려 팔자라고 하는 역술인이나 승려가 있다. 물론 사주에 재관(財官)이 없거나 부족하면 승려나 종교인이 된다고 나와 있지만 그것은 어디까지나 교과서적인 얘기이지 사실은 아니라고 생각한다. 지금 공부하고 있으니 열심히 공부해서 직장인이 되면 만사가 해결된다.

물론 승진하는 데는 어려움이 좀 따르겠지만 그래도 일생을 사는 데는 아무런 문제가 없다. 그런데도 그런 말은 하지 않고 교과서적인 말만하는 무식한 역술인이나 승려가 있다는 것이다. 물론 이런 승려는 거의 먹고살려고 머리깎고 부처님을 등에 업고 사주란 것을 가지고 중 노릇을 하는 사람이다. 이런 머저리 같은 인간들이 어찌 숨을 쉬면서 살고 있는지 귀신은 도대체 뭘하고 있는지.

필자는 비록 사주쟁이지만 자라나는 소중한 아이들을 생각하면서 『스스로 공부하는 방법과 천부적 적성』이라는 책을 썼다. 이 한 권의 책이 많은 아이들을 행복한 길로 안내해 줄 것이라는 기대감으로 그동안 느끼고 경험한 것을 썼다. 지금도 꾸준히 팔린다고 하니 사주쟁이가 된 보람을 느낀다.

제3장. 천직을 찾는 방법

1. 권력자가 되어야 하는 신살(神殺)

1. 백호살(白虎殺)

백호살(白虎殺)은 피를 본다는 살인데, 해당하는 육신(六神)에 따라 각각 다르다. 호랑이가 많았던 시절에는 호랑이한테 물려 죽는다는 살이었으나 요즘은 수술이나 교통사고 등으로 피를 보는 것으로 본다. 『참역학은 이렇게 쉬운 것이다』에서 밝혔듯이 십간(十干)과 십이지(十二支)의 특성이 사람에게 그대로 나타난다는 것이다. 이것은 엄청난 발견이나 필자는 아직도 왜 십간(十干)과 십이지(十二支)의 특성이 사람에게 나타나는지를 알지 못한다. 그러나 그런다는 것은 분명하며 변하지 않는다는 것이다.

백호살(白虎殺)이란 말 그대로 흰 호랑이가 다른 동물을 잡아먹는 것을 말한다. 동물을 잡아먹고 사는 호랑이의 기가 사주에 있는 사람은 호랑이의 특성을 그대로 지니게 되고, 호랑이처럼 살아야만 일생이 편안하다는 것이다. 그것도 그냥 호랑이가 아니라 흰 호랑이다. 그러니 반드시 호랑이 중에서도 최고의 왕처럼 살아야만 일생을 행복하게 살아갈 것이다. 호랑이가 풀을 먹고사는 것을 본 사람이 있는가. 호랑이는 고기를 먹어야 산다.

그럼 호랑이처럼 살려면 어떻게 해야 하는가. 호랑이가 하는 일이 무엇인가. 배가 고플 때 원하는 먹잇감을 선택할 수 있는 권한이 있다. 이 말은 토끼든 여우든 사슴이든 호랑이의 권한이라는 것이다. 호랑이의 입맛에 따라 사냥하는 동물이 달라진다는 것이다. 그러니 동물들의 생명을 좌지우지할 수 있다는 것이다.

동물들의 생명을 좌우할 수 있는 백호살(白虎殺)이 그대로 나타나니 사주에 백호살(白虎殺)이 있으면 생명을 좌지우지할 수 있는 일을 해야 한다는 것이다. 이게 무슨 뚱딴지 같은 말이냐고 하겠지만 그렇다. 사주에 백호살(白虎殺)이 있으면 생명과 관계있는 권력자가 되어야 한다. 만약 권력을 잡는 직업을 갖지 못하면 인생살이가 어려워진다. 인생살이만 고달픈 것이 아니라 몸에 칼을 대는 일이 생기거나 교통사고 등으로 반신불수가 될 수도 있다.

이유는 간단하다. 권력자가 되지 못하면 내가 권력자에게 당하기 때문이다. 그래서 후천적으로 장애가 생긴 사람들 중에는 백호살(白虎殺)이 있는 경우가 많다. 상담할 때도 "권력자가 되어야 하는데…." 라는 말을 하면 몇 년 전에 교통사고를 당해 반신불수가 되었다고 하는 경우가 많다. 물론 나이가 좀 든 사람들인 경우가 많다. 사주가 얼마나 무서운 것인가를 실감하는 순간이다. 사주에 백호살(白虎殺)이 있는 사람은 어릴 때부터 권력자가 될 생각을 하고 살아야 한다. 그렇지 않으면 나쁜 운을 만났을 때 사고를 당해 장애인이 될 수도 있다.

백호살(白虎殺) 작용은 일주(日柱)에 있는 것이 가장 강하고, 그 다음은 월주(月柱)에 있는 것이다. 그 외에는 그렇게 강하다고 보지 않는다. 만일 일주(日柱)에 있으면 반드시 피를 본다.

권력을 잡는 직업으로는 법조계·군인·경찰·의사·유전공학자·미용사·이용사·요리사·조경사·화원·과수원·묘목원·의류재단사·정치인·공무원·교사·식육계 등을 들 수 있다.

2. 인사신(寅巳申) 삼형살(三刑殺)

인사신(寅巳申) 삼형살(三刑殺)은 자신의 힘을 믿고 기고만장하는 살로, 역시 권력을 쥐어야 하는 아주 강한 살이다. 여기에 해당하는 대표적인 사람은 박정희 전 대통령이다. 그 누구도 그의 눈을 정면으로 바라보지 못했다고 한다. 강하게 밀어부친 산업개발이나 유신체제 모두 이 살의 힘이며 작용이라고 본다.

사주에 이 살이 있으면 권력을 잡아야만 일생이 편안하다. 그렇지 않으면 나쁜 운을 만났을 때 저 세상으로 가거나 불구자가 될 수도 있다. 그러나 다음과 같은 경우에는 인사신(寅巳申) 삼형살(三刑殺)의 작용이 반감된다. 인사(寅巳) 역마(驛馬)에 재성(財星)이 지살(地殺)에 해당하면 항공계통 일을 많이 하는데 인사신(寅巳申)의 작용력이 반감되고, 사신(巳申) 역마(驛馬)에 재성(財星)이

지살(地殺)에 해당하면 바다와 관계있는 일을 많이 하는데 삼형살(三刑殺) 작용이 반감된다.

권력을 잡는 직업으로는 법조계·군인·경찰·의사·유전공학자·미용사·이용사·요리사·조경사·화원·과수원·묘목원·의류재단사·정치인·공무원·교사·식육계 등을 들 수 있다.

3. 축술미(丑戌未) 삼형살(三刑殺)과 자묘(子卯) 자형살(自刑殺)

축술미(丑戌未) 삼형살(三刑殺)과 자묘(子卯) 자형살(自刑殺)은 작용력은 좀 약하나 형살(刑殺)임에는 틀림없다. 그러니 역시 권력자가 되는 것이 최선이다. 물론 권력자가 되지 않았을 때의 흉함은 다른 살들에 비해 약하지만 어려움을 겪는 것은 마찬가지다.

사주에 축술미(丑戌未) 삼형살(三刑殺)이 있는데 권력을 잡지 못하면 본인이나 해당하는 육신(六神)이 알코올중독·약물중독·가스중독·가스폭발 등을 겪고, 나쁜 운을 만나면 음독자살을 하는 경우도 많다.

사주에 자묘(子卯) 자형살(自刑殺)이 있으면 자기 주장이 너무 강하고, 남의 의견을 무시하며 예의가 없고, 성격이 냉혹해 다른 사람들과 잘 화합하지 못한다.

권력을 잡는 직업으로는 법조계·군인·경찰·의사·유전공학자·미용사·이용사·요리사·조경사·화원·과수원·묘목원·의류재단사·정치인·공무원·교사·식육계 등을 들 수 있다.

4. 양인살(羊刃殺)

양인살(羊刃殺)은 칼로 양의 가죽을 벗긴다는 뜻으로 매우 무서운 살이다. 물론 백호살(白虎殺)보다는 약하나 작용력은 매우 강하다. 사주에 이 살이 있으면 백호살(白虎殺)과 마찬가지로 권력을 잡아야 한다. 그렇지 않으면 본인이나 배우자나 해당하는 육신(六神)이 당한다. 양인살(羊刃殺) 작용은 일주(日柱)에 있는 것이 가장 강하고, 그 다음은 월주(月柱)에 있는 것이다 그 외에는 그렇게 강하게 보지 않는다.

권력을 잡는 직업으로는 법조계 · 군인 · 경찰 · 의사 · 유전공학자 · 미용사 · 이용사 · 요리사 · 조경사 · 화원 · 과수원 · 묘목원 · 의류재단사 · 정치인 · 공무원 · 교사 · 식육계 등을 들 수 있다.

5. 괴강살(魁罡殺)

사주에 괴강살(魁罡殺)이 있으면 성격이 강렬하며 횡폭하고, 권위와 위엄이 당당하고, 총명하며 용기와 결단력이 있고, 통솔력이 매우 뛰어나다. 백호살(白虎殺)이나 양인살(羊刃殺)보다는 작용력이 약하나 해당하면 권력자가 되어야 한다. 그리고 괴강살(魁罡殺)은 운이 극과 극으로 치닫기 때문에 흥하면 한없이 흥하고, 좋으면 한없이 좋다.

권력을 잡는 직업으로는 법조계 · 군인 · 경찰 · 의사 · 유전공학자 · 미용사 · 이용사 · 요리사 · 조경사 · 화원 · 과수원 · 묘목원 · 의류재단사 · 정치인 · 공무원 · 교사 · 식육계 등을 들 수 있는데, 특히 군인 · 경찰 · 정치인이 되는 것이 좋다.

2. 권력자가 되어야 좋은 사주

① 신일간(辛日干)인데 사주에 을(乙)이 있는 명.

② 신해(辛亥) · 신묘(辛卯) · 신미(辛未) · 신사(辛巳) · 신축(辛丑) 일생이 축오미(丑午未)월에 태어났는데 무술(戊戌)시생인 명.

③ 경인(庚寅) · 경오(庚午) · 경술(庚戌)일생이 인오술사미(寅午戌 巳未)월에 태어난 명.

④ 임진(壬辰)일생이 해자축(亥子丑)월에 태어난 명.

⑤ 갑술(甲戌)이나 무술(戊戌)일생인 명.

⑥ 갑을(甲乙) · 병정(丙丁) · 무기(戊己)일생인데 월지(月支)나 시지(時支)에 술(戌)이나 해(亥)가 있는 명.

⑦ 임오(壬午)나 계미(癸未)일생인데 사모미술해(巳午未戌亥)월에 태어난 명.

⑧ 사주에 묘유(卯酉)나 유술(酉戌)이나 묘술(卯戌)이 있는 명.

3. 지지삼합국(地支三合局)으로 보는 직업

지지(地支)가 삼합국(三合局)을 이루면 그 육신(六神)에 맞는 직업을 선택하는 것이 가장 좋다.

① 식신(食神)이나 상관(傷官)이 삼합국(三合局)을 이루면 기술직·예술가·창작업·교사·사회복지사·양로원·유치원 등이 좋다.

② 재성(財星)이 삼합국(三合局)을 이루면 재정공무원·은행원·금융업·경영인·사업가 등이 좋다.

③ 관성(官星)이 삼합국(三合局)을 이루었으면 관공직·인기인·봉급생활자 등이 좋다.

④ 인성(印星)이 삼합국(三合局)을 이루면 교사·예술가·인쇄업·출판업·문구점·종교가·카운슬러·신문사 등이 좋다.

⑤ 비겁(比劫)이 삼합국(三合局)을 이루면 사업가나 독창적인 직업이 좋다.

3. 일간(日干)의 오행(五行)으로 보는 직업

1. 갑목일간(甲木日干)

갑목(甲木)은 큰 나무로, 인자하며 온후한 반면 자신의 생존을 위해서는 절대 양보하지 않는 특성이 있다. 직업을 선택할 때는 인자함과 온후함으로 사람들과의 유대관계를 유지해야 하므로 남에게 베푸는 일이나 도움을 주는 일이 가장 좋다. 그러나 그러한 특성도 주위의 다른 오행(五行)들로 인해 변하기도 하는데 그 변화에 따른 적성을 살펴보면 다음과 같다.

1) 갑목일간(甲木日干)이 신강(身强)한데 사주에 편인(偏印)과 식상(食傷)이 많으면

갑목일간(甲木日干)에게 식상(食傷)은 화(火)다. 화(火)는 불이고 갑목(甲木)은 불을 지피는 나무이니 불에게는 기름이나 마찬가지다. 인성(印星)은 나를 도와주는 오행(五行)이기도 하지만 식상(食傷)인 불길을 적당하게 조절하는 역할을 하기도 한다. 식상(食傷)인 불이 활활 타오르는데 갑목(甲木)인 기름을 부으니 아름답고 멋지게 타오르게 된다. 불이 나면 전 재산을 날릴 수 있는데 그 불길을 잡아주는 인성(印星)인 수(水)가 있으니 그럴 염려는 없다. 불은 화려하며 정렬적이므로 이런 사주는 화려하거나 정열적인 직업을 선택하는 것이 좋다.

직업은 화가·만화가·서예가·소설가·극작가·연출가·영화감독·비디오작가·연예인·조명기사·조명판매업·사진작가·사진관·화랑·각종 디자이너·의류업·노래연습장·유흥업·숙박업 등이 좋다.

2) 갑목일간(甲木日干)이 신약(身弱)하고 인성(印星)인 수(水)가 많은데 수(水)를 잡아주는 재성(財星)이 없거나 약하면

갑목일간(甲木日干)은 큰 나무이나 인성(印星)인 물이 많은데 그 물을 다스리는 재성(財星) 토(土)가 약하거나 없으면 물이 범람하니 물에 뜰 수밖에 없다. 이런 사주는 갑목일간(甲木日干)이 물에 둥둥 떠다니는 형상이니 돛단배가 물에 떠다니는 것과 같다. 물에 떠다니는 것은 배밖에 없으니 배와 관계있는 일을 하는 것이 가장 좋다. 그렇지 않으면 평생 떠돌이생활을 할 수 있다. 그리고 물을 이용해 제품을 만드는 일이나 재성(財星)을 만들 수 있는 직업도 가능하다. 비행기도 하늘을 떠다니는 것이기 때문에 배와 같이 본다. 공기가 물 역할을 하고 비행기가 배 역할을 한다. 그래서 비행기와 관계있는 일도 가능하다.

직업은 조선소·선주·선장·선원·어부·항해사·항법사·비행사·비행기 승무원·양어장·양식장·사우나·목욕탕·횟집 등이 좋다.

3) 갑목일간(甲木日干)이 인성(印星)인 수(水)가 많은데 식상(食傷)이 있으면

일간(日干)과 같은 오행인 비겁(比劫)과 일간(日干)을 생하는 오행인 인성(印星)이 많으면 일간(日干)은 강해지면서 인성(印星)의 특성이 나타난다. 인성(印星)의 특성은 먹고 노는 것인데 인성(印星)인 어머니나 이모가 손뼉을 치면서 잘 한다고 부추기니 열심히 춤추고 노래하는 것이다. 이것이 바로 예술성이니 예술성이 강한 직업을 선택하면 좋다.

직업은 연주자·연예인·작가·종교가·각종 인기를 업으로 하는 직업 등이 좋다.

2 을목일간(乙木日干)

을목(乙木)은 작은 나무라고 하나 넝쿨나무의 특성이 더 많다. 그러니 을목(乙木)은 혼자서는 아무 일도 할 수 없다. 따라서 을목(乙木)은 누군가에게 의지해 높은 곳으로 올라가야 한다. 그 누군가가 사람이니 대인관계가 매우 좋고, 이기적인 경향이 많다고 본다. 높은 곳에 올라가면 홍수 피해에서 벗어날 수 있고 멀리까지 볼 수 있으니 세상만사가 튼튼이다.

직업은 갑목(甲木)과 비슷하니 참고하고, 갑목(甲木)과 다른 점은 상대방에게 의지해 높은 곳으로 올라가야 하므로 사교성이 매우 뛰어나니 사교계로 진출하면 좋다. 을목일간(乙木日干)은 어떤 일을 하든 열심히 하므로 굶어죽는 일은 없다.

3. 병화일간(丙火日干)

병화(丙火)는 태양이나 큰 불로, 성급함·정열적·결단력·능동적·진취적·용감함·적극적 등을 나타내며 에너지가 넘친다. 따라서 병화일간(丙火日干)의 성격은 밝고 명랑하며 화려한 것을 좋아하고 분명하다. 태양이 모든 생명체에게 대가없이 생명의 에너지인 빛을 비춰주듯이 병화일간(丙火日干)도 조건없이 많은 사람들에게 도움을 주는 일이 천직이다.

1) 병화일간(丙火日干)이 인성(印星)이 많아 신강(身强)한데 상관(傷官)이 있으면

병화일간(丙火日干)에게 인성(印星)은 목(木)이고, 목(木)은 기름인데 기름을 얻으니 기세가 등등하며 화려하게 타오른다. 내 몸을 불살라 세상을 밝히려니 그 고통은 말할 수 없이 크지만 고뇌와 시련 속에서 결실을 얻는다. 불은 정렬이며 화려하니 화려하며 아름다움을 창조하는 일이 천직이다.

직업은 화가·만화가·서예가·소설가·극작가·연출가·영화감독·비디오작가·연예인·조명기사·조명판매업·사진작가·사진관·화랑·각종 디자이너·의류업·노래연습장·유흥업·숙박업 등이 좋다.

2) 병화일간(丙火日干)이 경(庚)이 있으면

병(丙)은 불이요 경(庚)은 쇠이니 일간(日干)인 병화(丙火) 불이 경금(庚金) 쇠를 마음대로 움직이는 형상이다. 경금(庚金)은 총과 칼로도 해석하니 총칼을 마음대로 휘두르는 형상이고, 총과 칼은 권력이니 권력을 잡는 일이 천직이다.

권력을 잡는 직업으로는 법조계·군인·경찰·의사·유전공학자·미용사·이용사·요리사·조경사·화원·과수원·묘목원·의류재단사·정치인·공무원·교사·식육계 등을 들 수 있다.

4. 정화일간(丁火日干)

정화(丁火)의 특성은 병화(丙火)와 비슷한데 다른 점이 있다면 정화(丁火)는 타오르려는 불씨이기 때문에 항상 크게 되고자 하는 마음을 갖고 있고, 스스로는 타오르기 힘들기 때문에 남의 힘을 빌려야 한다. 따라서 남에게 의지하려는 의타심이 매우 강하다.

1) 정화일간(丁火日干)이 인성(印星)이 많아 신강(身强)한데 상관 (傷官)이 있으면

정화일간(丁火日干)의 인성(印星)은 목(木)이고, 목(木)은 기름이 니 의지할 곳 없던 일간(日干) 정화(丁火)가 기름을 얻으니 그 기 세가 등등하며 화려하게 타오르니 내 몸을 불살라 세상을 밝히고 자 하니 그 고통은 이루 말할 수 없지만 고뇌와 시련의 각고 속에 서 결실을 얻는다. 불을 정렬적이며 화려하니 화려하며 아름다움을 창조하는 일이 천직이다.

직업은 화가·만화가·서예가·사진작가·소설가·종교가·극작 가·영화감독·연예인·조명기사·조명판매업·비디오작가·연출 자·사진사·사진관·화랑·각종 디자이너·의류업·노래연습 장·유흥업·모델 등이 좋다.

2) 정화일간(丁火日干)이 경(庚)이 있으면

정화(丁火)는 작은 불·촛불·별빛·반딧불·형광등 등으로 보나 무쇠덩어리인 경금(庚金)을 만나면 용광로로 변한다. 따라서 용광 로에 무쇠덩어리를 녹여 생활에 필요한 여러 가지 제품을 만드니 그러한 일이 천직이다. 직업은 철·귀금속·유리·자동차 등과 관 계있는 일이 좋다.

3) 정화일간(丁火日干)이 지지(地支)에 사유축(巳酉丑) 삼합(三合) 이 있으면

정화일간(丁火日干)이 지지(地支)에 사유축(巳酉丑) 삼합(三合)이 있으면 재성(財星)이 왕성해 사주가 신약(身弱)해지니 왕성한 재성(財星)을 다루는 힘은 없다. 정화(丁火)의 특성은 다정다감하며 화려하고 멋진 웅변술이니 말을 하는 일이 천직이다. 직업은 사채업 · 금융업 · 경리직 · 자산관리사 · 언어를 활용하는 일이 좋다.

5. 무토일간(戊土日干)

무토(戊土)는 큰 산이나 댐을 나타낸다. 넉넉하며 말 수가 적고 믿음직스러우나 움직이는 것을 싫어하고 거칠며 거만한 면도 있다. 따라서 이런 특성을 살릴 수 있는 직업을 선택하는 것이 좋다.

1) 무토일간(戊土日干)이 편재(偏財)인 임수(壬水)가 있으면

무토(戊土)는 큰 산이면서 댐을 나타내고, 임수(壬水)는 흐르는 강물을 나타낸다. 물이 범람하지 않게 하려면 댐이 있어야 하듯이 그 자리에 꼭 필요한 사람이 되는 일이 천직이다. 직업은 공무원 · 특수직 · 댐 관리 · 자신의 능력이 꼭 필요한 일 등이 좋다.

2) 무토일간(戊土日干)이 계수(癸水)가 있으면

무토일간(戊土日干)에게 계수(癸水)는 정재(正財)이면서 무계합(戊癸合)이 된다. 계수(癸水)인 정재(正財)와 합(合)하니 봉급생활자나 공무원이 천직이다.

3) 무토일간(戊土日干)이 재성(財星)인 수(水)와 관성(官星)인 목(木)이 있으면

무토일간(戊土日干)에게 재성(財星)인 수(水)는 넓은 옥토를 촉촉하게 적셔주니, 그 옥토에 관성(官星)인 나무(木)를 심으면 아름답고 멋진 농원이 된다. 여기에 인성(印星)까지 있으면 큰 명성을 얻을 수 있으니 인기가 따르는 일을 하면 크게 성공할 수 있다. 직업은 과수원·농원·화원·묘목원·숲해설가·자연체험관·가든식당·측량기사·토목기사·봉급생활자·인기나 명예가 따르는 일 등이 좋다.

6. 기토일간(己土日干)

기토(己土)는 기름진 논과 밭을 의미한다. 땅은 뿌린대로 거둔다는 말이 있듯이 기토일간(己土日干)은 정직하며 순진하고 소박하며 부지런하다. 그러나 정에 약하고 자기 생각만 옳다고 주장하며 행동하니 때로는 방황하기도 한다. 천직은 무토(戊土)와 비슷한데 자기 주장만 고집하기 때문에 주위의 말을 듣지 않는 단점이 있다.

1) 기토일간(己土日干)이 정재(正財)인 임수(壬水)가 있으면

기토일간(己土日干)에게 임수(壬水)는 정재(正財)이니 봉급생활자가 되는 것이 가장 좋다. 그러나 정재(正財)와 편재(偏財)가 혼잡하면 생명이 위험하니 물과 관계있는 일은 하면 안 되고, 물가에 가는 것 자체도 위험하다. 직업은 공무원이나 봉급생활자가 좋다.

2) 기토일간(己土日干)이 계수(癸水)가 있으면

기토일간(己土日干)에게 계수(癸水)는 편재(偏財)인데, 편재(偏財)가 통근(通根)해서 튼튼하면 경영학을 전공하거나 사업가가 되면 크게 성공할 수 있다. 여기다 일간(日干)과 식상(食傷)이 통근(通根)하면 금상첨화가 된다. 만약 신약(身弱)하거나 식신(食神)이나 상관(傷官)이 힘이 없으면 사업보다는 남의 돈을 관리하는 일이 더 좋다. 직업은 경영학·금융업·사업가 등이 좋다.

3) 기토일간(己土日干)이 재성(財星)인 수(水)와 관성(官星)인 목(木)이 있으면

기름진 논과 밭에 재성(財星)인 수(水)가 있으니 관성(官星)인 나무(木)를 심으면 멋진 농원이 된다. 여기다 인성(印星)이 있으면 큰 명성을 얻을 수 있고, 인기가 따르는 일을 하면 크게 성공할 수 있다. 직업은 과수원·농원·화원·묘목원·숲해설가·가든식당·측량기사·토목기사·봉급생활자·인기나 명예가 따르는 일 등이 좋다.

7. 경금일간(庚金日干)

경금(庚金)은 제련하지 않은 무쇠덩어리를 나타낸다. 강직하며 믿음직스럽고 이성적이며 냉철하다. 의리를 앞세우며 자기 과시가 많아 겉으로는 총칼을 가진 자처럼 강해 보이나 속으로는 겁이 많으니 권력을 잡는 일이 천직이다.

1) 경금일간(庚金日干)이 편관(偏官)인 병화(丙火)가 있으면

겁이 많은 경금일간(庚金日干)이 병화(丙火) 편관(偏官)이 옆에 있으니 두려움을 없애려고 강인해지니 과감함과 용감함을 발휘할 수 있는 일이 천직이다. 만일 쇠를 다루는 직업을 선택하면 평생 방황할 수도 있다. 직업은 법조계·군인·경찰·의사·유전공학자·미용사·이용사·요리사·조경사·화원·과수원·묘목원·의류재단사·정치인·공무원·교사·식육계 등이 좋다.

2) 경금일간(庚金日干)이 정관(正官)인 정화(丁火)가 있으면

무쇠덩어리인 경금(庚金)을 용광로인 정화(丁火)에 넣어 제련하면 여러 가지 제품을 만들 수 있듯이 이런 사주는 큰 인물이 될 수 있다. 게다가 신강(身强)하고 정화(丁火)가 뿌리가 있으면 관공직 계통에서 큰 명성을 얻을 수 있다. 그러나 천간(天干)에 정화(丁火)가 또 있으면 완성한 제품을 다시 용광로에 넣는 형상이니 풍파가 그치지 않는다. 이런 사주는 봉급생활자나 인기나 명예가 필요한 일이 좋다.

3) 경금일간(庚金日干)이 편정관(偏正官)이 혼잡되면

두려움이 많은 경금(庚金)이 편정관(偏正官)인 병정화(丙丁火)를 만나면 생명이 위태롭다. 만일 인성(印星)인 수(水)가 있으면 다행이나 없으면 물과 관계있는 직업을 선택해야 생명을 유지할 수 있다. 대운이 좋지 않으면 봉급생활자가 천직이다. 직업은 봉급생활자나 인기나 명예가 필요한 일이 좋다.

4) 경금일간(庚金日干)이 여름생이면

경금일간(庚金日干)이 여름에 태어났으면 화가나 서예가로 명성을 얻을 수 있고, 전기나 공업 계통에서 성공할 수 있다.

5) 여명이 경금일간(庚金日干)인데 화(火)가 약하면

여명이 경금일간(庚金日干)인데 화(火)가 약하면 미용사 · 피부관리사 · 메이크업 · 분장사 등이 좋다.

8. 신금일간(辛金日干)

신금(辛金)은 용광로를 거쳐 완성된 제품으로 보석 · 칼 · 가위 · 비수 등을 나타내는데 가장 정확한 것은 비수다. 신금(辛金)의 특성은 엄격하며 날카롭고 세심하며 완벽하다. 경금(庚金)은 자신의 덩치만 믿고 위엄을 보이지만 신금(辛金)은 비수의 날카로움으로 상대를 제압하며 다스리려고 한다. 따라서 신금일간(辛金日干)은 스스로 날카로움을 무디게 해야 하므로 남에게 베푸는 일이 천직이지만 사주의 구성에 따라 전혀 다른 일이 더 좋을 수도 있다.

1) 신금일간(辛金日干)이 을목(乙木)이 있으면

날카로운 신금(辛金)이 가냘프고 여린 을목(乙木)을 만나면 을목(乙木)을 잘라버리는 형상이 된다. 이런 사주는 남을 제압하는 일이 천직이다. 그렇지 않으면 범죄자가 되기 쉽다. 직업은 법조계 · 군인 · 경찰 · 의사 · 유전공학자 · 미용사 · 이용사 · 요리사 · 조경사 · 화원 · 과수원 · 묘목원 · 의류재단사 · 정치인 · 공무원 · 교사 · 식육계 등이 좋다.

2) 신금일간(辛金日干)이 정관(正官)인 병화(丙火)가 있으면

신금일간(辛金日干)이 정관(正官)인 병화(丙火)와 다정하게 천간합(天干合)을 하니 관공직에서 명성을 얻을 수 있다. 직업은 봉급생활자, 공무원, 인기나 명예가 필요한 일, 쇠를 다루는 일이 좋다.

3) 신금일간(辛金日干)이 편관(偏官)인 정화(丁火)가 있으면

신금(辛金)은 이미 용광로를 거쳐 완성된 제품인데 옆에 용광로인 정화(丁火)가 또 있으면 완성된 제품을 다시 용광로에 넣는 형상이니 마음을 비우지 않으면 정상에 오르기 직전에 항상 무너진다. 이런 사주는 봉급생활자가 천직이다. 직업은 봉급생활자, 인기나 명예가 필요한 직업, 쇠를 다루는 직업 등이 좋다.

9. 임수일간(壬水日干)

임수(壬水)는 흐르는 물이다. 물보다 더 부드러운 것은 없고, 부드러운 것보다 더 강한 것은 없다. 임수일간(壬水日干)은 대인관계가 원만하며 용기와 배짱이 좋으니 내근보다는 외근이 더 적합하다. 때로는 수단과 방법을 가리지 않다가 손해를 보기도 하나 꾸준히 노력하므로 언젠가는 성공할 수 있다. 또 사교성이 좋아 사업가나 외교관으로도 큰 명성을 얻을 수 있다.

1) 임수일간(壬水日干)이 비겁(比劫)이 많은데 관성(官星)은 없고 식상(食傷)이 있으면

임수일간(壬水日干)에게 비겁(比劫)은 같은 수(水)에 해당하니 물과 물이 합해져 물이 범람하는 형상이다. 그런데 범람하는 물을 막을 관성(官星)인 토(土)가 없거나 약한데 식상(食傷)인 목(木)이 있으면 식상(食傷)인 나무가 물에 둥둥 떠다니게 된다. 이런 사주는 배와 관계있는 일이 천직이다. 직업은 조선소·선주·선장·항해사·선원·어부·항법사·비행사·비행기 승무원·양어장·양식장·사우나·목욕탕·횟집 등이 좋다.

2) 임수일간(壬水日干)이 인성(印星)과 식상(食傷)이 있으면

인성(印星)은 학문이고, 식상(食傷)은 학문을 가르치는 장소인데, 지지(地支)에 역마(驛馬)가 있으면 해외로 나가게 된다. 직업은 법조계·외교관·공무원·무역업·교육자·강사 등이 좋다.

10. 계수일간(癸水日干)

계수(癸水)는 이슬비로, 부단한 노력과 인내로 대지를 촉촉하게 적시는 감로수다. 그러나 티나지 않게 조용히 내리므로 보람과 공이 없고 모든 것이 허무하다. 따라서 계수일간(癸水日干)은 마음을 비우고 남에게 베푸는 일을 선택해야 한다. 특히 지능이 높기 때문에 계수(癸水)가 여러 개 있으면 증권분석사·자산관리사·주식투자 등으로 성공할 수 있다.

1) 계수일간(癸水日干)이 무토(戊土)가 있으면

계수일간(癸水日干)에게 무토(戊土)는 정관(正官)인데 정관(正官)과 다정하게 천간합(天干合)을 이루니 봉급생활자가 천직이다. 직업은 공무원·법조계·봉급생활자 등이 좋다.

2) 계수일간(癸水日干)이 병화(丙火)가 있으면

태양인 병화(丙火)가 힘차게 떠오르는데 계수(癸水)가 먹구름을 불러오면 병화(丙火)는 그 빛을 발휘할 수 없으니 계수(癸水) 스스로 화약을 짊어지고 불로 뛰어드는 형상이다. 이런 사주는 마음을 비우고 노력하면 부귀공명을 얻을 수 있으나, 그렇지 않으면 적성에 맞는 직업을 잘 선택해야 한다. 병화일간(丙火日干)이 계수(癸水)가 있어도 마찬가지다. 직업은 법조계·공무원·교육자·봉급생활자 등이 좋다.

5. 육신의 변화로 보는 직업

1) 신강(身强)한데 인성(印星)과 식상(食傷)이 있으면

신강(身强)하다는 것은 신체가 건강하다는 의미이고, 인성(印星)은 학문과 배움을 의미하고, 식상(食傷)은 학문과 지식을 활용할 수 있는 장소와 기회를 의미한다. 따라서 이런 사주는 나의 배움을 남에게 나누어 줄 수 있는 일이 천직이다. 직업은 교육자·강사·사회사업가·사회복지사·공무원·고아원·유아원·유치원·소설가·시인·극작가·운동선수·예술가·연예인 등이 좋다.

2) 신강(身强)한데 식상(食傷)이 많으면

신강(身强)하다는 것은 신체가 건강하다는 의미이고, 식상(食傷)은 나의 실력과 능력을 발휘할 수 있는 곳이나 건강한 사람이 운동하는 운동장이기도 하니 그런 일이 천직이다. 직업은 교육자·강사·사회사업가·사회복지사·공무원·고아원·유아원·유치원·소설가·시인·극작가·운동선수·예술가·연예인 등이 좋다.

3) 인성(印星)이 있는데 천간(天干)의 관성(官星)이 통근(通根)되면

관성(官星)이 천간(天干)에 있는데 통근(通根)하면 매우 강해져 인성(印星)을 도와 일간(日干)을 생(生)하니 관운(官運)이 매우 좋다. 직업은 정치인·공무원·법조계·연예인·극작가·소설가·봉급생활자·인기나 명예가 필요한 일 등이 좋다.

4) 신강(身强)하고 식상(食傷)이 있는데 천간(天干)의 편재(偏財)가 통근(通根)하거나 왕성하면

신강(身强)하면 재물을 충분히 감당할 수 있는데 재물의 근원인 식상(食傷)이 있으니 열심히 노력하면 큰 재물을 얻을 수 있는 사업가가 될 수 있다. 직업은 사업가·경영인·재정공무원·금융계·사회사업가 등이 좋다.

5) 편재(偏財)가 있으면

편재(偏財)는 고정적인 수입이 아니라 비정기적인 수입을 의미한다. 대운을 잘 만나면 사업가로 성공할 수 있으나 대운이 좋지 않으면 실패할 확률이 매우 높다. 물론 편재(偏財)의 통근(通根) 여부에 따라 작용력도 차이가 난다. 만일 편재(偏財)가 통근(通根)하지 못하면 작용력이 강해 실패하기 쉽다. 이런 사주는 사업보다는 봉급생활자가 더 좋다. 직업은 사업가·경영인·재정공무원·금융계·사회사업가·봉급생활자 등이 좋다.

6) 정재(正財)와 편재(偏財)가 혼잡되면

년(年)이나 월(月)에 정재(正財)가 있고, 일(日)이나 시(時)에 편재(偏財)가 있으면 초년에는 봉급생활이 좋고, 중년 이후에는 사업가로 명성을 얻을 수 있다. 그러나 대운이 따르지 않으면 봉급생활자로 일생을 보내는 것이 가장 좋다.

7) 정재(正財)만 있거나 편재(偏財)가 있어도 통근(通根)하지 못하면

정재(正財)는 고정적인 수입이니 봉급생활이 가장 좋다. 만약 사업을 한다면 종목을 잘 선택해야 한다. 투기나 요행성 종목은 절대 안 되고, 재투자없이 고정적으로 수입이 나오는 것을 선택해야 실패율을 낮출 수 있다. 그리고 편재(偏財)가 있어도 통근(通根)하지 못하면 힘을 쓰지 못하니 역시 봉급생활이 가장 좋다.

8) 신약(身弱)한데 재성(財星)이 많으면

이런 사주는 신체는 약한데 재물이 많은 형상이니 재물에 욕심을 부리면 순탄한 삶을 살기 어렵고, 재물을 많이 모으면 천수를 누리지 못할 수도 있다. 따라서 재물에 대한 욕심을 버리고 남의 재물을 관리하며 사는 것이 천직이다. 만일 사주가 종재격(從財格)이면 재벌이 될 수도 있으나 그렇지 않으면 재정공무원이나 금융계통, 또는 다른 사람의 재물을 관리하는 일이 가장 좋다.

9) 인성(印星)이 많은데 상관(傷官)이 있으면

인성(印星)은 학문을 의미하나 예술을 나타내기도 한다. 따라서 인성(印星)이 많으면 예술에 재능이 있고, 상관(傷官)은 재능을 발휘하는 장소와 기회이니 그러한 직업을 선택하는 것이 좋다. 직업은 예술가 · 연예인 · 극작가 · 소설가 · 연출가 · 영화감독 · 인기가 필요한 일 등이 좋다.

10) 식상(食傷)이 왕성하면

식상(食傷)은 능력을 발휘할 수 있는 장소와 기회를 의미하나 남에게 베풀려는 마음을 의미하기도 한다. 식상(食傷)이 왕성한 사주는 음식솜씨가 좋은데 여기다 상관(傷官)까지 있으면 기가 막히게 좋다. 이런 사주는 음식점이 최고의 직업이다.

11) 신강(身强)한데 상관(傷官)이 있으면

신강(身强)한데 상관(傷官)이 있으면 음식솜씨가 뛰어나니 최고의 직업은 음식점이다. 종목은 사주를 분석해서 정해야 하는데 앞에서 설명한 부분들을 잘 이해한다면 찾을 수 있을 것이다.

12) 비겁(比劫)이 많으면

비겁(比劫)이 많다는 것은 형제와 친구가 많다는 뜻이다. 형제와 친구가 많으면 그들의 힘을 믿고 교만하며 불손하고 기고만장해진다. 이런 사주는 동업은 절대 안 되고, 직장에도 잘 적응하지 못한다. 직업은 개인사업·예술가·외무사원 등이 좋다.

13) 재정공무원 사주

① 일주(日柱)와 재성(財星)이 합(合)되고 재성(財星)이 왕성한 명.

② 일주(日柱)와 관재(官財)가 합(合)된 명.

③ 일주(日柱)에 재성(財星)이 있는데 관성(官星)과 합(合)된 명.

④ 일주(日柱)에 관성(官星)이 있는데 재성(財星)과 합(合)된 명.

14) 법조인 사주

① 사주에 병화(丙火)와 경금(庚金)이 있는 명.

② 수(水)나 목(木) 일간(日干)인데 일(日)이나 시(時)에 술(戌)이나 해(亥)가 있는 명.

③ 정사일주(丁巳日柱)인데 사주에 사화(巳火)가 여러 개 있는 명.

④ 계해일주(癸亥日柱)인데 사주에 해(亥)가 여러 개 있는 명.

⑤ 신해일주(辛亥日柱)인데 사주에 해(亥)가 여러 개 있는 명.

15) 기타

① 갑을일주(甲乙日柱)가 재성(財星)인 토(土)가 약하면 옷감장사가 좋고, 인성(印星)이 많으면 서점이나 문구점이 좋고, 금(金)이 약하면 금속제품과 관계있는 직업이 좋다.

② 병정일주(丙丁日柱)가 진술축미(辰戌丑未)월에 태어났는데 인

성(印星)인 목(木)이 있으면 성악가나 가수로 명성을 얻을 수 있다.

③ 경금일주((庚金日柱)가 인일(寅日) 축시(丑時)에 태어났는데 비겁(比劫)이 많으면 서예가나 화가로 명성을 얻을 수 있다.

④ 경신일주(庚申日柱)가 해수(亥水)가 많으면 검찰계통이 좋고, 신유술(辛酉戌)월에 태어났는데 시상(時上)에 편관(偏官)이 있으면 관공직에서 명성을 떨칠 수 있다.

⑤ 경자일주(庚子日柱)가 자수(子水)가 많거나 신해일주(辛亥日柱)가 해수(亥水)가 많으면 검찰계통이 좋다.

⑥ 해(亥)일생이 해수(亥水)가 많으면 검찰계통이 좋다.

⑦ 임자일주(壬子日柱)가 자수(子水)가 많으면 검찰계통이 좋다.

⑧ 임계일간(壬癸日干)이 가을이나 겨울에 태어났는데 시상(時上)에 편관(偏官)이 있으면 관공직에서 명성을 얻을 수 있다.

⑨ 갑을일간(甲乙日干)이 여름에 태어났거나 병정일간(丙丁日干)이 봄에 태어났거나 경신일간(庚申日干)이 겨울에 태어났으면 예술가로 크게 성공할 수 있다.

⑩ 임자(壬子)·계축(癸丑)·계해(癸亥) 일주(日柱)가 수(水)가 많으면 무용가가 좋다.

⑪ 신약(身弱)한데 관살(官殺)이 많으면 연예계에서 성공할 수 있다.

⑫ 재성(財星)이 역마(驛馬)에 해당하면 무역업이나 외국에서 돈을 많이 벌 수 있다.

⑬ 신왕(身旺)한데 관살(官殺)이 많으면 무용가나 음악선생으로 성공할 수 있다.

6. 희신(喜神)으로 보는 전공과 직업

1. 목(木)이 희신(喜神)이면

전공은 인문대, 사범대, 가정대, 한의대, 식물학과, 의예과, 의류학과, 식품영양학과, 조경학과, 임학과, 농학과, 식품공학과, 원예공학과, 낙농학과 등이 좋다.

직업은 가죽제품 제조·판매, 가구 제작·판매, 가축사료 생산·판매, 곡물 생산·판매, 과수원, 과일·채소 도소매업, 관상수 재배·판매, 김치공장, 건강식품 제조·판매, 건물 보수·수리·임대·관리·구조변경, 건설업, 건재 한약방, 건축자재 판매·백화점, 건축용 판넬 제작·판매, 경량 칸막이 판매·시공, 창호제작, 견직물업, 결혼상담소, 낚시도구 제작·판매, 넥타이전문점, 내의전문점, 농산물 도소매, 농산물 저장 창고업, 농장, 벽지 제작·판매·도배, 대나무공예품 제작·판매, 독서실, 만화책대여점, 모발 가공·판매, 모자전문점, 목재 제작·판매, 목공소, 문구용품 제작·판매, 방앗간, 번역사, 서적 도소매업, 선발 제작·판매, 선물가게, 소독저 제작·판매, 세탁업, 속기사, 시험정보업, 잡곡판매업, 어린이놀이방, 실내인테리어, 숙박업, 완구점, 인쇄, 출판, 의자·책상 제조·판매, 양복점, 의상실, 와이셔츠전문점, 옷수선점, 웨딩드레스샵, 예복전문점, 이불 포목점, 의류할인매장, 조경업, 조류 판매, 조립업, 조립식 건물 판넬 제작·판매, 제과점, 지도 제작·판매, 전기공사, 제재소, 목재 주방시설, 천막 제작·판매, 칠판 제작·판매, 표구점, 포장용기 제작·판매, 필방, 탁구회관, 학습지·학습교재 판매, 학원, 화원, 분재 등이 좋다.

2. 화(火)가 희신(喜神)이면

전공은 공과, 화학과, 제약학과, 농화학과, 전자계산학과, 화학공학과, 방사선공학과, 컴퓨터, 미술 등이 좋다.

직업은 가구 제조·판매, 가스기구 제작·판매, 고무밸트 제조·판매, 타이어 제조·판매, 신발 제조·판매, 고무장갑, 실리콘 제조·판매(풍선·튜브·호스·합성고무 등), 고서화 판매, 과자 제조·판매, 관광기념품 제조·판매, 광고 기획·대행·제작, 디자인, 영화 제작, 광고안내책자 제작·배포, 극장운영, 기업 전산화 대행, 건전지 제조·판매, 건축엔지니어링 기술서비스, 건강원, 결혼이벤트 회사, 경양식전문점, 난방장치 , 단열재 제조·판매, 노래연습장, 누전공사, 농약 제조·판매, 데이터베이스 컨설팅, 돈까스전문점, 라이터 제조·판매, 미술용품 제작·판매, 미장원, 미용학원, 무도장, 메이크업(마사지·피부미용·피부관리사 등), 비디오 제작·판매·대여, 보일러 기사·시공·수리, 비닐제품 생산·판매, 발효식품 제조·판매, 소방시설 설비, 설계사(보험설계사 등), 쌀 생산·판매, 숯불갈비전문점(각종 고기를 구워 파는집), 염색공장, 용접기사, 영화감독, 영화 촬영감독·기사, 영화 조명감독·기사, 유리 제조·판매, 오락실, 의약품 제조·판매, 예식장, 유흥업, 유류 제조·판매, 조명기기 제작·판매, 플라스틱제품 생산·판매, 사진관, 통신 관련 시설, 페인트 제조·판매, 컴퓨터와 관계있는 업종, 화가, 화랑, 화장품 제조·판매, 화학제품 제조·판매 등이 좋다.

3. 토(土)가 희신(喜神)이면

전공은 종교학과, 철학과, 천문학과, 대기과학과, 동물학과, 지질과학과, 토목공학과, 농공학과 등이 좋다.

직업은 골동품 판매, 골재 채취·판매, 축산업, 건재상, 기와·벽돌·블록·시멘트·석회 등의 제작·판매, 기원, 광산업, 굴착공사, 그릇과 관련있는 일, 댐공사, 도자기 제작·판매, 토목공사, 레미콘, 미장공사, 민속품 판매, 변기 제조·판매, 부동산 중개·임대, 체육시설, 토건업, 흙공예품 제작·판매, 항아리와 관계있는 일 등이 좋다. 만일 사주에 목(木)이 있으면 곡물생산, 과수원, 농장이 좋다.

4. 금(金)이 희신(喜神)이면

전공은 금속재료공학과, 무기재료공학과, 전자공학과, 기계공학과, 산업공학과, 전자재료공학과, 조선공학과, 기계설계공학과, 생산기계공학과, 정밀기계공학과, 금속공학과 등이 좋다.

직업은 고가사다리차 운영, 고물상, 곡물가공, 공구 제작·판매, 공기정화기 제작·판매, 과학기기 제작·판매, 광고탑 제작, 귀금속업, 금고 제작·판매, 금속기계제품 제작·판매, 광산업 가전제품업, 건물철거, 건설기계 제작·판매·대여, 계량기 제작·판매, 나사·볼

트·배관 제작·판매, 녹음실, 농수산물 가공기계 제작·판매, 도난
방지기 제작·설치·판매, 도살장, 당구장, 배관설비공사, 변압기 제
작·설치·판매, 복사기 제작·판매, 보일러 제작·판매, 식육점, 수
도 설비·공사, 소방설비 제작·판매, 수리공구 판매, 시계수리점,
의료기구 제작·판매, 오락기 제작·판매, 열쇠 제작·수리·판매,
악기점, 알루미늄 공사, 에어컨 설치, 음향기기 제작·판매, 운송업,
이발소, 재봉틀 제작·판매, 종교용품 제작·판매, 중장비 제작·판
매·대여, 철로 된 주방기구 제작·판매, 주물 제작·판매, 재활용
센터 운영, 전기재료 판매, 저울 제작·판매, 자동차 관련업, 총포상,
철근 제작·판매, 철공소, 철물점, 철강 제조·판매, 철 구조물 제
작·설치, 환풍기 제작·판매, 헬스기구 제작·판매, 헬스장 운영
등이 좋다.

5. 수(水)가 희신(喜神)이면

　전공은 해양과학대, 수산대, 식품영양학과, 식품공학과, 등이 좋다.
　직업은 관광회사, 신용조사업, 건강원, 건어물·계란·고추가루 도
소매, 광고 기획·대행, 낚시터 운영, 농수산물 중개, 누수탐지, 눈썰
매장, 스케이트장, 슈퍼마켓, 대형마트, 다방, 커피전문점, 도시락전
문점, 무역, 식품 제조·판매, 선원, 식용유 제조·판매, 수족관 판
매, 관상어 양식·판매, 심부름센터, 수산물 도소매, 수영장, 목욕탕,
사우나, 스포츠센터, 식품첨가물 제조·판매, 생맥주전문점, 생수 생
산·판매, 된장·고추장·간장·참기름·깨 제조·판매·유통, 음

식납품, 24시편의점, 이삿짐센터, 어물전, 뷔페식당, 기사식당, 포장마차, 일반음식점, 음식전문점(복국・국수・김밥・초밥・낚지볶음・냉면・닭볶음・오리탕・보신탕・곱창전골・막창구이・곱창양구이・닭갈비・아구찜・아구탕・순두부・장터국밥・쇠고기국밥・분식・민물장어구이・붕어찜・메기매운탕・민물매운탕・소머리국밥・돼지국밥・순대볶음・순대・순대국밥・튀김・꼼장어구이・손칼국수・삼계탕 ・한정식・해장국・묵채해장국・콩나물국밥・파전・빈대떡・우동・설렁탕 ・곰탕・중국요리・라면・떡볶이・어묵・조개구이). 운수업, 지하수・온천 개발, 잡화점, 전통찻집, 횟집, 카페 등이 좋다.

제4장. 실제 사주와 직업

지금까지 천직에 대해 살펴보았다. 여기서는 실제 예를 들어가면서 천부적인 적성이 얼마나 맞는지, 사주에 따라 어떤 직업을 선택해야 좋은지 등을 살펴보기로 하겠다.

1. 우연이라고만 할 수 없는 천직

■ 김영환(乾命)

시 일 월 년

庚 庚 丁 甲
辰 午 丑 午

이 사주의 비겁(比劫)·인성(印星)·관성(官星)을 연결하면 자동차 모양이 되는데, 일간(日干)이 경금(庚金)으로 양(陽)에 해당하니 차 중에서도 큰 차라고 볼 수 있다. 월상(月上)에 나를 다스리며 이끄는 정화(丁火)가 있고, 년지(年支)와 일지(日支)에 오화(午火)가 있으니, 관성(官星)인 화(火)가 왕성하다. 불(火)은 화려하며 아름답고 우아하기도 한데, 그래서인지 월간(月干)의 정화(丁火)가 인도하는 대로 화려하며 아름다운 것을 보려고 오른쪽으로 달려가다 보니 년간(年干)에 있는 갑목(甲木) 편재(偏財)를 취할 수 있어 일거양득이다.

이렇게 해서 돈을 버는 직업은 관광버스업인데, 그 관광버스를 운전하는 기사의 사주다. 이 사람은 운전을 하다가 군대에 가서도 공병대에서 덤프트럭을 운전했고, 제대한 후에는 바로 관광버스회사에 취직해 지금까지 방방곡곡의 관광지를 향해 신나게 달린다. 이런 것을 우연이라고만 할 수 있을까.

이 사람은 자식 욕심이 많아서인지 아들을 낳기 위해서인지 딸을 다섯이나 낳았다. 낳기만 하면 딸이라 계속 낳다 막내로 아들 하나를 낳았고, 그후 더 낳으려고 했으나 임신이 되지 않았다. 이 사람은 더 낳지 않은 것이 다행이라며 자식들 키우다 평생을 보내게 됐다면서 씨익 웃는다. 지금은 딸들은 모두 출가하고 아들만 결혼을 앞두고 있다. 운전하는 것이 지겹지 않냐고 물으니 아직도 신이 난다고 한다. 이런 경우를 보면 천직대로 살면 즐겁고 행복하다는 것을 알 수 있다.

■ 정수형(乾命)

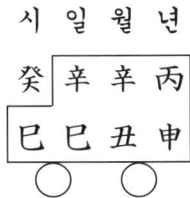

시 일 월 년

癸 辛 辛 丙
巳 巳 丑 申

　　이 사주도 비겁(比劫)·인성(印星)·관성(官星)을 선으로 연결하면 보면 자동차 모양이 된다. 차 모양은 앞 사주와 비슷한데 신금일간(辛金日干)은 음(陰)이니 대형버스보다는 작은 차다. 이 차는 관성(官星)이 앞에서 가자는 곳으로 가게 되어 있는데, 년상(年上)에 있는 병화(丙火)는 월상(月上) 신금(辛金)과 합(合)되어 쓸모가 없고, 또 다른 관성(官星)인 사화(巳火)가 시지(時支)에 있어 왼쪽으로 달리니 시간(時干)의 계수(癸水)를 향해 달리는 것이다.
　　이 사주를 보면 사신합수(巳申合水)와 병신합수(丙辛合水)가 2개씩 있으면서 시간(時干)에 계수(癸水)가 있으니 물과 관계있는 차를 운전하는 것이 틀림없다. 이 사람은 작은 승합차로 낚시꾼들을 강이나 바다로 태워다 주는 일을 한다. 전에는 횟집에 물고기를 배달하는 물차를 운전하기도 했다. 묘하게 이름도 정수형이라 물에게 묶인다는 의미도 있다. 사주대로 이름대로 사는 사람이다.

■ 최재운(乾命)

시 일 월 년

甲 辛 辛 癸
午 未 酉 丑

이 사주도 비겁(比劫)·인성(印星)·관성(官星)을 선으로 연결하면 자동차 모양이 되는데, 자세히 보면 승용차이고, 관성(官星)인 시지(時支) 오화(午火)가 이끄는 대로 왼쪽으로 달려간다.

이 사람은 영업용 택시를 운전하다가 돈을 벌지 못하자 지금은 개인사업가의 승용차를 운전한다. 월급을 받으니 훨씬 안정되고 마음이 편하다고 한다. 이 사람이 영업용 택시를 운전할 때 돈을 벌지 못한 것은 차가 왼쪽으로 달리는데 시상(時上)이 정재(正財)인 이유도 있지만 차가 빠르게 달리니 갑목(甲木)인 정재(正財)가 불안했기 때문이다.

■ 서미자(坤命)

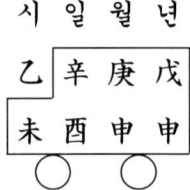

이 사주도 비겁(比劫)과 인성(印星)을 선으로 연결하면 정수형 씨의 사주와 비슷하다. 따라서 이 사람도 승합차를 운전한다고 추정할 수 있으나 차에 태우는 사람이 다르다. 이 사주를 자세히 보면 년월(年月) 지장간(支藏干)에 임수(壬水)가 앉아 있다. 임수(壬水)는 신금일간(辛金日干)에게는 상관(傷官)으로 자녀·유아·예술·문화·요리 등에 해당한다. 그래서인지 이 사람은 학원차를 운전한다. 국어·수학·영어 학원 뿐만 아니라 음악·미술·연기·요리 학원 등의 차를 골고루 운전한다. 차는 미토(未土)에 있는 정화(丁

火)가 이끄는 대로 왼쪽으로 달려간다.

 더 많은 예가 있지만 이 정도면 이해할 수 있으리라고 생각한다. 몇 명의 예에서 보았듯이 이것을 우연이라고만 할 수 있을까.

2 의사 사주

■ 황경훈(乾命)

시	일	월	년		64	54	44	34	24	14	4
乙	甲	辛	辛		甲	乙	丙	丁	戊	己	庚
丑	子	卯	丑		申	酉	戌	亥	子	丑	寅

 갑목일간(甲木日干)이 양인살(羊刃殺)에 해당하는 묘월(卯月)에 태어났고, 일(日)과 월(月)의 지지(地支)가 자묘형살(子卯刑殺)을 이루었고, 년간(年干)과 월간(月干)에 신금(辛金) 비수 2자루가 시상(時上) 을목(乙木)을 자르려는 형상이다. 더구나 갑목(甲木)이 인성(印星)인 자수(子水)를 깔고앉아 있으니 머리가 좋고 공부하려는 마음도 강하다.

 이 사람은 지금 개인병원을 운영하는 전문의다. 돈은 그렇게 많이 버는 편이 아니었는데 해수(亥水)대운에 대학에서 강의를 시작하면서 병원이 번창하기 시작했다. 강의를 하면서 좋아진 것은 인성(印星)인 자수(子水)가 재성(財星)인 시지(時支) 축토(丑土)와 합(合)되어 새로운 돈을 만들기 때문이다.

3. 재정공무원이 천직인데 의사가 되어 실패한 사주

■ 김봉수(乾命)

시	일	월	년		62	52	42	32	22	12	2
戊	甲	甲	戊		辛	庚	己	戊	丁	丙	乙
辰	申	子	戌		未	午	巳	辰	卯	寅	丑

　갑목일간(甲木日干)이 인수(印綬)에 해당하는 자월(子月)에 태어났고, 일지(日支) 신금(申金)과 월지(月支) 자수(子水)가 합(合)하여 인성국(印星局)을 이루었다. 두뇌도 명석하고 학문도 뛰어나 명문 고등학교에서도 상위권에 들었다.

　부모가 공부 잘 하는 자녀에게 돈 잘 버는 직업에 종사하기를 원하는 것은 당연한 일인지도 모른다. 이 사람의 부모도 이런저런 생각 끝에 의사가 되었으면 좋겠다면서 강요하게 되었고, 본인도 별 생각없이 의대에 들어가 산부인과 전문의가 되었고, 그후 개인병원을 내고 잘 나가다 사고가 생겼다.

　41세 진(辰)대운 무인(戊寅)년에 임신중절 수술을 하다가 환자가 사망한 것이다. 환자 가족들과의 합의 등으로 그동안 번 돈을 거의 다 쓰고 실의에 빠져 병원문을 닫고 말았다. 이렇게 사고가 난 것은 의사가 천직이 아니기 때문이다. 운이 좋으면 잘 넘어갈 수도 있지만 운이 나쁘면 반드시 사고가 생긴다. 잘못 선택한 직업으로 인해 애매한 목숨 하나가 저 세상으로 간 것이다.

　이 사주를 보면 시지(時支) 재성(財星)과 일지(日支) 관성(官星)

과 월지(月支) 인성(印星)이 합(合)되어 인성(印星)인 수(水)를 생하는데 인성(印星)은 나를 생(生)한다. 돈인 재성(財星)과 관성(官星)이 합(合)되니 국가의 돈을 관리하는 직업이 천직이다. 사주를 미리 알았더라면 재정공무원이 되어 지금쯤 잘 나가고 있을 것이다. 들리는 말로는 아직도 아무 일도 하지 않는다고 한다.

4. 칼을 대는 자와 칼을 맞는 자의 사주

■ 김진혁(乾命)

시	일	월	년		63	53	43	33	23	13	3
甲	甲	癸	辛		丙	丁	戊	己	庚	辛	壬
子	寅	巳	卯		戌	亥	子	丑	寅	卯	辰

갑목일간(甲木日干)이 월간(月干)과 시지(時支)에 인수(印綬)가 있으니 두뇌가 명석하며 학문에 조예가 깊다. 대운도 어릴 때부터 편인운(偏印運)이 들어와 공부도 열심히 하고, 재주가 많아 주위 사람들에게 사랑을 많이 받았다. 13세부터는 정관(正官)운이 들어오니 학교에서도 인기가 많아 반장은 물론 전교회장을 지냈다. 사주를 보면 정관(正官)이 인수(印綬)를 생(生)하고, 인수(印綬)가 일간(日干)인 갑목(甲木)을 생(生)하니, 이 자체로서도 멋지다.

이 사람은 자신의 기운이 강한 것을 느꼈는지 의대에 들어가 외과전문의가 되었고, 그후 박사학위까지 받고 대학에서 강의도 하면서 모범적인 의사로 살고 있다. 운이 좋게도 자신도 모르게 천직을 찾아간 것이다. 대부분의 사람들은 자신의 길을 무의식적으로 감지하고 그쪽으로 가려고 한다. 다만 시대가 돈을 많이 버는 직업을 좋아해 그런 일을 선택하는 경우가 많다.

이 사람은 인사(寅巳) 삼형살(三刑殺)이 있어 의사가 된 경우인데, 인사신(寅巳申) 삼형살(三刑殺)이 있어도 그 길로 가지 못하고 칼을 맞은 사람도 있다. 다음 사주가 그런 경우다.

■ 강태형(乾命)

시	일	월	년		67	57	47	37	27	17	7
戊	丁	己	甲		丙	乙	甲	癸	壬	辛	庚
申	巳	巳	寅		子	亥	戌	酉	申	未	午

정화일간(丁火日干)이 인수(印綬)인 갑목(甲木)이 있는데 무토(戊土)와 기토(己土) 식상(食傷)이 있으니 인물이 출중하다. 인물값을 톡톡히 하는 사람이라는 생각이 먼저 든다. 정화일간(丁火日干)이 사화(巳火) 겁재(劫財)월에 태어나 기가 매우 강한데 일지(日支)에도 사화(巳火) 겁재(劫財)가 있고, 그 겁재(劫財)들이 인사신(寅巳申) 삼형살(三刑殺)을 이루니 매우 강하다.

이런 사주도 권력자가 되어야 하는데 한창 공부해야 할 나이인 고등학교 1학년부터 대운이 편재(偏財)운으로 흘러 공부는 눈에 들어오지 않는다. 여학생들 꽁무니만 따라다니다 불량한 친구들과 어울리기 시작했고, 고등학교 3학년이 되자 본격적으로 폭력서클에 가입해 그 해 가을(壬申年 庚戌月)에 조직간의 세력싸움에 휘말려

복부에 칼을 수없이 맞고 그 자리에서 숨지고 말았다.

이 사람은 개인병원을 운영하는 의사 아버지와 대학교수 어머니 사이에서 태어나 남부럽지 않게 살며 학업성적도 우수했는데 운세의 흐름이 그의 삶을 일찍 마감하게 만들었다. 물론 운이 이렇게 흐른다고 모두 그렇게 되는 것은 아니다. 부모가 관심을 갖고 지도했다면 훌륭하게 성장할 수도 있었을 것이다. 부모가 자신의 일에 몰두하다보니 아들의 상황을 전혀 몰랐던 것이다. 어릴 때 부모의 관심이 얼마나 중요한가를 보여주는 예다.

이 사주를 보면 불이 많다. 사주에 불이 많으면 성격이 불같아진다. 게다가 인사신(寅巳申) 삼형살(三刑殺)까지 있으니 기름을 붓는 격이 되어 안하무인이 된 것이다. 이런 사주는 몸을 많이 움직이는 운동을 하거나 강한 기운을 발산할 수 있는 일을 해야 한다.

이름도 '태' 자는 급한 성격의 이미지가 강하고, '형' 자는 묶인다는 이미지가 강하다. 이름에 '형' 자를 쓰면 권력자가 되어야 한다. 총이나 칼에 맞아죽어야 할 팔자이면 언젠가는 그렇게 될 것이라고 생각할지 모르나 절대 그렇지 않다. 이런 사람은 총이나 칼을 이용하는 권력자가 되면 된다.

사주가 같은 사람은 30여명 정도씩 되는 것으로 아는데 이들이 모두 똑같은 삶을 살지는 않는다. 사주에 있는 천부적인 적성인 천직을 살리느냐 그렇지 않느냐에 달려 있다. 예를 들어 명예운이 좋은 사람이 봉급생활자가 되거나 인기가 필요한 일을 하면 원하는 것을 이룰 수 있으나, 엉뚱한 일을 하면 관재구설수에 시달리거나 실패하고 만다. 이것이 바로 사주다.

5. 묶는 자와 묶이는 자의 사주

■ 부장검사(乾命)

시	일	월	년		63	53	43	33	23	13	3
丙	辛	乙	戊		壬	辛	庚	己	戊	丁	丙
申	丑	丑	戌		申	未	午	巳	辰	卯	寅

이 사람은 지금도 현직에 있는지는 모르지만 부장검사다. 대운의
흐름이 좋아서인지 사법시험에 쉽게 합격한 후 승승장구해서 젊은
나이에 부장검사까지 되었다.

■ 조폭 두목(乾命)

시	일	월	년		66	56	46	36	26	16	6
乙	辛	辛	乙		甲	乙	丙	丁	戊	己	庚
未	丑	巳	巳		戌	亥	子	丑	寅	卯	辰

이 사람은 잘 나가던 조폭의 두목이다. 앞의 부장검사와의 사주와
비슷한데 한 사람은 검사가 되고, 한 사람은 그에게 구속되는 조폭
이 되었다. 학문운이 좋은데도 중도에 그만두는 사람들을 보면 부
모가 맞벌이를 하는 경우가 많다. 함께 할 시간이 적으니 자녀가
어떻게 생활하는지 알기 어렵다. 최고의 재산은 자녀이고, 최고
의 성공은 자녀가 훌륭한 사람이 되는 것이라고도 할 수 있는데
돈에만 너무 집착하는 부모가 되지 않았으면 한다.

■ 어린이 유괴살인범(坤命)

시	일	월	년		65	55	45	35	25	15	5
丙	辛	乙	庚		戊	己	庚	辛	壬	癸	甲
申	丑	酉	戌		寅	卯	辰	巳	午	未	申

　이 사람은 신문지상을 온통 뒤덮은 어린이 유괴살인범이다. 앞의 부장검사 사주와 비슷하나 가난에 시달리다 이런 일을 저지르고 말았다. 이런 사람들을 보면 부모의 관심이 얼마나 중요한가를 느낀다. 부모가 좀더 관심을 갖고 보살폈더라면 법조계로 나가거나 권력가가 될 수 있는 사주인데 형장의 이슬이 되어 사라진 것이다.

6. 부처님 밥을 먹을 사주

■ 도현 스님(乾命)

시	일	월	년		67	57	47	37	27	17	7
庚	壬	庚	辛		癸	甲	乙	丙	丁	戊	己
戌	申	寅	巳		未	申	酉	戌	亥	子	丑

　재관(財官)이 불여(不如)하면 승려팔자라고 하지만 이 말을 그대로 믿고 함부로 말하는 역술인들이 많다. 더구나 어린아이나 학생들의 사주를 보고 승려팔자라고 하는 것이다. 재관(財官)이 불여(不如)하다고 모두 승려가 되는 것은 아니다. 다만 재관(財官)이 없는 사람이 욕심 때문에 사업을 하면 승려가 될 수도 있다는 것

이다. 그러나 봉급생활자가 되어 열심히 살면 절대 그렇지 않다. 이 사람도 그렇게 했더라면 절대 승려가 되지는 않았을 것이다.

 이 사주는 재물의 근원인 식상(食傷)이 있으나 힘이 없고, 인사신(寅巳申) 삼형살(三刑殺)을 완벽하게 이루었다. 대운도 별로여서인지 공부를 하긴 했으나 성적이 신통치 않아 대학에 가지 못하고 직장에 들어갔다. 그러나 직장도 적성에 맞지 않아 잠깐 다니다 그만두고 이일 저일 전전하다가 1990년(庚午年)에 승려가 되었다.

 이 사람이 승려가 된 것은 시지(時支)의 술토(戌土) 때문이다. 왜냐하면 술토(戌土)에 암장(暗藏)된 정화(丁火) 돈을 찾아가기 때문이다. 더구나 술토(戌土)가 시상(時上) 경금(庚金)을 생(生)하고, 경금(庚金)이 일간(日干) 임수(壬水)를 생(生)하니, 살 방법은 머리깎고 승려가 되는 길밖에 없다.

 이런 사주는 승려가 되거나 불교와 관계있는 일을 하거나 역술인이 되는데, 역술인이 되어도 반드시 불상을 모셔야 돈이 들어온다. 필자가 아는 사람 중에 비슷한 사주가 있어 불상을 모시면 먹고살 길이 생길 것이라고 해도 듣지 않더니 결국 승려가 되었다.

7. 승려와 결혼할 사주

■ 이윤희(坤命)

시	일	월	년		62	52	42	32	22	12	2
壬	癸	辛	辛		戊	丁	丙	乙	甲	癸	壬
戌	未	卯	丑		戌	酉	申	未	午	巳	辰

이 사람은 초년에 만나는 사람들과는 큰 인연이 없다. 첫 남편은 34세 갑술(甲戌)년에 농약을 먹고 자살했는데, 배우자궁에 술축미(辰戌丑未) 삼형살(三刑殺)이 자리잡고 있기 때문이다. 갑술(甲戌)년에 농약을 마신 것은 갑목(甲木) 상관(傷官)과 술토(戌土)가 합작했기 때문이다.

이렇게 첫 남편과 사별하고 혼자 살다가 기묘(己卯)년에 우연히 만난 승려와 결혼해 잘 살고 있다. 만약 승려를 만나지 않았다면 역술인이나 불교와 관계있는 일을 하는 사람을 만났거나, 본인이 승려가 되거나 불교용품 판매업을 했을 것이다. 이 사주는 또 관성(官星)이 술축미(辰戌丑未) 삼형살(三刑殺)이 되었으니 본인은 물론 만나는 남자마다 술고래다. 그 승려도 술을 많이 먹을 것이다.

8. 돼지와 인연있는 사주

■ 박미현(坤命)

시	일	월	년		87	77	67	57	47	37	27	17	7
壬	壬	癸	戊		甲	乙	丙	丁	戊	己	庚	辛	壬
寅	子	亥	戌		寅	卯	辰	巳	午	未	申	酉	戌

사주에 비겁(比劫)이 많으면 대개 거지팔자라고 하는데 이 사주는 비겁(比劫)이 매우 많다. 재물복도 별로 없는데 년상(年上) 무토(戊土)가 년지(年支) 술토(戌土)에 통근(通根)하여 관성(官星)이 왕성하고, 비겁(比劫)이 통근(通根)하여 왕성하다. 이 사람은 돈 잘

버는 남편을 만나 그 돈을 관리하니 내 돈인데, 비겁(比劫)이 많아 돈 나갈 곳이 많으니 저축을 하기 어렵다.

이 사주가 왜 돼지와 인연이 있는가를 분석해보자. 년지(年支) 술토(戌土)가 화(火)의 창고이며 재물창고이니 그 창고에 있는 재물을 꺼내기만 하면 된다. 그럼 술(戌) 창고에서 돈을 꺼낼 수 있는 방법을 찾아야 한다. 술(戌) 옆에 월지(月支) 해수(亥水)가 있는데 그 속에 식신(食神)인 갑목(甲木)이 있다. 이 갑목(甲木)이 바로 돈을 생하는 식신(食神)인데 옆에 있는 년지(年支) 술토(戌土)와 삼합(三合) 화국(火局)을 이루니 이것이 모두 돈이다.

그러나 지금은 암장(暗藏)된 갑목(甲木)을 꺼낼 방법이 없다. 그러면 어떻게 할 것인가. 현실에서 갑목(甲木)을 가져올 수 있는 일을 찾아야 한다. 그것이 바로 돼지(亥)다. 돼지(亥)는 항상 갑목(甲木)을 지니고 있으니 돼지(亥)와 관계있는 일들이 모두 이 사람에게 돈이 되는 것이다.

이 사람은 돼지족발집을 하는 친구가 있는데, 이 사람이 놀러가면 주문이 쇄도한다고 한다. 그러자 친구가 와서 앉아만 있어도 아르바이트에 준하는 돈을 주겠다고 한단다. 이 사람이 놀러가지 않는 날은 족발을 보내주기 때문에 할 수 없이 놀러가기도 한단다. 돼지(亥)가 돈을 만들어주는 인연이 아니고 무엇인가.

9. 소와 인연있는 사주

■ 강순희(坤命)

시	일	월	년		64	54	44	34	24	14	4
癸	己	丁	己		甲	癸	壬	辛	庚	己	戊
酉	巳	卯	丑		戌	酉	申	未	午	巳	辰

이 사주는 사유축(巳酉丑) 삼합(三合)을 이루고, 시상(時上) 계수(癸水)가 년지(年支) 축토(丑土) 속의 계수(癸水)에 통근(痛根)했다. 축토(丑土)는 소이니 소와 인연이 깊은 사주다. 이 사람은 소(丑)를 키우는데 점점 그 수가 늘어 재미가 쏠쏠하다고 한다. 좀더 일찍 소를 키웠다면 하는 생각이 든단다.

10. 닭과 인연있는 사주

■ 김희정(坤命)

시	일	월	년		67	57	47	37	27	17	7
戊	丁	己	己		丙	乙	甲	癸	壬	辛	庚
申	未	巳	丑		子	亥	戌	酉	申	未	午

이 사람을 만난 것은 17년 정도된다. 처음 만났을 때 좋은 운이 아니라 답답하게 생각하다 사주에 맞는 직업을 찾자는 생각이 들었다. 물론 전에도 그런 생각을 했지만 사물과 연결해서 생각해보

지는 않았으나 이 사주를 보면서 그런 생각이 든 것이다. 그래서 다시 사주를 찬찬이 들여다 보았다.

이 사주는 사화(巳火) 겁재(劫財)가 있어도 사축(巳丑)으로 반합 (半合)을 이루어 힘이 약하니 일간(日干)을 도와줄 수 없고, 사주 가 대부분 식상(食傷)이니 종아격(從我格)이다. 종아격(從我格)은 식상운(食傷運)을 따라야 하는데 그 식상(食傷)이 만드는 것이 재 물 아닌가. 그래서 재물 만드는 것을 생각하니 바로 사유축(巳酉 丑) 삼합(三合)이었다. 이 사주에는 사축(巳丑) 반합(半合)이 있으 니 유금(酉金)만 불러오면 완벽한 사유축(巳酉丑) 삼합(三合) 재국 (財局)이 된다.

그래서 닭(酉)을 잡는 일을 해야 돈을 벌 수 있다고 했는데, 시장 에서 닭장사를 시작해 대박이 터진 것이다. 닭장사 중에서도 생닭 을 팔았다. 생닭을 팔아 성공한 것은 사신(巳申) 삼형살(三刑殺)이 있어서다. 이런 사주는 칼로 닭을 칼로 잡거나 칼로 닭을 요리하는 일을 해야만 사주를 최대한으로 활용하는 것이다.

역시 사주는 절대 실수하지 않는다는 것을 알았고, 그후 직업을 분석할 때는 사물을 대비하게 되었다. 사주가 자연의 순리이며 이 치라는 것을 알고는 있었지만 이렇게 인연까지도 나타난다는 것은 미처 생각하지 못했던 것이다.

11. 내 몸을 태워야 돈이 되는 사주

■ 정재혁(乾命)

시	일	월	년		65	55	45	35	25	15	5
壬	甲	甲	丁		丁	戊	己	庚	辛	壬	癸
申	寅	辰	未		酉	戌	亥	子	丑	寅	卯

이 사주는 갑목일간(甲木日干)이 일지(日支)에 통근(通根)하여 강한데, 시지(時支) 신금(申金)이 시상(時上) 임수(壬水)를 생(生)하고, 임수(壬水)가 일간갑목(日干甲木)을 생(生)하니 갑목(甲木)이 더 왕성하며 강해졌다. 게다가 신진(申辰) 반수국(半水局)을 이루어 일간갑목(日干甲木)을 또 생(生)하니 갑목(甲木)이 매우 신강(身强)하다. 그 신강(身强)함을 알고 있는 듯이 년상(年上)의 정화(丁火) 상관(傷官)이 인목(寅木) 속의 병화(丙火)와 미토(未土) 속의 정화(丁火)에 통근(通根)하여 그 기세도 왕성하다.

이런 사주는 무조건 상관(傷官)을 이용해야 하는데 어떻게 이용하냐가 문제다. 갑목일간(甲木日干)이 강하니 상관(傷官)인 정화(丁火)로 불을 태워야 하는데 과연 무엇을 태울 것인가. 갑목(甲木)에게 천을귀인(天乙貴人)은 축미(丑未)다. 축(丑)은 소요, 미(未)는 염소다. 축토(丑土)는 물을 품은 땅이고, 미토(未土)는 마른 땅이다. 사주에 물이 없으면 무조건 축토(丑土)를 활용해야 하나 물이 충분하니 미토(未土)를 활용해도 된다.

마침 이 사람 주위에 염소를 키우는 사람이 있어 염소불고기전문점을 하라고 권하면서 가스불은 쓰지 말고 숯불을 사용하라고 했다. 그 이유는 갑목(甲木)을 태워야 하기 때문이다. 역시 손님이 몰리기 시작하더니 지금도 아주 잘 된다고 한다. 더구나 일지(日支) 인목(寅木)과 시지(時支) 신금(申金)이 인사신(寅巳申) 삼형(三刑)을 이루니 틀림없이 염소불고기집이 천직이다. 사주에 있는 천직대로 살면 나쁜 운이 와도 큰 영향을 받지 않는다는 것을 이런 경험을 통해서도 알 수 있다.

12. 사우나 하다가 죽을 뻔한 사주

■ 서상헌(乾命)

시	일	월	년		63	53	43	33	23	13	3
甲	丙	丙	壬		癸	壬	辛	庚	己	戊	丁
午	戌	午	辰		丑	子	亥	戌	酉	申	未

이 사람을 처음 만난 것은 그가 해수(亥水)대운일 때인데, 그때 필자는 사주쟁이가 싫어 다른 일을 하고 있었는데 거기까지 찾아왔다. 여기저기 수소문해 겨우 찾았다고 하는 그에게 지금은 사주를 보지 않으니 그냥 가라고 했더니 꼭 봐달라며 버텼다. 허기사 사주쟁이가 다른 일 한다고 뾰족한 수 있어 바쁘겠냐만 그래도 그때는 사주보는 일이 정말 싫었다. 그래도 필자를 믿고 찾아온 사람이라는 생각에 봐주기로 했다.

사주를 보니 온통 불바다. 이런 사람이 물어물어 필자를 찾아왔다는 것은 틀림없이 큰 물과 관계있는 일을 하다 안 되니 왔을 것이다. 그래서 목욕탕이나 사우나를 하는 것 같은데 살고 싶으면 하루라도 빨리 정리하라고 했다. 아니나 다를까. 지금 사우나를 하는데 죽고 싶은 심정이라고 한다.

그래서 철학원에 가서 한번 물어보고 하지 그랬냐고 하니, 그랬는데 동네에서 슈퍼를 하라고 하더란다. 대형마트 때문에 동네 슈퍼들이 모두 문을 닫는 상황인데 그 말을 믿고 임대해 슈퍼를 열었단다. 1년 정도 했는데 손해가 막심해 다른 사람에게 넘기고, 그 철학원에 다시 찾아가 물어보니 이번에는 목욕탕이나 사우나를 하라고 하더란다. 그래서 또 사우나를 인수했는데 개업하는 날부터 보일러가 터지기 시작하더니 계속해서 배관이 터지는 등 하루도 무슨 일이 생기지 않는 날이 없더라는 것이다.

한번 실패했으면 그 철학원에는 가지 말았어야 하고, 지금이라도 빨리 사우나에서 손을 떼라고 조언했다. 7천만 원 정도 손해보면 인수할 사람이 있다고 하길래 돈이 문제가 아니라 당신의 목숨이 위험하니 빨리 정리하라고 해서 돌려보냈다. 그후 소식이 없는 것을 보면 아마도 정리하고 다른 일을 하는 모양이다. 그때 무슨 일을 하면 좋은지도 알려줬으니 지금은 잘 살고 있을 것이라고 생각한다.

사주에 불이 많으면 억부용신(抑扶用神)으로 제압해야 한다는 것이 용신론(用神論)이다. 사주에 불이 많은데 큰 물을 만나면 불이 꺼진다. 불이 꺼진다는 것은 죽음을 의미하는데 큰 물을 다루는 사우나를 하라고 권했으니…. 허기야 그렇게 배웠는데 그렇게 감정할 수밖에. 용신론(用神論)에 매달리는 사람들은 용신론(用神論)이 정말 맞는 이론인지 의문을 갖고 연구해야 한다.

13. 미용사 사주

■ 정성일(乾命)

시	일	월	년		68	58	48	38	28	18	8
甲	丁	丙	戊		癸	壬	辛	庚	己	戊	丁
午	巳	午	申		丑	子	亥	戌	酉	申	未

이 사주는 정화일간(丁火日干)이 비겁(比劫)이 많은데 인성(印星)인 갑목(甲木)이 시상(時上)에 있고, 예술성이 강한 상관(傷官)이 년상(年上)에 있으면서 일지(日支) 사화(巳火)와 년지(年支) 신금(申金)이 사신(巳申) 삼형살(三刑殺)을 이루었다. 사주에 삼형살(三刑殺)이 있으면 권력을 쥐어야 한다고 했는데, 머리카락도 생명체인데 그 머리카락을 마음대로 주무르니 미용사도 권력자로 볼 수 있다.

이 사람은 대운도 공부와는 거리가 멀고, 어릴 때는 가수가 되고 싶었으나 뜻대로 되지 않아 대학을 졸업한 후 미용사의 길로 들어섰다. 사주에 불이 많으니 머리를 아름답게 손질해 손님들에게 인기가 많을 것이다. 지금도 미용사를 천직으로 생각하면서 열심히 미용업에 종사하는 것으로 안다.

14. 의류쇼핑몰을 하는 사주

■ 이미선(坤命)

시	일	월	년
庚	癸	丁	戊
申	亥	巳	午

62	52	42	32	22	12	2
庚	辛	壬	癸	甲	乙	丙
戌	亥	子	丑	寅	卯	辰

이 사주는 계수일간(癸水日干)이 인수(印綬)의 도움을 받아 매우 신강(身强)한데, 바로 옆 월상(月上)의 정화(丁火) 편재(偏財)가 년지(年支)에 통근(通根)하여 매우 강하다. 더구나 재성(財星)이 불이니 화려하고 아름다운 것이 재물이 되는 사주다. 그런데 재물 인 정화(丁火)를 태워줄 목(木)이 없다.

이런 사주는 식상(食傷)에 해당하는 목(木)과 관계있는 일이 좋 다. 그래서인지 이 사람은 어릴 때부터 의상디자이너가 꿈이었는데 이루지 못하고 의류쇼핑몰을 운영한다. 연매출이 수십억이 된다고 한다. 이 쇼핑몰에 있는 옷들을 보면 정말 아름답고 화려한데, 사주 에 있는 불의 화려함 때문이다. 이렇게 자기 사주에 있는 직업을 선택하면 큰 어려움을 겪지 않는다.

15. 관성이 혼잡되면 유흥업계로 나간다?

■ 서지영(坤命)

시	일	월	년
癸	丁	壬	辛
卯	未	辰	亥

68	58	48	38	28	18	8
己	戊	丁	丙	乙	甲	癸
亥	戌	酉	申	未	午	巳

이 사주는 양인(羊刃)일에 태어났는데 관살(官殺)이 혼잡하다. 관성(官星)이 년지(年支)에 해수(亥水), 월상(月上)에 임수(壬水), 월지(月支)의 진토(辰土) 지장간(支藏干)에 계수(癸水), 시상(時上) 계수(癸水) 모두 4개나 있다. 일반적인 방법으로 해석하면 결혼을 4번이나 하며 유흥계로 흐르기 쉽다고 할 것이다.

그러나 천만의 말씀이다. 물론 이런 사람은 남자에 해당하는 관성(官星)이 많으니 남녀공학 학교에 가거나 남자가 많은 학과에 가거나 남자를 많이 만난다. 만약 이 사람이 어릴 때 이런 얘기를 들었다면 매우 실망했을 것이다.

그러나 관성(官星)인 월상(月上) 임수(壬水)가 년지(年支) 해수(亥水)에 통근(通根)하여 매우 왕하고, 임수(壬水)가 통근(通根)한 해수(亥水)가 정화일간(丁火日干)에게는 천을귀인(天乙貴人)에 해당한다. 이런 사주는 명문가 후손과 결혼한다. 설사 그렇지 않은 사람과 결혼해도 남편이 관공직에서 명성을 떨치게 된다.

게다가 일간(日干)이 양인살(羊刃殺)인 미토(未土)에 통근(通根)했는데 그 양인살(羊刃殺)이 배우자궁에 있으니 배우자는 틀림없이 큰 인물이 된다.

그리고 양인살(羊刃殺)에 묘미(卯未) 반합(半合) 목국(木局)을 이루어 나를 도와주고, 상관(傷官)인 월지(月支) 진토(辰土)도 일지(日支) 미토(未土)가 도와주니 그렇게 약하다고 볼 수 없다. 이 사람은 월지(月支) 상관(傷官)을 잘 이용해 대학교수가 되었고, 남편도 정관계에서 알아주는 명사다.

■ 최희선(坤命)

시	일	월	년		64	54	44	34	24	14	4
癸	丁	壬	癸		己	戊	丁	丙	乙	甲	癸
卯	未	辰	巳		亥	戌	酉	申	未	午	巳

이 사주도 관살(官殺)이 혼잡하다. 이 사람은 이름난 헤어디자이너인데, 여명이 관살(官殺)이 혼잡하면 인기가 필요한 직업인 미용사·유치원·유아원·보험설계사 등이 좋고, 남자가 많은 회사에 들어가거나 남자를 상대하는 일을 하면 좋다. 관살(官殺)이란 명예와 남자를 의미하니 이름을 알리는 직업을 갖거나 남자를 상대하는 직업을 선택하면 좋다. 유아원이나 유치원에도 남자 아이들이 있지 않은가. 관살(官殺)이 혼잡하다고 무조건 유흥계로 나간다는 생각은 하지 말아야 한다.

■ 신미자(坤命)

시	일	월	년		65	55	45	35	25	15	5
癸	丁	乙	丙		戊	己	庚	辛	壬	癸	甲
卯	亥	未	午		子	丑	寅	卯	辰	巳	午

이 사주는 재물복은 눈을 씻고 찾아봐도 없다. 봉급생활을 하거나 결혼해서 남편한테 순종하면서 살아야 하는데, 남편이 한눈 파는 꼴을 보지 못하니 이 노릇을 어쩌나. 결혼운도 일찍 들어와 일찍 결혼했으나 남편이 한눈을 팔아 이혼하고, 그후 또 결혼했다가 이

혼했다. 물론 2번째 결혼은 유흥업소를 전전하다 만난 사람이었다.

이 사람은 자존심 때문에 아직도 유흥업소를 전전하고 있다. 이런 사람들을 상담해보면 자신을 전혀 모르고, 자신이 잘난 줄 알고 산다. 필자가 핏대를 올리면서 자신을 한번 뒤돌아보고, 남들이 어떻게 평가하는지를 생각하면서 살아야 한다고 했는데, 아마도 사무실 문을 나가면서 욕을 했을 것이다.

이 사람은 이름에도 그 기운이 있다. 여자 이름에 남자를 뜻하는 '놈 자(子)'가 있는 것이다. 그러니 남자처럼 살아야 하고, 자기가 벌어 살아야 하는 운명이다. 어쩌면 '자(子)'자가 자존심에 불을 붙였는지도 모른다. 왜냐하면 이름은 성격을 형성하는데 매우 큰 영향을 주기 때문이다.

■ 이정미(坤命)

시	일	월	년		65	55	45	35	25	15	5
甲	壬	丙	戊		己	庚	辛	壬	癸	甲	乙
辰	子	辰	申		酉	戌	亥	子	丑	寅	卯

이 사주는 관성(官星)이 3개나 있는데 양인(羊刃)일생이며 비겁(比劫)이 너무 많다. 비겁(比劫)이 많으면 자기 주장이 강한데 양인살(羊刃殺)까지 합세하니 한 고집한다. 특히 용(辰)이 지지(地支)에 2마리나 있으니 현실을 모르고 눈만 높아진다.

그런데 묘하게 시지(時支)와 월지(月支)의 관성(官星)이 변해 비겁(比劫)이 되었다. 이렇게 되면 년상(年上)의 무토(戊土) 관성(官

星)이 무력해지고, 관성(官星)에게는 재물인 비겁(比劫)이 많으니 재물에 대한 욕심만 많아진다. 한마디로 욕심은 많으나 별볼일없는 사람만 만나게 된다.

실제 첫 남편은 별볼일없는 건달이었고, 유흥업소에서 만나는 사람들은 모두 매상도 올려주지 못하는 사람들이었다. 이런 사주는 능력있는 사람이 다가오면 거절하고 별볼일없는 사람들과는 자연스럽게 연애를 한다. 이런 것이 사주의 작용이다. 이 사람이 나가는 업소의 사장을 잘 아는데 이정미 씨를 바보라고 한다. 능력있는 사람은 거들떠 보지도 않고 거지 같은 사람들만 만난다고 말이다. 그녀의 사주를 알기에 그냥 속으로 웃기만 했다.

그런데 어느 사주쟁이가 2013년(癸巳年)에 빌딩 2채를 산다고 했단다. 신나서 그 얘기를 하는데 할 말이 없어 허공만 쳐다보았다. 만약 그렇게 된다면 필자는 사주쟁이를 그만둘 것이다. 왜냐하면 절대 그런 일은 일어나지 않을 것이기 때문이다.

■ 정은옥(坤命)

시	일	월	년		66	56	46	36	26	16	6
戊	癸	辛	己		戊	丁	丙	乙	甲	癸	壬
午	卯	未	亥		寅	丑	子	亥	戌	酉	申

이 사주는 지지(地支)에 목국(木局)을 이루었는데 그 목국(木局)이 상관(傷官)이다. 상관(傷官)이 왕성한데 대운도 26세부터 상관운(傷官運)으로 흐르니 유흥계로 갈 수밖에 없다. 사주가 그래도

유흥계로 가지 않을 수도 있었는데 남자한테 상처를 받고 유흥계로 갔다고 볼 수도 있다. 그러나 팔자탓만 해서는 안 된다. 만약 첫 남자의 아이를 갖지 않았다면 상황은 달라졌을 수도 있다.

이 사람은 고등학교를 졸업한 후 작은 회사에서 경리로 근무하다가 같은 회사에 다니는 남자와 눈이 맞아 임신을 했고, 아이를 낳아 남자에게 주고 방황하다 술집으로 간 것이다. 이 사람의 불행은 생각없이 남자를 만난 것이고, 그 남자가 유부남이었다는 것이다. 사주대로 유부남을 만났어도 피임을 제대로 했다면 이렇게 되지는 않았을 것이다.

이 사주는 년상(年上) 기토(己土)가 첫 남자인데 년지(年支) 해수(亥水)를 깔고앉아 있으니 유부남을 만난 것이다. 그리고 년지(年支) 해수(亥水) 속에 상관(傷官)이 있는데 남자의 운 때문인지 딸을 낳았고, 년지(年支) 해수(亥水)가 키우게 되었다. 아이가 아버지와 함께 사는 것도 년지(年支) 해수(亥水) 속의 갑목(甲木)이 년상(年上) 기토(己土)와 암합(暗合)했기 때문이다.

이 사람의 말에 의하면 아이는 년지(年支) 해수(亥水)를 친엄마로 알면서 잘 자라고 있다고 한다. 보고 싶지 않냐고 물으니 너무 어릴 때 헤어져서 그런지 그렇게 애타게 보고 싶지는 않다고 한다. 그후 유흥업소를 전전하다 2차를 간 남자와 결혼해 아들을 하나 낳았다.

그러나 그 사람도 어느 날 훌쩍 떠나버리고 그 아들을 키우면서 살다가 50세(戊子年)가 되던 해에 지금의 남자를 만나 의지하면서 혼자 외롭게 사는데, 이 사람 역시 유흥업소에서 만난 유부남이다.

유부남인 것은 무자년(戊子年)에 무토(戊土)가 정재(正財)인 자수
(子水)를 데려오는데 그 자수(子水)가 무토(戊土)의 아내이기 때문
이다.

딸을 둔 부모들께 항상 당부하는 말이 있다. 피임법을 잘 가르쳐
서 남자를 많이 만나보게 하라고. 그러다 보면 자신에게 맞는 좋은
남자를 선택할 수 있을 것이다. 그러면 남편을 만나는 것도 사주에
있을 텐데 사주가 맞지 않는 것 아니냐고 말하는 사람이 있는데
천만의 말씀이다. 사주에 있는 많은 인연 중에서 저 끝에 있는 인
연을 앞으로 당기는 것이다. 그렇지 않고 가만히 있으면 별볼일없
는 1~2번째 인연을 만나 구비구비 눈물고개를 넘을 수도 있다. 옷
을 하나 살 때도 여기저기 다녀보고 결정하는데, 인생에서 가장 중
요한 배우자를 만나는 일을 너무 쉽게 결정하면 안 된다.

16. 천직을 외면해 벌받은 사주

■ 김상한(乾命)

시	일	월	년		70	60	50	40	30	20	10
己	戊	辛	甲		戊	丁	丙	乙	甲	癸	壬
未	午	未	辰		寅	丑	子	亥	戌	酉	申

이 사람은 우선 이름부터 잘못되었다. 한글이미지로 보면 김이 상
했다는 뜻이다. 그러니 무슨 일이 되겠는가. 이름은 그렇다 치고 이
사람은 수재는 아니지만 중간 정도는 되었는데 학과를 잘못 선택

했다. 무토일간(戊土日干)이 무오(戊午) 양인살(羊刃殺)이 있는데 양옆의 미토(未土)들과 쟁합(爭合)을 하니 권력을 잡는 일을 해야 하는데 경영학을 전공했다. 물론 대운이 재성운(財星運)으로 흘러 그랬겠지만 그것이 잘못이 되었다.

이 사주는 년상(年上)의 갑목(甲木) 편관(偏官)이 백호살(白虎殺)을 깔고앉아 있고, 월지(月支)와 시지(時支) 미토(未土)에 통근(通根)하여 기세가 너무 강하다. 여기에 재성(財星)인 물이 오면 년상(年上) 갑목(甲木)은 천군만마를 얻은 것 같아 더 강해지면서 일간(日干) 무토(戊土)를 무지막지하게 짓밟으니 견디기 어렵다.

그렇지 않아도 무토(戊土)가 갑목(甲木)을 만나면 독산고목(禿山孤木)이라 하여 고독하며 정신질환이 따른다. 일간(日干) 무토(戊土)가 사주에 물이 없어 초토화되었는데 왕성한 년상(年上) 갑목(甲木)을 만나 정신이 완전히 흐트러지고, 재성(財星)인 물까지 와서 년상(年上) 갑목(甲木)을 도와주니 증상이 더 심해진다. 시상(時上) 기토(己土)가 년상(年上) 갑목(甲木)을 천간합(天干合)으로 묶어준다고 생각할 수도 있지만 작용이 약한 것은 여러 번 확인했다.

이런 증상들은 자신의 길을 가지 못했기 때문이다. 만약 이 사람이 권력자가 되었다면 달라졌을 것이다. 권력자가 되면 들어오는 재성(財星)인 물은 오히려 년상(年上)의 갑목(甲木) 편관(偏官)을 도와 명예를 드높일 것이다. 허기사 권력자가 되려고 해도 이름이 이상한 방향으로 몰아갔을 것이다.

지금 이 사람은 우울증에 정신도 좀 이상해져 신경안정제를 먹으면서 생활한다고 한다. 그러나 신경안정제를 먹으면 온몸에 힘이 빠져 먹지 않으려고 해서 밥이나 국에 몰래 타서 먹인다. 이 얼마나 답답하고 안타까운 일인가. 병을 고치는 방법은 지금이라도 권력자을 잡는 일을 하는 길밖에 없다. 물론 이름도 바꿔야 한다. 그러면 자연스럽게 병은 치유될 것이다.

천직에 대한 예는 이 정도로 끝내기로 한다. 다시 강조하고 싶은 것은 사주에서 가장 중요한 것은 천직을 찾는 것이다. 사주를 공부할 때 가장 많이 다루는 부분이 대운이다. 다시 말하면 무엇이 용신(用神)이고 희신(喜神)인가를 찾는데 전력투구해야 한다는 것이다. 물론 대운이 중요하나 더 중요한 것은 천직을 찾는 것이다. 직업을 제대로 찾지 못하면 가장 나쁜 방향으로 가게 된다. 평생 운이 좋은 사람은 없다. 사주에 있는 적성을 찾고, 그 적성에 맞는 직업을 선택한다면 운과는 관계없이 행복하게 살 수 있을 것이다.

제5장. 궁합이란 이런 것이다

 일반적으로 궁합은 내궁합과 외궁합으로 나누어 보는데, 외궁합은 남녀의 생년(生年)과 생월(生月)을 대비시켜 길흉을 판단하고, 내궁합은 남녀의 생일(生日)과 생시(生時)를 대비시켜 길흉을 판단한다. 물론 이 방법이 전혀 맞지 않거나 타당성이 없다는 것은 아니다. 다만 외궁합이나 내궁합보다 더 중요한 것은 생일궁합이라는 것이다.

 일반적인 궁합은 매우 복잡하다. 그렇게 복잡하게 봐서는 배우자를 제대로 만나기 어렵다. 더구나 최근에는 국제결혼도 많아지는데 말이다. 만약 궁합을 잘못보면 그 부부는 물론 자녀들까지도 불행하게 만들 수 있으니 신중해야 한다.

 궁합을 간단하게 보는 방법은 일간(日干)이나 일지(日支)가 합(合)되면 가장 좋고, 일지(日支)나 년지(年支)에 원진살(元辰殺)이 있으면 해로하기 어렵고, 년지(年支)에서 파살(破殺)이 되면 되는 일이 없다. 그리고 궁합에서 가장 좋은 것은 천을귀인(天乙貴人)을 만나는 것이다. 경험에 의하면 일지(日支)에서 파살(破殺)이 일어나거나 어느 지지(地支)에 충살(沖殺)이 있어도 잘 사는 경우를 많이 보았다. 궁합에 대해서는 『참역학은 이렇게 쉬운 것이다』에서 자세하게 설명했으니 참고하기 바란다.

1. 무토 남자와 갑목 여자

■ 남편

시	일	월	년
壬	戊	丁	甲
戌	寅	卯	辰

■ 아내

시	일	월	년
戊	甲	丁	丙
辰	午	酉	申

이 부부는 년지(年支)와 일지(日支)가 합(合)되어 좋다. 남편이 무토일간(戊土日干)인데 아내는 갑목일간(甲木日干)이니 재미있는 일이 많이 생기는 궁합인데, 당사자들 입장에서 보면 안타까운 일이다. 남편이 8세 연하인데 년지(年支)와 일지(日支)가 합(合)되어 아무리 헤어지려고 해도 헤어지지 못한다. 더구나 년지(年支)가 합(合)되었으니 두어 시간만 떨어져 있어도 서로 찾아나설 것이다.

이 부부가 만난 지는 15~16년 정도 되는데, 처음에는 갑목(甲木) 아내가 무토(戊土) 남편에게 맞고 병원에 실려간 적이 한두 번이 아니었다. 그렇게 싸우면서도 헤어지지 않고 아직까지 잘 살고 있는데, 이 부부의 싸움은 갑목(甲木)인 아내가 무토(戊土)인 남편이 하는 일을 사사건건 간섭하기 때문이다. 필자가 이 부부를 만난 지도 10여년이 되어 가는데 숱하게 사주를 설명하면서 참으라고 해도 안되는 모양이다.

만약 부모가 무토(戊土)이고 자녀가 갑목(甲木)이면 부모는 머리가 아플 것이다. 물론 사주나 궁합을 모르니 갑목(甲木)인 자녀에게 이것저것 하라고 하겠지만 갑목(甲木)인 자녀가 하는 척만 한다는 것이다. 사주로 보면 무토(戊土)는 갑목(甲木)을 도저히 이길 수 없다. 그러니 아무리 부모라고 해도 갑목(甲木)이 말을 듣겠는가. 갑목(甲木) 입장에서 보면 무토(戊土)가 함부로 간섭한다는 것이 말이 안된다.

이 부부도 그렇다. 평소에는 그야말로 천생연분인데 가끔 한번씩 일이 터진다. 갑목(甲木) 아내의 간섭 때문에 말이다. 그렇게 싸우면서도 사는 것을 보면 궁합이 신기하면서도 무섭다는 생각이 든다. 이 부부는 평생 함께 살 것이다.

2. 개와 닭이 만나도 못산다

■ 남편

시	일	월	년
○	壬	○	○
○	戌	○	○

■ 아내

시	일	월	년
○	乙	○	○
○	酉	○	○

이 사람들은 재혼한 부부다. 년월시(年月時)를 생략한 것은 의미

가 없기 때문이다. 이 궁합을 보고 어느 철학원에서 좋다고 재혼하라고 했단다. 일반적인 궁합으로 보면 년월시(年月時)에 합(合)이 들어오고, 서로 상생(相生)이 되고, 남편 임수(壬水)가 아내 을목(乙木)을 생(生)하니 그렇게 판단할 수도 있다.

그러나 일지(日支)에서 술(戌)이 유(酉)를 만난 것이 문제다. 개는 닭을 보면 잡아먹지 못해 안달이 난다. 일반적으로 보면 술(戌)과 유(酉)는 해살(害殺)이나 필자가 볼 때는 원진살(元辰殺)이라고 본다. 왜냐하면 술(戌)과 유(酉) 사이에 원진살(元辰殺) 작용이 일어나기 때문이다.

이 남편이 상담하러 왔을 때 평생 같이 살지도 못할 텐데 왜 재혼했냐고 물으니, 재혼 전에 어느 철학원에 가서 물어보니 궁합이 좋다고 해서 재혼했단다. 일간(日干)끼리만 보면 좋은 궁합이고, 술(戌)과 유(酉)가 만난 것을 해살(害殺)로 보고 그렇게 판단한 모양이다. 이들은 자녀가 둘씩 있었는데 재혼해서 한 집에 살면서 정이 들었다고 한다. 그런데 정작 부모들은 이혼하게 되었으니….

3. 삼각관계

■ 여자				■ 남자1				■ 남자2			
시	일	월	년	시	일	월	년	시	일	월	년
○	丁	○	○	○	壬	○	○	○	癸	○	○
○	丑	○	○	○	寅	○	○	○	卯	○	○

남자2는 여자가 남자1과 헤어진 것으로 알고 사귀었는데, 4년 정도 지난 어느 날 여자가 남자1을 다시 만난다고 고백했다. 남자1은 유부남이고 여자와 남자2는 혼자 사는 사람이다. 남자2는 온갖 정성을 다하며 결혼하자고 해도 여자가 남자1 때문에 안 된다고 해서 포기했다.

　그후 소식에 의하면 남자1이 이 여자를 만나고 있는 사이에 다른 여자가 생겨 이 여자는 그야말로 낙동강 오리알 신세가 되었다고 한다. 이 여자는 남자1이 떠난 후 남자2에게 다시 매달렸지만 남자2도 이미 다른 여자가 생겨 만나주지 않는다고 한다.

　이 여자가 조건이 좋은 남자2를 외면하고 남자1에게 마음이 간 것은 남자1과의 정임합(丁壬合) 때문이다. 이런 사람들이 부부나 연인이 되면 아주 좋다. 이 여자는 남자2를 만나기 전에 이미 남자1의 가정을 파탄 직전까지 몰고갔다가 남자1의 부인에게 다시는 만나지 않겠다고 사정사정해 용서받은 사이인데 다시 만난 것이다. 그런데 남자1이 또 다른 여자를 만나 떠났다니….

　그리고 이 여자는 남자2와 결혼했어도 오래가지 못했을 것이다. 정화일간(丁火日干)인 여자는 계수일간(癸水日干)인 남자2에게 정신적으로 시달리다 결국은 도망갔을 궁합이다.

■ 여자				■ 남자1				■ 남자2			
시	일	월	년	시	일	월	년	시	일	월	년
○	壬	○	○	○	己	○	○	○	甲	○	○
○	○	○	○	○	○	○	○	○	○	○	○

이 세 사람은 같은 산악회 회원이다. 나이는 남자2가 가장 많고, 그 다음은 여자가 많고, 남자1이 가장 젊다. 남자2는 이 여자를 좋아하고, 여자는 남자1을 죽어라 따라다닌다. 남자1은 이 여자가 나이가 많아서인지 못생겨서인지 전혀 관심이 없으면서 이 여자가 만나자는 말만 하면 남자2에게 알려준다. 그래서 남자1에게 남자2에게 말하지 말라고 부탁해도 듣지 않고 계속 알려준다고 한다. 참 묘한 관계다.

임수(壬水) 여자는 기토(己土) 남자1이 만만해 매달리고, 남자1은 갑목(甲木) 남자2에게 갑기합토(甲己合土)로 묶이는 형상이니 알려줄 수밖에 없는 것이다. 남자2는 갑목(甲木)이니 물이 필요한데 임수(壬水)는 내가 다가가야 마실 수 있는 물이니 임수일간(壬水日干)인 여자를 쫓아다니는 것이다.

이 여자와 상담하면서 이런 얘기를 했더니 한참을 재밌다고 웃더니 방법이 없냐고 묻길래 없다고 했다. 왜냐하면 기토(己土)가 임수(壬水)를 잘못 만나면 큰 강물에 떠내려 갈 수도 있기 때문이다. 그래서 남자1이 큰 강물인 당신을 피할 수밖에 없다고 설명했더니 고개를 끄덕이며 포기하겠다고 했다. 계속 따라다녀 봐야 소용이 없다는 것을 느낀 모양이다. 정말 묘한 궁합이어서 10여년이 지난 지금도 생생하게 기억이 난다.

4. 작은 고추가 맵다는 궁합

■ 정사장(남자)

시	일	월	년
○	庚	○	○
○	戌	○	○

■ 은미(여자)

시	일	월	년
○	乙	○	○
○	丑	○	○

정사장은 필자와 40여년 우정을 나눈 친구다. 친구에게는 미안한 일이지만 궁합의 예를 들기에 좋은 경우라 적어본다. 정사장은 젊은시절에 지인의 소개로 20년이나 아래인 아주 예쁘고 귀여운 은미를 만났다. 그때 은미는 20세였는데 가정형편이 좋지 않아 대학에 가지 못하고 정사장의 지인 사무실에 경리로 들어온 것이다.

필자가 서울에서 사주쟁이가 싫어 공인중개사 사무실을 운영하고 있을 때 정사장이 서울로 출장오면서 은미를 데리고 와서 인사를 하게 되었다. 아마도 두 사람의 사주가 궁금했던 모양이다. 그래서 함께 있을 때는 대충 얘기하고, 정사장과 둘이 있을 때 자세하게 설명해줬다.

"이 사람아, 도대체 어떻게 하려고?"

"글쎄…. 나도 잘 모르겠어. 소개로 만나보니 정말 환상적이라 이러지도 저러지도 못하고 있는데 은미가 자꾸 만나자고 해서 자주 만나다 보니 이렇게 되고 말았어."

"허긴 두 사람의 궁합이 너무 좋아 헤어지기 어려울 거야. 그리고 은미 사주는 옛날식으로 얘기하면 세컨드 팔자야. 결혼 후에도 애인이 없으면 가정이 원만하지 못할 사주지. 그렇지만 나이도 너무 어리고, 부인을 생각해서라도 그러면 안 되지…. "

"이제는 정이 많이 들어 헤어지기가 어렵네. 그렇지 않아도 미안한 마음으로 만나는데 은미가 공부를 더 하고 싶어해서 학교를 보내주겠다고 약속했네."

"그러면 유아교육과 쪽이 좋은데."

"그렇지 않아도 유아교육을 전공한 다음 유아원을 하고 싶대. 그래서 올해 수능시험을 보고 내년에 전문대라도 보내주려고…."

"그래, 그렇게라도 하면 자네 마음이 좀 편하겠지. 사주가 그런 걸 어쩌겠나. 이것도 인연이라고 생각하고 자네가 도와줄 수 있는 데까지 도와주게."

그후 가끔 전화연락은 했으나 은미 얘기는 서로 하지 않았다. 그러다 그 친구를 다시 만나게 되었고, 필자는 사주쟁이가 싫어 빈둥댈 때라 그 친구의 사무실에 출근하다시피 매일 가서 잡담이나 하면서 세월을 보내다가 어느날 궁금해서 물었다.

"은미는 어떻게 됐냐? 아직도 만나나?"

"아니…. 시집갔다…."

"뭐? 시집? 평생 데리고 살려고 하지 않았나?"

"이 친구야, 나도 나이가 있고, 멀쩡한 아가씨를 어떻게 계속 붙잡고 있냐. 은미 시집보내려고 몇 년 전부터 부적을 갖고 다녔는데 3년 정도 되니까 시집가겠다고 하더라. 죽을 때까지 내 옆에 있겠다고 울고불고하더니 부적이 효과가 있기는 있는 모양이야."

"그래? 부적 효과를 톡톡히 봤구먼."

"이 사람아, 돈 많이 주고 쓴 부적이야."

"어디로 시집갔는데?"

"그냥 같은 도시로…."

"이젠 정말 은미를 만나면 안되네."

"나도 그렇게 생각하고 노력하고 있어. 그래도 가끔 전화는 오는데 그것까지 막을 수는 없지 않나."

"그래, 이역만리로 시집간 것도 아니고 바로 코 앞에 있는 거나 마찬가지니."

그후 어느 날 은미한테서 전화가 왔다. 무슨 말이 오가는지 1시간 정도 통화하면서 계속 웃길래 통화가 끝난 후 넌지시 물어보았다.

"그렇게 좋으냐?"

"아니 좋은 게 아니라 걔가 하는 말이 재밌어서."

"뭐라는데?"

"작은 고추가 맵다고…."

"작은 고추라니? 웃지만 말고 말해봐. "

"실은 은미가 전화를 자주 하는 편이야. 전화를 하면 한다는 얘기가 어젯밤에도 나하고 연애했는데 기분이 정말 좋았다고 하는 거야. "

"거 참 별 희안한 일이 다 있네. "

친구는 더 이상 다른 말은 하지 않고 은미 남편의 생년월일을 대면서 사주를 봐달라고 했다. 그녀가 결혼한 해를 묻고 사주를 들여다보니 문제가 있기는 있었다.

"은미가 결혼한 해가 좋지 않아 몸에 이상이 있는 남자를 만났네…. 이 친구 고추는 큰데 허리가 좋지 않은 것 같아."

"역시 도사네. 은미가 선을 여러 번 보다가 그 남자와 결혼했어 그런데 그 남자가 회사에서 사고가 나서 허리를 다친 모양이야. 그래서인지 부부관계를 하면 허리가 아파 반은 죽는대. 그러니 연애가 제대로 되겠어…."

"그래? 은미는 뭐라고 하는데?"

"크기는 큰 데 재미는 하나도 없대."

"그래서 밤마다 꿈 속에서 자네와 연애하고, 자네의 작은 고추가 맵다는 건가?"

남녀의 궁합에서 좋다 나쁘다 하는 것은 성생활을 말하는 것이다. 이혼하려는 사람들을 보면 대부분 궁합이 나쁘다. 요즘은 궁합을 보지 않고 결혼하는 경우도 많으나 궁합은 매우 중요하다. 궁합은 옷과 같은 것인데 평생 내 몸에 맞지 않는 옷을 입고 살아야 한다고 생각하면 끔찍할 것이다.

이 두 사람은 을목(乙木)과 경금(庚金)이 만났으니 을경합금(乙庚合金)이 되어 환상적인 궁합이다. 은미가 몸에 이상이 있는 사람을 만난 것은 정축년(丁丑年)에 결혼했는데 은미의 일지(日支) 술토(戌土)와 년지(年支) 축토(丑土)가 삼형살(三刑殺)을 이루었기 때문이다. 삼형살(三刑殺)이란 어딘가에 묶인다는 것인데 신체불구와도 연관이 있다. 그리고 은미가 결혼한 것은 부적 때문이 아니라 정화(丁火)가 정관(正官)년을 만났기 때문이다.

5. 연인궁합

■ 남편   ■ 아내

시 일 월 년   시 일 월 년

○ 庚 ○ ○   ○ 辛 ○ ○

○ 午 ○ ○   ○ 丑 ○ ○

 궁합을 보는데 왜 일주(日柱)만 적었는지 궁금할 것이나, 일주(日柱)는 나 자신이며 배우자궁이니 일주(日柱)만 알면 되고, 일주(日柱)와 일주(日柱)를 대비시켜 보는 것이 당연하다. 이 부부는 결혼한 지 20년 정도 되는데 얼마 전에 이혼했다.

 부부사이는 좋은데 성생활이 맞지 않아 한 달에 한 번, 두 달에 한 번 정도 부부관계를 했다고 한다. 그러나 남편은 섹스여행을 갈 정도로 여자를 좋아한다고 한다. 젊을 때부터 아내한테 만족하지 못해서 그런가 하는 생각이 들었다. 그러다 남편은 궁합이 맞는 여자를 만나 이혼을 요구하게 되었고, 아내도 부부로 사는 것이 의미가 없는 것 같아 응해줬다고 한다.

 이혼 후 아내의 전화를 받고 만나 밥을 먹고 모텔에 가서 섹스를 했는데 좋았다고 한다. 아내도 진작 이혼할 걸 그랬다고 하더란다. 그런데 어쩌나. 남편은 이미 다른 여자를 만났으니. 이 부부는 연인궁합이었던 것이다. 정말 묘하다. 왜 호적을 정리한 뒤에 섹스가 환상적이었는지.

6. 혼자 살 팔자를 이렇게 바꾸었다

■ 김희성(乾命)   ■ 이정미(坤命)

시 일 월 년   시 일 월 년

○ 丙 ○ ○   丙 乙 丁 乙

○ 戌 ○ ○   戌 巳 卯 巳

　여자 사주를 보면 일지(日支)에 상관(傷官)이 있는데 식상(食傷)이 왕성하니 남편이 하는 일이 제대로 안 풀린다. 관성(官星)도 일지(日支) 상관(傷官) 속에 숨어 있으니 사주 한번 고약하다. 오래 전에 만나 상담한 사람인데 그때 남편은 술을 먹으면 개나 마찬가지가 되고, 절대 남편덕을 볼 수 없는 사주라고 말했었다. 실제로 남편은 결혼한 후 한번도 돈을 벌어온 적이 없고, 술만 먹으면 가스통을 열어놓고 죽겠다고 하면서 아주 고약하게 군다고 한다. 그래서 몇 번이나 이혼하려고 하다가 결국 이혼했다.

　그후 남자들을 만날 때마다 궁합을 물어왔다. 궁합뿐 아니라 무슨 장사를 하면 좋은지, 오늘 손님이 많은지까지 물으면서 손님이 없다고 하는 날은 가게문을 닫기도 했다. 그런 와중에 어차피 결혼하지 못할 팔자라면 애인이라도 확실하게 잡는 것이 낫지 않겠냐며 애인을 찾기 시작하다가 유부남인 이 사람을 만난 것이다. 하여튼 이 남자를 만나 도움도 많이 받고 사업도 잘 되어 자리를 잡은 지가 10년 정도 되고, 지금도 서로 도와가면서 잘 산다.

7. 어머니와 아들의 궁합

■ 어머니

시	일	월	년
○	辛	○	○
○	酉	○	○

■ 아들

시	일	월	년
○	甲	○	○
○	寅	○	○

　모자간에도 궁합이 나쁘면 함께 못사는 경우가 많다. 애지중지 키운 아들일 텐데 궁합 때문에 못산다는 것이 이해되지 않을 때도 있다. 어머니가 조금만 이해하면 함께 살 수 있는데 그것이 안 되더라는 것이다. 이 사주를 보면 어머니는 신금일간(辛金日干)인데 일지(日支)에 유금(酉金)을 깔고앉아 매우 신강(身强)하다. 그리고 일지(日支)에 있는 유금(酉金)은 닭으로 순발력은 있으나 매우 까다롭고, 자기가 한 일을 잊어버리고 같은 일을 반복하니 후회하면서 또 같은 일을 저지른다.

　아들 사주도 만만치 않다. 갑목일간(甲木日干)이 일지(日支) 인목(寅木)에 통근(通根)되었다. 지고는 못사는 갑목(甲木)이 인목(寅木) 호랑이까지 있으니 기세가 대단하다. 게다가 닭(酉)과 호랑이(寅)는 원진살(元辰殺)이다. 보면 밉고 안 보면 궁금하니 유금(酉金) 어머니는 전화를 하고 간섭을 한다. 게다가 신금일간(辛金日干)이다. 신금(辛金) 비수가 갑목(甲木) 나무를 계속 갉아대는 형상이니 아들의 정신이 온전할 리가 없다. 십간론(十干論)에서 갑목(甲木)이 신금(辛金)을 만나면 목곤쇄신(木困碎身)이라 하여 정신질환이 생긴다고 하니 갑목일간(甲木日干)이 받는 스트레스는 말도 못한다. 그러니 어떻게 한 집에서 살 수 있겠나.

이 어머니는 중풍에 걸린 남편을 10년 정도 간호하다 지쳐 아들 부부에게 간병하라고 해서 아들 부부가 시골로 갔는데, 어머니가 견디지 못하고 집을 나가 따로 살았다. 따로 살면서도 끊임없이 전화를 걸어 간섭한다면서 아들이 찾아온 것이다. 이렇게 모자간에도 궁합이 나쁘면 함께 살기 어려운 것이 궁합이고 사주다.

■ 어머니	■ 큰아들	■ 작은아들
시 일 월 년	시 일 월 년	시 일 월 년
甲 丙 甲 己	丙 庚 癸 己	丙 癸 戊 癸
午 戌 戌 卯	戌 寅 酉 酉	辰 未 午 丑

어머니의 사주를 보면 병화일간(丙火日干)이 시지(時支) 오화(午火)에 통근(通根)하고, 인성(印星)이 3개나 있으니 신강(身强)하다. 게다가 년상(年上)에 기토(己土) 상관(傷官)까지 있으니 언변이 좋고, 병화일간(丙火日干)이니 하고 싶은 말은 다하고, 사주에 물이 없으니 융통성이라고는 찾아볼 수가 없다. 그리고 자식에 해당하는 식상(食傷) 토(土)들은 물은 없고 불만 가득하다. 이런 사주는 하루라도 빨리 자식을 멀리 보내야 한다. 자식이 초토화된 어머니와 멀리 떨어져 살아야 어머니의 기운에서 벗어날 수 있다.

자식들의 사주를 보면 큰아들은 경금일간(庚金日干)인데 오행(五行)이 골고루 있고 편관(偏官)이 왕성해 명예운이 매우 강하다. 이런 사주는 봉급생활을 하며 열심히 살면 만사가 편한데, 어머니의 불에 녹기 직전이니 되는 일이 없다. 더구나 어머니가 신강(身强)하고 말이 많으니 어머니에게 꼼짝하지 못한다. 자기 주장을 아무리 펼쳐도 통하지 않는 것이다. 다행히 작은아들은 계수일간(癸水日干)이라 어머니의 말을 한쪽 귀로 듣고 한쪽 귀로 흘려버릴 수 있으니 아마 큰 영향은 없을 것이다.

 자식이 잘못되는 것을 바라는 부모는 없겠으나 궁합이 맞지 않으면 자녀의 삶이 엉망이 될 수도 있다. 이런 상황을 막으려면 태어나자마자 사주를 보는 것이 좋다. 부모와 자식간에도 궁합이 맞지 않으면 마음이 통하지 않아 서로 피곤하다. 자식들한테 간섭하지 말라고 충고했지만 아마 잘 되지 않을 것이다.

■ 어머니

시	일	월	년
○	己	○	○
○	卯	○	○

■ 아들

시	일	월	년
○	乙	○	○
○	酉	○	○

 어머니는 기토일간(己土日干)이고 아들은 을목일간(乙木日干)이다. 기토(己土)는 을목(乙木)의 밥이라고 해도 좋을 정도로 을목(乙木)에게 복종한다. 이렇게 모자가 반대로 되어 있는 것도 문제인데, 더 큰 문제는 어머니가 기토(己土)라는 것이다. 기토(己土)는 자기 생각만 옳다고 생각해 아무리 옆에서 충고해도 듣지 않는다. 더구나 이 모자는 일지(日支)끼리 묘유충(卯酉沖)하니 부딪치는

일이 많을 수밖에 없다.

이 어머니는 인터넷 사주카페에서 알게 되었는데 한번 오라고 했더니 찾아와 만나게 되었다. 당시 아들은 중학교 3학년이었고, 어릴 때는 시키는 대로 잘 했는데, 중학교에 들어가면서 반항하더니 결국은 어머니한테 욕을 하면서 때리기 시작했다는 것이다.

남편은 공무원인데 아들이 맞아죽을까봐 말할 수가 없다고 한다. 정말 답답하고 기막힌 일이다. 그래서 우선 아들한테 간섭하지 말라고 하면서 돌려보냈는데 며칠 후 전화가 왔다. 간섭하지 않으니 아들이 조금 달라졌다고. 그런데 한 일주일쯤 지나 아들이 또 때렸다고 전화가 왔다. 그래서 왜 간섭했냐고 했더니 도저히 참을 수 없었다고 한다. 이렇게 부모와 자식간에도 궁합이 있고, 그 궁합대로 살아간다는 것을 무시하면 안 된다.

8. 살인을 부른 고부간의 궁합

■ 며느리				■ 시어머니			
시	일	월	년	시	일	월	년
○	丁	癸	辛	○	庚	庚	戊
○	未	巳	丑	○	子	申	辰

이 사주들은 1994년 한 텔레비전에서 사주에 대한 방송을 하면서 우리나라에서 유명하다는 역술인들에게 상담했었다. 그런데 3~4명의 역술인이 아무 이상이 없는 평범한 고부간의 궁합이라고 했다.

먼저 며느리의 사주를 보자. 매우 까다로운 시어머니(辛金)는 아들(癸水)을 부추겨 며느리를 괴롭히고, 며느리는 양인살(羊刃殺)을 깔고앉아 있으니 성질 한번 대단하다. 이 사주만 봐도 답이 나온다.

시어머니도 기고만장하는 사주다. 경금일간(庚金日干)이 월지(月支) 신금(申金)에 통근(通根)하고, 월상(月上) 경금(庚金)의 힘을 얻고, 년주(年柱)의 무진(戊辰) 백호살(白虎殺)의 도움을 받으니 평범한 여자가 아님을 알 수 있다.

게다가 시어머니는 경금일간(庚金日干)이고 며느리는 정화일간(丁火日干)이니, 시어머니가 무슨 말을 해도 며느리가 들을 리가 없는데, 며느리의 일지(日支) 자수(子水)와 시어머니의 일지(日支) 미토(未土)가 원진살(元辰殺)까지 이루니 작용이 더 심하다.

며느리 사주에서 시어머니가 아들을 부추기는 것은 년상(年上) 신금(辛金)이 년지(年支) 축토(丑土)의 힘을 받고, 년지(年支) 축토(丑土)와 월지(月支) 사화(巳火)가 사축(巳丑) 반합(半合) 금국(金局)을 이루면서 년상(年上) 신금(辛金) 시어머니를 도와주기 때문이다. 시어머니나 며느리가 사주의 중요성을 알았더라면 입에 올리기도 무서운 이런 일은 일어나지 않았을 텐데.

9. 남편덕에 해로하는 궁합

■ 남편				■ 아내			
시	일	월	년	시	일	월	년
癸	戊	乙	辛	庚	壬	癸	乙
丑	辰	亥	巳	子	辰	未	酉

이들은 꽤 유명한 연예인 부부다. 먼저 남편 사주를 보면 월지(月支)와 일지(日支)가 원진(元辰)이고, 시지(時支) 축토(丑土)가 일지(日支) 진토(辰土)를 파(破)하니 정상적인 가정을 이루기 어렵다. 게다가 아내의 사주를 보면 남편도 바람둥이고 아내도 바람둥이고, 남편(未土)은 나와 무정해 정상적인 가정을 꾸리기 어렵고, 부부 궁합도 진진자형(辰辰自刑)을 이루어 백년해로하기 어렵다.

그런데 이 부부는 아주 행복하게 살고 있다. 사주가 이렇게 나쁜데 왜 그런 것일까. 이유는 간단하다. 남편 사주를 보면 무토일간(戊土日干)과 시상(時上) 계수(癸水)가 합(合)되어 아주 다정하다. 이런 남자는 아내와 잘 맞아 다른 여자가 눈에 들어오지 않는다. 아마 무계합(戊癸合)이 없었다면 상황은 달라졌을지도 모른다. 이렇게 궁합보다 더 중요한 것이 사주의 구성이다. 이 부부도 텔레비전 방송에서 유명하다는 역술인들에게 물으니 벌써 이혼한 부부라고 해석했다. 사주를 단편적으로만 풀면 이런 실수를 하기도 한다.

10. 아내가 하자는 대로 하는 궁합

■ 정상태(乾命)

시	일	월	년
○	庚	乙	○
○	辰	卯	○

이 사람은 신기할 정도로 아내가 원하는 대로 다 한다. 그래서 생

년월일을 물어 사주를 뽑아보니 역시다. 경금(庚金)이 을목(乙木)을 만나면 을목(乙木)이 경금(庚金)을 올라타기 때문에 피곤하다고 해석하는 경우가 많다. 물론 을목(乙木)은 살아남으려고 경금(庚金) 위에 올라타지만 더 중요한 것은 경금(庚金)이 을목(乙木)에게 묶여 꼼짝못한다는 것이다. 그 을목(乙木)이 경금(庚金)에게는 정재(正財)이니 아내에게 묶여 하자는 대로 하는 것이다.

■ **최재영(乾命)**

시	일	월	년
壬	庚	癸	乙
午	子	未	酉

이 사람도 역시 아내가 하자는 대로 하지만 앞 사주와 다른 것은 아내를 생각하는 마음이 끔찍하다는 것이다. 앞 사주는 아무 생각없이 아내가 시키는 대로 하지만 이 사람은 아내가 원하는 것은 물론 아내가 좋아할 것 같은 일을 알아서 한다. 이유는 일간(日干) 경금(庚金)이 월상(月上) 계수(癸水)를 생(生)하고, 월상(月上) 계수(癸水)가 년상(年上) 을목(乙木)을 생(生)하기 때문이다.

이 사주를 일반적으로 보면 일지(日支)와 월지(月支)가 원진살(元辰殺)을 이루고, 시지(時支) 오화(午火)와 일지(日支) 자수(子水)가 충(沖)되었으니 벌써 이혼한 것으로 볼 수 있다. 물론 이 사람이 이혼하지 않은 것은 아니다. 60세가 넘어 한 것으로 알고 있다. 아내가 첫사랑 남자를 만나 이혼을 요구한 것이다. 아내가 첫사랑을 만나는 것은 년상(年上) 을목(乙木)이 년지(年支) 유금(酉金) 위에 있기 때문이고, 유금(酉金) 속에 있는 경금(庚金)이 바로 첫 사랑 남자이기 때문이다.

■ 민정희(坤命)

시 일 월 년
壬 乙 庚 庚
午 未 辰 戌

여명의 사주에 을경합(乙庚合)이 있으면 남편이 아내가 하자는 대로 하는데, 이 사주도 을목일간(乙木日干)이 월상(月上) 경금(庚金)을 합(合)으로 묶으니 남편은 하자는 대로 할 것이다. 이 사람은 어디를 갈 때 꼭 남편을 동반한다. 남편이 아무리 피곤하다고 해도 기어이 데리고 나간다. 이런 여명은 남자를 마음대로 하려는 경향이 있다.

11. 딸을 이길 수 없는 모녀간의 궁합

■ 어머니

시 일 월 년
庚 己 辛 壬
午 酉 亥 子

■ 딸

시 일 월 년
己 己 戊 丁
巳 丑 申 丑

이 모녀는 필자가 잘 아는 사람의 아내와 딸인데 참 재미있으면서도 안타까운 관계다. 어느 날 사주를 봐달라고 해서, 딸이 어머니의 말을 전혀 듣지 않으면서 오히려 어머니가 자기 말을 듣게끔 만든다고 했더니 그렇다고 한다. 딸은 걸음마를 시작하면서 어머니의 말을 듣지 않더니, 클수록 다툼이 잦아졌고 이제는 어머니가 지친 상태라고 한다.

이 사주를 보면 어머니나 딸이나 한번 한다고 하면 말릴 수 없는 기토일간(己土日干)이다. 게다가 어머니는 인성(印星)이 시지(時支) 오화(午火) 하나밖에 없고, 비겁(比劫)은 하나도 없다. 오직 식상(食傷)과 재성(財星)밖에 없으니 신약(身弱)하다.

그러나 딸은 년상(年上)의 정화(丁火)가 시지(時支)의 사화(巳火)에 통근(通根)되어 기토(己土)를 생하고, 월상(月上)의 무토(戊土) 겁재(劫財)와 년지(年支)의 축토(丑土), 일지(日支)의 축토(丑土), 시상(時上)의 기토(己土)까지 도와주니 신강(身强)하다.

게다가 월지(月支)에 신금(申金) 상관(傷官)까지 있으니 말솜씨가 기가 막히고, 소(丑)가 2마리나 있으니 고집이 대단하다. 그러니 어머니가 딸을 이길 수 없는 것이다. 어릴 때는 수없이 회초리를 들었지만 딸은 맞을 때 뿐이었다고 한다. 어머니가 둘의 사주를 알았더라면 서로 스트레스를 덜 받았을 텐데. 모녀가 모두 기토일간(己土日干)이면 어머니가 딸을 이기지 못한다.

12. 궁합이 좋은데도 스트레스받는 궁합

■ 남자				■ 여자			
시	일	월	년	시	일	월	년
○	庚	○	○	○	丙	○	○
○	申	○	○	○	辰	○	○

이런 인연들이 만나면 시끄러워진다. 섹스할 때는 환상적인데 현실로 돌아오면 스트레스가 쌓이기 시작한다. 남자는 경금일간(庚金日干)인데 여자는 병화일간(丙火日干)이니 여자는 남자가 하는 일이 하나도 마음에 들지 않고, 나오는 대로 시비를 걸게 된다. 이들은 10번 정도 만났다 헤어졌다를 반복했는데, 그 사이 남자에게 다른 여자가 생겨 지금 아주 헤어진 상태다.

여자는 이 남자 때문에 스트레스는 받았지만 재물 쪽으로는 이익을 많이 본 셈이다. 이 남자가 버는 대로 돈을 갖다줬는데 무일푼으로 쫓겨나다시피 했으니 말이다. 이 여자는 그 돈으로 식당을 차렸는데 아주 잘 되는 것으로 알고 있다. 여자에게 경금(庚金)은 편재(偏財) 돈인데 그 경금(庚金)이 일지(日支) 신금(申金)에 통근(通根)되었기 때문이다.

이 여자가 남자 때문에 스트레스를 받는 것은 남자의 일지(日支) 신금(申金)과 여자의 일지(日支) 진토(辰土)가 합(合)하여 이룬 수국(水局)이 여자에게는 관성(官星)에 해당하기 때문이다.

13. 여자한테 돈을 맡기면 안 되는 궁합

■ 남자   ■ 여자

시	일	월	년		시	일	월	년
○	丙	○	○		○	甲	○	○
○	申	○	○		○	辰	○	○

이 두 사람은 여자의 일간(日干) 갑목(甲木)이 남자의 일간(日干) 병화(丙火)를 생(生)하고, 여자의 일지(日支) 진토(辰土)와 남자의 일지(日支) 신금(申金)이 합(合)을 이루니 환상적인 궁합이라고 볼 수 있다. 물론 궁합은 좋다. 그런데 남자와 여자의 일지(日支)에서 이루어지는 합(合)이 문제다.

여자의 일지(日支) 진토(辰土)와 남자의 일지(日支) 신금(申金)이 합(合)하여 남자에게는 관성(官星)인 수(水)를 생하니 반드시 여자 때문에 재물문제가 생길 궁합이다. 그런데 남자의 일지(日支) 신금(申金)이 남자에게는 편재(偏財)이며 큰 돈인데, 여자의 일지(日支) 진토(辰土)를 만나 변하니, 남자의 큰 돈이 여자 때문에 다른 주인에게 가는 것이다.

14. 싸우다 끝나는 궁합

■ 남자   ■ 여자

시	일	월	년		시	일	월	년
庚	庚	丁	丙		甲	丙	辛	辛
辰	辰	酉	辰		午	戌	卯	酉

남자는 일주(日柱)에 경진(庚辰) 괴강살(魁罡殺)이 있고, 월지(月支)에 유금(酉金)이 있고, 시주(時柱)에도 경진(庚辰) 괴강살(魁罡殺)이니 기세가 등등하다.

한편 여자는 병화일간(丙火日干)인데 시지(時支)의 오화(午火) 양인(羊刃)에 통근(通根)하여 기세가 등등하다. 남자의 일간(日干) 경금(庚金)과 여자의 일간(日干) 병화(丙火)가 서로 충(沖)하는데 여자는 남자에게 지지 않는 오행(五行)이고, 남자의 일지(日支) 진토(辰土)와 여자의 일지(日支) 술토(戌土)가 충(沖)하니 서로 부딪치는 궁합이다.

이런 경우에는 여자가 가만히 있으면 집안이 조용한데 병화(丙火)인지라 생각나는 대로 말하니 남자가 스트레스를 받을 수밖에 없다. 이런 부부는 주말부부로 살거나, 격일제 일을 하거나, 출장을 자주 가는 일을 하면 싸우지 않고 재미있게 살 수도 있다. 또 남편이 사업을 하면 계속 실패하나 봉급생활을 하면 여자의 도움을 받아 크게 출세할 수도 있다. 하여튼 이런 부부들은 어떤 일을 하냐에 따라 좋은 궁합이 될 수도 있고 나쁜 궁합이 될 수도 있다.

15. 전생에 부부였나

■ 남자				■ 여자			
시	일	월	년	시	일	월	년
○	庚	○	○	○	己	○	○
○	辰	○	○	○	巳	○	○

이들은 각각 부부간에 서로 사랑하며 부족한 것 없이 살던 사람들인데 갑신(甲申)년에 우연히 만나 연인이 되었다. 갑신(甲申)년에 만난 것은 두 사람 모두 갑신(甲申)년에 천지합(天地合)이 되고, 남자는 일지(日支) 진토(辰土)가 년운(年運) 신금(申金)과 합(合)을 이루어 연인을 만나는 해이고, 여자는 일간(日干) 기토(己土)가 년운(年運) 갑목(甲木)과 천간합(天干合)을 이루어 남편을 만나는 해이기 때문이다.

정말 묘한 인연이다. 두 사람은 죽을 때까지 함께 갈 것이다. 특히 여자는 전생에 남편이 아니었나 생각할 정도다. 그래서 남편과 헤어지고 이 사람과 살고 싶은데 그렇게 하지 못하는 상황이다. 남자는 연인을 만나는 해이니 첫사랑을 만난 것처럼 마냥 행복하나 가정은 절대 버리지 않을 것이다.

특히 이 남자는 아내에게 꽉잡혀 꼼짝못하는 사주인데 다정다감한 여자를 만났으니 오죽하겠는가. 이 여자와 상담하면서 전생의 부부가 다시 만난 것 같으니 평생을 함께 가겠지만 헤어질 때는 피눈물을 흘리게 될 것이라고 했다.

16. 조상님을 어떻게 뵙나

■ 남편			
시	일	월	년
庚	辛	戊	丙
寅	丑	戌	午

■ 아내			
시	일	월	년
甲	壬	癸	辛
辰	子	巳	亥

이 남자는 손이 귀한 집안의 3대독자다. 연애하다 결혼하려고 하자 어머니가 궁합을 봤는데 이 여자와 결혼하면 아들을 낳기 어렵다고 해서 어머니는 망설였다. 그러나 아들이 고집을 부려 설마하는 마음으로 결혼시켰는데, 딸만 셋을 낳자 어머니가 답답한 마음에 찾아온 것이다.

"제 아들이나 며느리 사주에 아들이 없나요?"

"아드님 사주에 아들이 있어도 며느님 기에 눌려 꼼짝못하니 손자를 보기는 어렵습니다."

"그럼 방법이 없을까요?"

"요즘 사람들은 딸 하나만 낳고도 더 낳지 않으려고 하는데, 지금 딸이 셋이나 되는데 또 낳겠습니까? 더구나 며느님 성격이 대단해 한번 마음먹으면 끝까지 밀고나가는 성격이니…"

"혹시나 하는 마음으로 왔는데…"

"방법이 아주 없는 것은 아닙니다."

"그래요?"

"그런데 본인들이 거부할 겁니다. 본인들이 원하지 않는데 어쩌겠습니까?"

"3대독자인데 아들이 없으니…. 그때 결혼시키지 말았어야 하는데 다 내 잘못이에요. 나중에 조상님들을 어떻게 뵐지…"

"이젠 어쩔 수 없으니 마음이나 편하게 가지세요. 그리고 아드님은 사업운이 없으니 더 이상 사업자금은 대주지 마시고 할아버지랑 맛있는 거 사드시면서 건강하게 사세요. 만약 사업자금을 또 대준다면 밑빠진 독에 물을 붓는 격이 되니 그러지 마세요."

"어디 자식 이기는 부모 있습니까? 다 팔아줘서 이젠 팔 것도 없어요. 그럼, 우리 아들은 사업도 안된다는 거네요. 사업은 그렇고 손자 하나만 있으면 좋겠어요."

"아드님과 며느님을 설득하셔서 아이를 낳겠다고 하면 그때 다시 오세요. 그럼 아들낳는 방법을 알려드릴게요. 그때는 아드님이나 며느님 중 한 명을 꼭 데리고 오세요. 그래야 제 말을 믿고 따를 테니까요."

안타까운 일이다. 아들낳는 방법을 알려주고 싶었으나 아들과 며느리가 어머니의 말을 듣지 않을 것 같아 이렇게 말해서 돌려보냈다.

17. 운이 나쁠 때 강간당한 여자

■ 김지수(坤命)

시	일	월	년
○	乙	○	○
○	酉	○	○

이 사람은 철학원을 운영하던 사람인데 필자의 저서인 『참역학은 이렇게 쉬운 것이다』의 독자이기도 하다. 그동안 잊고 있었는데 운이란 글을 쓰다 생각나서 적어본다. 이 사람과 전화로 상담한 것은 신사(辛巳)년 초였다.

"지난해(庚辰年) 개지랄 같은 놈한테 겁탈당할 운이었는데요…."

"네…. 상담하러 온 사람한테 당했는데 그 사람이 너무 괴롭혀 도망갔다 왔어요."

"도망갔으면 됐지 뭐하러 다시 왔어요?"

"그놈이 언니를 찾아가 못살게 굴어서요…."

"아니, 사주쟁이가 자기 사주도 제대로 못보면 어떡해요?"

"…."

"언니는 별탈없을 테니 금년(辛巳年) 병신(丙申)월에 다시 도망가세요. "

"괜찮을까요?"

"아무 걱정말고 멀리 가세요."

그후 아직까지 소식이 없는 것을 보면 도망가서 잘 지내는 모양이다. 혹시 이 글을 보면 한번 연락주기를 바란다. 그후 어떻게 되었는지 궁금하기도 하고.

이 사람이 경진(庚辰)년 경진(庚辰)월에 겁탈을 당한 것은 년운(年運) 경금(庚金)은 관성(官星)인데 년운(年運)의 지지(地支) 진토(辰土) 괴강살(魁罡殺)을 타고 들어오고, 년운(年運)의 천간(天干) 경금(庚金)은 정관(正官)인데 년운(年運)의 지지(地支) 진토(辰土) 양인살(羊刃殺)을 품고 들어와 일지(日支)의 유금(酉金)과 합(合)되기 때문이다. 이런 사주는 반드시 겁탈을 당하거나 하기 싫은 결혼을 억지로 해서 오래가지 못한다. 왜냐하면 남편이 폭력을 행사하기 때문이다.

이 정도면 궁합에 대한 얘기는 충분할 것이라고 생각한다. 혹시 왜 좋은 궁합은 예를 들지 않냐고 하는 사람이 있을지 모르나 나쁜 궁합을 피하면 모두 좋은 궁합이 되니 굳이 예를 들지 않았다. 아무튼 사주에서 가장 중요한 것은 천직을 찾는 것이고, 그 다음은 주위 사람들과의 관계를 알 수 있는 궁합이다. 궁합이 좋은 사람끼리 만나면 아무리 어려운 일이 있어도 잘 넘길 수 있을 것이다.

제6장. 재미있는 사주 이야기

1. 남자 때문에 재물이 나가는 사주

■ 이정애(坤命)

시	일	월	년		63	53	43	33	23	13	3
壬	丙	辛	乙		戊	丁	丙	乙	甲	癸	壬
辰	申	巳	酉		子	亥	戌	酉	申	未	午

 이 사람은 필자와 잘 아는 사이인데 한번도 사주를 봐달라고 하지 않더니 5년 전쯤에 찾아왔다. 7년 전쯤 만난 남자와 사업을 했는데 그 남자는 한 푼도 대지않고 뒤에서 구경만 하면서 큰소리를 치고, 혼자 부지런을 떨었지만 빈털털이가 되고 말았다고 한다.

 속궁합이 잘 맞아 동업을 했다는데 속궁합과 사업은 다르다. 아마 사업을 시작하기 전에 남자 때문에 재물이 나간다는 말을 들었어도 했을 것이다. 사람들은 대개 당해보지 않으면 믿지 않기 때문이다. 지금 64세인데 시집을 가겠다고 한다. 사주가 이런데 그 남자가 돈을 줄런지. 아마 고생만 하다 1년도 안돼 다시 나올 것이다. 그것도 다른 여자가 들어와 쫓겨나다시피 나올 것이다. 아들도 태어날 때부터 건강이 좋지 않아 어머니를 챙길 겨를이 없다.

이 사주를 보면 오행(五行)이 골고루 있으면서 월상(月上)의 신금(辛金) 재성(財星)이 년지(年支)의 유금(酉金)에 통근(通根)되어 힘이 있으니 재물복이 없는 것은 아니다. 다만 배우자궁인 일지(日支)의 신금(申金) 편재(偏財)가 사신(巳申)으로 삼형살(三刑殺)을 이루면서 합(合)과 파(破)되고, 일지(日支)의 신금(申金)이 시지(時支) 진토(辰土)와 반합(半合)으로 수국(水局)을 이루니, 이 사신(巳申) 삼형살(三刑殺)과 사신합(巳申合)과 사신파(巳申破)와 일지(日支)의 신금(申金)이 시지(時支)의 진토(辰土)와 반합(半合)으로 수국(水局)을 이루어 이 사람의 돈을 축내는 것이다. 한마디로 돈은 모두 사라지고 스트레스만 받을 사주다.

2. 여자 때문에 재물이 나가는 사주

■ 정영철(乾命)

시	일	월	년		66	56	46	36	26	16	6
乙	乙	丙	甲		癸	壬	辛	庚	己	戊	丁
酉	酉	寅	辰		酉	申	未	午	巳	辰	卯

이 사람은 살림을 차리는 여자마다 모두 이 사람의 돈을 축냈다. 지금 사는 사람은 6번째 여자인데 마찬가지여서 헤어지려고 찾아

온 것이다.

"그동안 함께 산 사람들은 모두 당신의 여자가 아닙니다. 결혼할 운에 만나야 하고, 궁합이 좋은 사람과 결혼해야 하는데…. 여자 때문에 재물이 나가는 사주이니 여자한테 돈을 맡기지 마세요."

"그래서 미치겠습니다."

"…"

"첫번째 마누라는 노름에 미쳐 돈을 갖다버리고, 두번째부터는 카드니 뭐니 써대니…. 도대체 왜 이럴까요? 지금 사는 여자도 내 카드로 깡을 해서 수천만 원이 나갔어요. 알게 모르게 내 기가 자꾸 빠져나가는 것 같아 이제 그만 헤어지려고 합니다."

"궁합은 보지 않았습니까? 이 사람은 기가 세서 남편을 해칩니다. 명이 긴 사람은 떠나지만 명이 짧은 사람은 그대로 죽지요. 그리고 사주에 재물은 많은데 관리할 능력이 없으니 남의 돈으로 살아갈 사람입니다."

"궁합이야 보았죠. 아주 좋다고 해서 혼인신고까지 했는데…."

"거기서 상담하고 저를 찾아온 사람이 많습니다. 그들의 얘기를 들어보면 엉터리 중에서도 엉터리더군요. 아직 40대 초반이던데 언제부터 철학원을 했는지 모르지만 젊은 사람이 큰일입니다. 계속 그렇게 상담할 텐데 피해자가 얼마나 더 생길지…. 가서 물어내라고 하지 그래요?"

"그것도 제 복인데 어쩌겠습니까."

"우선 부인과 헤어지고 다시 오세요. 여자 때문에 재물이 나가는 것을 막을 방법을 알려드릴 테니…"

 역술인들은 상담을 잘못해주면 남의 인생을 망칠 수도 있으니 신중
해야 하고, 상담자도 상담이 잘못되었을 때는 따져야 한다. 그래야
역술인들이 함부로 상담하지 않고, 피해자도 생기지 않을 것이다.
 이 사람이 여자 때문에 돈이 나가고 스트레스를 받는 것은 년지
(年支)의 진토(辰土)와 일지(日支)의 유금(酉金)이 합(合)하여 금
국(金局)을 이루기 때문이다. 년지(年支)의 재성(財星)인 진토(辰
土)는 부모의 유산으로도 볼 수 있는데, 유산을 받는다고 해도 유
지하기 어렵다. 그 진토(辰土)가 배우자궁인 일지(日支) 유금(酉
金)과 합작하니 마음이 변해 떠나면서 스트레스만 주는 것이다. 이
사람에게 가장 좋은 방법은 정재(正財)년에 궁합이 잘 맞는 사람
과 결혼하는 것이고, 아내한테 절대 경제권을 맡기면 안 된다.

3. 사신작용을 몰라 큰 돈이 나간 사주

■ 김현석(乾命)

시 일 월 년

○ 丙 ○ ○

○ 申 ○ ○

"금년에는 무슨 일이든 시작할 때는 틀림없이 될 것 같은데 결국
에는 아무것도 되지 않을 해입니다."
"그렇군요. 조합장 선거에 나갔다 떨어졌어요."

"그래요?"

"조합장 선거에 나가기 전에 마누라가 하도 졸라 철학원을 50군데 정도 가봤지요. 그런데 모두 확실하니 나가보라고 하더군요."

"처음에 말씀드렸듯이 금년에는 무슨 일을 하든 끝이 좋지 않아요. 이번 선거도 개표하기 전에는 누가 봐도 확실히 당선될 것 같았는데 떨어졌을 겁니다."

"말씀하신 것처럼 개표하기 전까지는 모두 당선된다고 믿었는데 …. 2등이었습니다."

"그것이 운이고, 운은 어쩔 수가 없지요."

"그럼 그동안 찾아간 철학원들은 전부 엉터리란 말씀인가요?"

"글쎄요. 그것까지야 제가 뭐라고 말할 수 없지만 같은 방법으로 사주를 공부한 사람들이니 같은 해석이 나왔겠지요."

이런 말을 주고받는데 사무실 문이 열리면서 승려 행세를 하는 사주쟁이가 안으로 들어오려고 하다 손님이 있는 것을 보고는 다음에 들르겠다면서 문을 닫고 가버렸다.

"저 스님한테도 갔었는데요."

"그래요? 뭐라고 하던가요?"

"백 퍼센트 확실하니 나가라고 하더군요."

"저 친구 잘 보는데 왜 그랬을까? 저 친구도 선생이 다녀본 철학원 선생들과 같은 방법으로 공부한 사람입니다. 그래서 그렇게 말한 모양입니다."

참고로 승려 행세를 하는 이 사람은 사주쟁이를 하다 잘 안되니 머리를 깎았다. 그리고 필자를 만나기만 하면 머리를 깎으니 돈도 많이 들어오고 여자도 천지라면서 머리를 깎으라고 한다. 그래서 내가 머리깎을 때까지만 살라고 했다.

"그런데 절대 나가지 말라고 한 곳이 한 군데 있었어요."

"어디서요?"

"철학원은 아니고 총각도사라고 하던데 나이와 생일만 묻더니 나가지 말라고 하더군요."

"희안한 일이네요. 사주로 본 철학원에서는 당선된다 하고, 사주를 보지도 않은 사람은 떨어진다고 하니…. 그가 우연히 맞췄다고 해도 황당한 일이네요."

이 사주는 일간(日干)인 병화(丙火)와 년운(年運)의 신금(辛金)이 합(合)되어 재물이 나가면서 스트레스를 받는 것이고, 일지(日支)의 신금(申金)과 년운(年運)의 사화(巳火)가 삼형살(三刑殺)을 이루어 사신합(巳申合) 작용을 하니 처음에는 당선이 확실해 보이다 사신파(巳申破) 작용으로 결국에는 떨어지는 것이다. 이 사람이 조합장 선거에서 쓴 돈은 아무리 적게 잡아도 1억은 될 것이다. 1억을 다시 벌려면 땀깨나 흘려야 할 것이다.

학교 문 앞에도 못 가본 사주

■ 김미순(坤命)

시	일	월	년		69	59	49	39	29	19	9
壬	戊	辛	辛		戊	丁	丙	乙	甲	癸	壬
戌	申	卯	卯		戌	酉	申	未	午	巳	辰

이 사람이 살아온 길은 그야말로 한편의 드라마다. 세상에 이보다 더 사주팔자대로 사는 사람이 있을까 할 정도다. 이 사람은 태어난 지 4년이나 지난 뒤에 출생신고를 해서 4년이나 차이가 나는 주민 등록을 쓴다.

 8세가 되어 초등학교에 가려고 하자 법적으로는 4세밖에 안돼 입학할 수 없자 부모가 주민등록을 고치려고 노력했으나 뜻대로 되지 않았다. 그후 주민등록 나이가 8세가 되어 입학하려 했으나 실제 나이는 벌써 12세가 되었고, 집안 형편도 어려워 어머니가 학교에 보내는 것을 꺼려했다. 그래서 결국 초등학교 문 앞에도 가보지 못하게 되었다.

 언니 하나, 오빠 하나, 그리고 2살 아래인 여동생이 하나 있는데, 언니는 첫 자식이라 그렇고, 오빠는 아들이라 그렇고, 여동생은 막내라서 사랑을 받으면서 학교에 다녔다. 그런데 이 사람은 중간에 끼어 사랑과 관심을 받지 못한 모양이다. 지금도 가끔 어머니를 원망하지만 어머니를 생각하는 마음은 다른 형제들 못지않아 항상 걱정하면서 도와드리려고 애쓴다. 옛말에 지게목발 두드리는 놈이 효자가 된다고 하지 않던가.

 이 사주를 보면 신약(身弱)한데다가 관성(官星)과 재성(財星)이 기신(忌神)에 해당하니 삶이 고달플 수 밖에 없다. 신묘(辛卯)년에 태어났는데 그 다음해부터 재성(財星)인 수(水)운이 들어오고, 그 다음에 관성(官星)인 목(木)운이 들어오니 어찌 부모의 사랑을 받을 수 있겠는가.

 게다가 대운이 9세부터 시작해 또 수(水)운이 들어온다. 물은 재성(財星)이고 재성(財星)은 인성(印星)을 극(剋)하니 학교와 거리가 멀어졌다. 50~60년대에는 끼니를 굶는 집이 꽤 많았는데, 이 사람의 집도 마찬가지로 끼니 걱정을 하는 날이 셀 수 없을 정도로 많았다.

그러다 21세(辛亥年) 때 중매로 결혼을 했다. 어머니가 부잣집이니 배는 굶지 않을 것이라고 밀어부쳐 성사되었는데 신혼 첫날부터 문제가 생겼다. 경주로 신혼여행을 갔는데 남편이 경비를 갖고 오지 않았다고 트집을 잡아 싸움이 시작되었고, 그후 남편의 구타와 멸시는 그치지 않다. 계사(癸巳)대운 중 사화(巳火)운에는 임신한 상태였는데 남편에게 맞아 유산까지 되었다.

그래도 배고팠던 어린시절을 생각하면서 이를 악물고 열심히 살았다. 그 사이 남매를 낳았으나 생활은 점점 어려워지고 남편의 폭력도 심해져 어린 남매를 친정 어머니께 맡기고 큰 도시로 나왔다. 남편은 따라오지 않겠다고 했으나 결국은 따라 백수생활을 시작했고, 혼자 가정을 꾸려나가야만 했다. 닥치는 대로 일을 하던 중에 우연히 아는 사람의 도움으로 남편을 취직시켰다.

그런데 남편이 생활비를 한 달에 50만 원 정도밖에 주지 않았다. 그 돈으로 4명이 생활하려면 먹지도 입지도 않아야 한다는 결론이 나온다. 그녀가 하는 장사가 잘 될 때는 문제가 없었으나 장사가 안 되면서부터는 모자라는 생활비를 메꾸다 지금은 빚만 남았다. 그러면서도 빚을 내어 남매를 대학까지 보냈다. 한 사람이 대학을 졸업하는데 5천만 원 정도 들어간다고 하니 적어도 1억은 들어갔을 것이다. 이런 상황을 남편도 자식들도 모르는데 만일 남편이 알면 모든 것이 끝장난다고 걱정하고 있다.

이 사람은 재성운(財星運)이나 관성운(官星運)이 오면 틀림없이 몸이 아플 것이다. 그러나 가족들은 전혀 모른다. 어떻게 30년 넘게 함께 산 남편이 모른다는 것일까. 그녀는 아파도 혼자서만 끙끙 앓는다는 것이다.

그런데 남편만 나무랄 수도 없는 것이 그녀의 사주를 보면 관성(官星)인 묘목(卯木)이 식상(食傷)의 철조망에 갇혀 있다. 다시 말하면 남편이 쇠창살에 갇혀 있으니 남편이 하는 일이 제대로 풀리지 않고, 관성(官星)이 기신(忌神)에 해당하니 남편복이 전혀 없다.

다른 사람들에게는 개운하는 방법을 알려줬으나 이 사람은 답을 찾기가 어렵다. 그 답은 오직 창조주인 조물주만이 알고 계실 것이다. 필자는 가끔 기다린다. 조물주가 그러한 능력을 주지 않을까 하고. 이 사람은 오늘도 아픈 몸으로 열심히 일할 것이다. 남편이나 자식들이 알기 전에 빚을 갚아야 하니. 이제 며느리도 보고 손주도 보았건만 아직도 생활전선에서 허덕이는 그녀에게 위로의 말을 하면서 이 글을 마친다.

"김미순 씨, 다른 사람들이 볼 때 당신은 가장 행복한 사람입니다. 이웃들이 당신의 가정을 부러워하잖아요. 당신이 남편에게 베푼 것, 남매를 훌륭하게 키워 남들이 부러워하는 직장에 다니게 만든 것, 맏며느리로서 다섯이나 되는 시동생들을 결혼시킨 것을 가족이 알아줄 때가 올 겁니다. 그리고 조물주도 알고 계실 겁니다. 이렇게 착하게 살아오셨는데 다음 생에서는 꼭 좋은 사주로 태어나 행복하게 사실 겁니다."

그후 김미순 씨와 생일이 같은 사람을 두 명 더 상담했는데, 그녀들도 사는 모습이 비슷했다. 그런데 태어난 시간이 달라서인지 두 사람은 이혼하고 혼자 살고 있었다.

5. 첩과 마누라도 구별 못하는 사주

■ 현진철(乾命)

시	일	월	년		69	59	49	39	29	19	9
辛	壬	丙	丁		己	庚	辛	壬	癸	甲	乙
丑	申	午	未		亥	子	丑	寅	卯	辰	巳

이 사람은 필자와 가까운 사람이 데리고 와서 사주를 보게 되었다. 장남인데 중견기업을 운영하는 아버지 밑에서 경영수업을 받고 있었다. 그런데 사주를 보니 기가 찰 일이 벌어지고 있었다. 옛날 여자와 결혼하려고 준비 중인 것이었다.

"옛날 여자를 만나고 있네요?"

"…"

"아무리 사주가 그래도 팔자대로 살려고 합니까?"

"이미 결혼하기로 약속했고, 지금은 아내와 헤어질 방법만 생각하고 있습니다."

"부인은 당신만 믿고 사는데 어쩌려구요. 그럼 부인을 만나기 전에 그 사람과 결혼했어야죠."

"그때는 결혼하고 싶은 마음이 없었습니다. 그런데 다시 만나다보니 이젠 헤어질 수가 없습니다. 실은 아버지가 아시면 끝장입니다. 그래서 망설이는지도 모르겠어요."

"그게 사주팔자입니다. 어쩌면 신이 그렇게 만들어놓고 당신의 판단력을 시험하는지도 모릅니다. 이럴수록 이성적으로 판단해야 합니다. 만약 잘못해서 사주팔자대로 나쁜 길로 가면 당신은 물론 다른 사람들까지 어려워집니다."

"그럼 어떻게 하면 좋겠습니까?"

"방법은 하나밖에 없습니다. 그 여자와 헤어지세요."

"무슨 말씀인지 잘 알겠습니다."

그리고 헤어졌는데 어느 날 이 사람을 데려온 친구가 큰일났다면서 찾아왔다. 현진철 씨의 여자친구가 혼인빙자혐의로 고소를 하겠다는데, 두 사람이 성관계를 할 때 찍은 비디오 테이프를 증거로 갖고 있다는 것이었다. 그래서 그 여자의 사주를 다시 보고 아무 염려말고 강하게 밀어부치라고 했다.

왜냐하면 그 여자의 운이 현진철 씨의 운보다 더 나빠 그 여자만 망신당할 것이니 절대 고소를 하지 않을 것이라고 생각했기 때문이다. 그리고 며칠이 지나 그 친구가 찾아왔다. 결과가 궁금했던 터라 그 일부터 물어보았더니 현진철 씨가 강하게 나가니까 그 여자가 이 사람 마음이 완전히 돌아섰구나 생각하고 조용히 떠났다는 것이다. 그 비디오 테이프를 기념품으로 갖고….

이 사람의 사주를 보면 아내가 있는데도 다른 여자를 만날 팔자다. 그런데 옛날 여자인 것은 그와 상담한 해가 정축년(丁丑年)이었는데 년운(年運)의 정화(丁火)가 축토(丑土)를 끌고와 본처에 해당하는 정화(丁火)의 의지처인 년지(年支) 미토(未土)를 흔들고, 그 년상(年上)의 정화(丁火) 정재(正財) 자리에 정축년(丁丑年)의 정화(丁火)가 앉으려고 했기 때문이다. 년상(年上)은 초년으로도 해석하므로 옛날 여자로 본 것이다.

이 사람의 입장에서 보면 임수일간(壬水日干)이 년상(年上) 정화(丁火)와 잘 지내고 있는데 정축년(丁丑年)의 정화(丁火)가 와서 쟁합(爭合)을 이루니 마음이 흔들려 방황했던 것이다. 인연이 닿아 필자를 만났으니 다행이지 그렇지 않았다면 이 사람의 운명이 어떻게 되었을지는 장담할 수 없다.

6. 화재 때문에 운명을 달리한 사주

■ 최상훈(乾命)

시	일	월	년		61	51	41	31	21	11	1
丙	庚	庚	丁		癸	甲	乙	丙	丁	戊	己
戌	戌	戌	未		卯	辰	巳	午	未	申	酉

■ 사고일

시	일	월	년
己	庚	丙	甲
卯	辰	子	戌

이 사주는 일간(日干) 경금(庚金)이 불에 싸여 있는데 그 불길을 잡을 물이 한방울도 없으니 얼마나 속이 타고 답답하겠는가. 사주에 불이 많으니 성격이 급하고, 속에서 불이 나니 한 곳에 머무르지 못하고 돌아다녀야만 하는 사주다.

이 사주를 용신론(用神論)으로 풀어보면 이렇다. 월지(月支) 술토(戌土) 속에 있는 정화(丁火)가 천간(天干)에 투출(透出)했으니 정관격(正官格)이고, 갑목(甲木)이 용신(用神)이다. 갑목(甲木)이 용신(用神)인데 갑술년(甲戌年)에 불에 타서 죽는다는 말인가. 경금일간(庚金日干)이 편인(偏印)인 술토(戌土)가 3개나 있고, 년지(年支)에 인성(印星) 미토(未土)가 있으니 모두 불만 껴안은 흙들이라 아무 도움이 되지 않고 오히려 답답하게 만든다.

이 사주를 자세히 보면 천간(天干)에 있는 병화(丙火)와 정화(丁火)가 통근(通根)하여 힘이 강하고, 술토(戌土) 역시 화(火)의 고(庫)가 되어 불을 품었으니 언제 이 술토(戌土) 속에 있는 불이 폭발할지 모르는 상태다. 그리고 인성(印星)이 많아 강할 것 같지만 사방에 불이 있어 아주 약하므로 강한 불이나 물이 오면 바로 죽을 사주다. 이런 사주는 약한 물로 강한 불을 다스려야 생명을 유지할 수 있는데, 물이 사주에도 없고 대운에도 없으니 강한 불을 일으키는 갑술년(甲戌年)에 화재를 당해 젊은 나이에 저 세상으로 가고 말았다.

그래서 이 사주에 필요한 오행(五行)은 강한 불을 다스릴 수 있는 수(水)다. 천간(天干)에 계수(癸水)가 오면 대길하나 임수(壬水)가 오면 정임(丁壬) 합목(合木)을 하므로 죽음을 걱정해야 하고, 지지

(地支)에서 진토(辰土)를 만나거나 년지(年支) 미토(未土)와 삼합(三合)하면 목숨이 위태롭다. 특히 지지(地支)에 묘목(卯木)이 오면 해묘미(亥卯未) 목국(木局)과 술토(戌土) 3개가 합(合)하여 화국(火局)을 이루니 죽음이다.

갑목(甲木)이 기름이 되어 병정화(丙丁火)를 타오르게 하고, 월간(月干)에 있는 병화(丙火)도 사주의 불들과 합세해 더 거세게 타오르고, 년지(年支) 술토(戌土)가 일진(日辰) 진토(辰土)와 충(沖)되어 불이 튀어나오고, 시지(時支) 묘목(卯木)과 년지(年支) 술토(戌土)가 합(合)되어 불이 되고, 일진(日辰) 진토(辰土)가 사주에 있는 술토(戌土) 3개를 충(沖)하여 불이 튀어나오고, 시지(時支) 묘목(卯木)이 사주의 술토(戌土)와 합화(合火)해 불이 나오니 완전히 불바다를 이룬다.

그러니 일지(日支) 진토(辰土)와 월지(月支) 자수(子水)가 합(合)하여 수국(水局)을 이룬들 무슨 소용이 있겠는가. 오히려 불길만 더 치솟게 만들었다고 본다. 일간(日干)의 경금(庚金)이 도와주고 싶지만 자신도 월간(月干)의 병화(丙火) 때문에 꼼짝하지 못하고 멀리서 바라보고만 있으니 답답하다.

7. 파살 한방에 룸싸롱으로 간 사주

■ 이유리(坤命)

시	일	월	년
壬	辛	癸	丁
辰	卯	丑	巳

62	52	42	32	22	12	2
庚	己	戊	丁	丙	乙	甲
申	未	午	巳	辰	卯	寅

"작년(庚辰年)에 사랑하는 남자를 가장 가까운 친구에게 빼앗겼고, 문서로 인한 손재가 있었을 텐데요…."

"그렇지 않아도 그놈 때문에 룸싸롱 아가씨가 되었어요."

"그래요? 조금만 더 일찍 나를 만났다면 피할 수도 있었는데…."

"작년에도 신수를 봤는데 그런 말은 하지 않던데요."

"아가씨랑 운때가 맞지 않았나? 그건 그렇고 그 얘기나 한번 들어봅시다."

"고등학교를 졸업하고 작은 회사에 다닐 때 우연히 친구 소개로 만나 사귀던 남잔데요. 그때가 아마 22살 되던 가을이었지요. 그후 정말 제게 잘 해줬는데 작년 초부터 피하더라구요. 제 친구도 그렇구요. 그래서 이상해서 다구쳐 물으니 그 친구를 만난다고 하더군요. 그 남자한테 어떻게 그럴 수 있냐며 친구와 헤어지라고 하니, 알았다면서 선물이라도 주고 헤어지는 것이 서로 좋지 않겠냐면서 카드를 빌려달라고 해서 빌려줬어요. 그런데 그후 나타나지 않길래 언젠가 연락이 오겠지 하며 기다리는데, 글쎄 1,700만 원이 넘는 카드청구서가 왔어요. 그래서 카드회사에 알아보니 그놈이 전부 쓴 거였어요. 카드를 빌려줬기 때문에 방법이 없다고 해서 할 수 없이 룸싸롱에 나가게 되었어요. 아버지가 만들어주신 카드인데 아버지가 아시기 전에 갚으려고 하다가 이렇게 되었어요."

"거 참…. 사주를 몰라 완전히 당했네요. 지금이라도 늦지 않았으니 해마다 신수는 꼭 보세요. 그리고 빨리 빚을 갚고 부모님 곁으로 돌아가세요."

"언제까지 이렇게 살아야 하나요?"

"대운을 보니 31세까지는 결혼하면 안됩니다. 그리고 재물복은 그런대로 있으니 걱정하지 말고 31세 지나면 결혼하세요."

이 사람은 25세 때 사주를 봐줬다. 23세 때만 만났어도 좋았을 텐데. 이 사주를 보면 월지(月支)의 축토(丑土)가 편인(偏印)인데 년지(年支)의 사화(巳火) 정관(正官)과 육합(六合)하여 평소에는 매우 좋다. 그런데 경진(庚辰)년에 진토(辰土)가 와서 사축합(巳丑合)을 파(破)할 때 그 속에서 나온 신금(辛金)과 눈이 맞아 사화(巳火) 속의 병화(丙火) 정관(正官)의 마음이 돌아서고, 축토(丑土) 속에 있는 친구 신금(辛金)도 평소에는 좋아하지 않다가 경진(庚辰)년부터 왠지 친구 애인에게 마음이 쏠린다. 금상첨화로 카드까지 빌려주니 한도까지 쓰고는 밀월여행을 떠난 것이다. 축토(丑土)가 편인(偏印)인데 정상적인 문서가 아니므로 신용카드로 본 것이다. 그후 진토(辰土)대운이 다시 오므로 31세까지는 남자와 문서를 조심해야 한다고 한 것이고, 31세 이후에 결혼하라고 한 것은 정화(丁火)가 들어오면서 임수(壬水)와 합(合)하여 재물인 목(木)을 생하기 때문이다.

8. 월급쟁이가 팔자인 사주

■ 김상천(乾命)

시	일	월	년		68	58	48	38	28	18	8
己	壬	丁	辛		庚	辛	壬	癸	甲	乙	丙
酉	申	丑	丑		午	未	申	酉	戌	亥	子

이 사람은 공부하려는 마음은 항상 있으나 여건이 따라주질 않는다. 초년에 재물운이 들어오니 아무리 공부를 하고 싶어도 돈을 벌러 가야만 할 운이기 때문이다. 사주를 일찍 보았다면 재물운을 따돌리고 공부할 수 있고, 평생 돈 때문에 허덕이지 않아도 되었을 것이다. 평생을 돈돈 하면서도 많이 벌지 못하고 고생하면서 살았다. 조상이나 부모를 잘못 만났다고 생각할 수도 있지만 꼭 그런 것은 아니다. 이 사람은 기술자가 되어 봉급생활을 해야 좋을 사주인데 평생을 사업한답시고 돈을 쫓아다녔으니….

아내는 돈복은 있으나 돈을 벌려고 조금만 움직여도 몸이 아파 병원비가 더 들어가고, 본인은 돈을 벌어도 모이지 않으니 조상탓, 팔자탓을 할 수밖에 없었을 것이다. 봉건사회에서는 부모가 양반이면 나도 양반이 되어 편하게 살 수도 있었지만 지금은 부모가 아무리 부자라도 잘 산다는 보장이 없다. 만약 봉건시대에 태어나 열심히 농사나 짓고 살았다면 이처럼 고생은 하지 않았을 것이다.

이 사주를 보면 인성(印星)은 많은데 재성(財星)이 힘이 없으니 재물복이 있을 리 없고, 아내(丁火)는 설기하는 오행(五行)밖에 없으니 건강이 나쁠 수밖에 없고, 사주에 소(丑)가 2마리나 있으니 항우도 못말릴 정도로 고집이 세고, 허리·무릎·어깨 등이 아파 매우 고생할 테고, 원숭이가 있으니 유머가 충분하며 대인관계가 매우 좋고, 남들이 보면 허우대도 멀쩡한데 쫓아다니는 돈은 다 어디로 갔는가 한탄하는 사주다. 다행히 말년에는 재물운이 들어와 말년복은 그런대로 있으나 피가 맑지 않으니 고혈압으로 고생하다 암으로 죽을 수도 있다.

9. 호랑이 때문에 오금을 못펴는 사주

■ 정종인(乾命)

시	일	월	년		66	56	46	36	26	16	6
庚	丙	乙	癸		戊	己	庚	辛	壬	癸	甲
寅	寅	丑	巳		午	未	申	酉	戌	亥	子

이 사람의 아내는 월지(月支) 축토(丑土) 속에 있는 신금(辛金)인
데, 이 축토(丑土)인 소가 일지(日支)와 시지(時支)에 호랑이인 인
(寅)이 있으니 꼼짝달싹을 못하는 형상이다. 호랑이가 1마리만 있
어도 어떻게 버텨보겠는데 2마리나 있으니 오금이 저려 꼼짝하지
못한다. 그런데 이 호랑이들이 평생 버티고 있으니 월지(月支) 축
토(丑土) 속에 있는 신금(辛金) 아내에게 정신질환이 생길 수밖에
없다. 실제 이 사람의 아내는 정신질환이 있었는데 5년 정도 살다
아들 하나를 남겨놓고 이혼했다.

10. 미친 호랑이한테 당하는 사주

■ 조미영(坤命)

시	일	월	년		63	53	43	33	23	13	3
庚	丁	庚	辛		丁	丙	乙	甲	癸	壬	辛
子	丑	寅	丑		酉	申	未	午	巳	辰	卯

이 사주를 보면 월지(月支)에 인목(寅木) 호랑이가 있고, 양옆으로 축토(丑土) 소가 1마리씩 있다. 그런데 이 호랑이는 평범한 호랑이가 아니라 백호다. 백호로 보는 것은 천간(天干)에 경금(庚金)이 함께 있기 때문이다. 실은 백호보다 경금(庚金) 몽둥이로 두들겨 맞는 호랑이라고 표현하는 것이 더 정확하다. 그러니 미친 호랑이인데 그 옆에 있는 소(丑)가 제정신일 리가 없다.

이 사람의 첫사랑은 이 사람이 결혼해주지 않는다고 농약을 먹고 자살했고, 그후 정신질환이 있는 남자와 결혼해 10년 정도 정신병원을 드나들다가 지금은 이혼하고 딸과 함께 살고 있다. 사주란 것이 묘해서 한 사람의 사주가 그러면 해당하는 육신도 그런 현상이 생긴다. 이 사람도 딸도 모두 약간의 정신장애가 있다.

11. 마누라가 돈벌어 오기만 기다리는 사주

■ 김상택(乾命)

시	일	월	년		66	56	46	36	26	16	6
癸	己	癸	甲		庚	己	戊	丁	丙	乙	甲
酉	卯	酉	申		辰	卯	寅	丑	子	亥	戌

이 사주를 보면 매우 신약(身弱)하다. 지지(地支)의 묘목(卯木) 편관(偏官)이 충(沖)되어 천간(天干)의 갑목(甲木) 정관(正官)도 흔들리는데 신금(申金)을 깔고앉아 있으니 너무 미약해 쓸모가 없다. 그러니 체면이나 자존심 같은 것은 아예 기대하기 어렵다.

그리고 일간(日干) 양옆에 계수(癸水) 편재(偏財)가 있고, 그 편재(偏財)가 년지(年支) 신금(申金)에 뿌리를 내렸다. 또 월지(月支) 유금(酉金)과 시지(時支) 유금(酉金)과 년지(年支) 신금(申金)이 금생수(金生水)를 하니 재물에 대한 애착은 매우 강하다.

그런데 상관(傷官)인 신금(申金) 속에 아내인 임수(壬水)가 들어 있으니 내가 먹고살 길은 아내가 벌어오는 돈밖에 없으니 아내가 하자는 대로 모두 한다. 특히 병자(丙子)년에는 자진(子辰)이 합수(合水)하여 재물로 바뀌니 아내가 버는 돈에 대한 기대가 더 커진다. 그런데 년지(年支) 신금(申金) 속의 아내인 임수(壬水)와 월간(月干) 계수(癸水)가 만나 유녀간음을 이루니 아내는 젊은 남자만 좋아하게 되어 있다. 실제 이 아내는 젊은 남자와 불륜을 저지르면서 매우 복잡하게 살아가고 있었다.

"지금 부인이 돈벌어 오기만을 기다리는데, 아마 금년에는 그 돈을 받으려고 움직이려고 할 겁니다. 그러나 부인은 지금 젊은 남자와 어울리고 있으니 금년에는 돈을 포기해야 할 것 같습니다."

"아니, 젊은 남자와 바람피우는 것이 사주에 나옵니까?"

"네. 작년과 재작년에도 그랬군요. 올해는 운이 아주 나쁘니 절대 돈을 받으러 가지 마세요. 국내가 아니라 다른 곳에 있는 것 같은데 어디 있습니까?"

"저…. 일본에 있는데요."

"일본에요? 6월쯤 옮길 것 같은데요."

"지금은 오사카에 있는데 6월쯤 동경으로 간대요."

"금년에는 운세가 너무 안 좋으니 절대 가지 마세요. 잘못하면 당신 때문에 죄없는 사람들까지 죽을 수도 있어요. 그런데도 가시겠다면 좋은 날을 잡아 가세요."

이 사람은 1996년(丙子年) 4월쯤 인천에 있을 때 상담했는데 사주가 너무 신기해 올려보았다. 이렇게 상담하고 보냈는데 그후 찾아오지 않는 것을 보면 아내가 있는 일본에는 가지 않은 모양이다.

12. 탁발이나 하며 살겠다는 사주

■ 탁발승(乾命)

시	일	월	년		66	56	46	36	26	16	6
乙	丙	甲	乙		丁	戊	己	庚	辛	壬	癸
未	辰	申	巳		丑	寅	卯	辰	巳	午	未

이 사주를 보면 병화일간(丙火日干)이 신(申)월에 태어나 힘이 약하다. 년지(年支) 사화(巳火)한테 의지하고 싶지만 사화(巳火)는 월지(月支) 신금(申金)과 합(合)되어 놀기 바쁘니 병화일간(丙火日干)을 도와줄 여유가 없다.

그러니 상대적으로 많은 나무에게 매달릴 수밖에 없는데, 인성운(印星運)은 80세가 넘어야 들어오니 안타깝다. 물론 인묘진(寅卯辰) 방합(方合)으로 흐르는 인성운(印星運)이 있지만 이 방합(方合)은 믿을 것이 못된다. 대운은 천간(天干) 5년, 지지(地支) 5년으로 구분해서 분석해야 잘 맞는다. 천간(天干)과 지지(地支)를 합쳐 보기도 하나 경험에 의하면 수도권에서는 천간(天干)을 3년, 지지(地支)를 7년으로 봐야 잘 맞았다.

사주에 편인(偏印)이나 인수(印綬)가 많으면 연예인·예술가·종교가·백수 등이 된다고 하는데, 이 사주는 사신형(巳申刑) 작용이 강하고, 신금(申金)이 진토(辰土)와 합(合)되어 역마(驛馬)가 발동하니 가만히 앉아 먹고살 팔자는 아니다. 사신(巳申)이 또 합(合)되어 물을 만들고, 신진(申辰)이 합(合)되어 되어 물을 만드니, 나무를 먹여살려야 내가 살 수 있는데 이 역마(驛馬)가 바로 나를 살릴 수 있는 유일한 방법이다.

이 사람은 10년 전쯤에 만났는데 그때 40대 초반이었을 것이다. 사주가 이렇게 나오길래 운전이라도 해보지 그러냐고 하니 탁발하는 것이 가장 편하고 좋아 평생 탁발만하고 살 생각이라고 했다. 안타깝고 씁쓸했지만 사주에 있는 역마(驛馬)를 활용하기는 마찬가지라는 생각도 들었다.

13. 한치의 오차도 없이 변한 사주

■ 김순영(坤命)

시	일	월	년		67	57	47	37	27	17	7
庚	庚	丁	甲		戊	辛	壬	癸	甲	乙	丙
辰	寅	丑	午		寅	未	申	酉	戌	亥	子

이 사람은 시골에서 다정하며 자상한 남편과 농사를 지으며 살았다. 그런데 47세 임수(壬水)대운에 남편인 정화(丁火)가 대운에서

오는 임수(壬水)와 합(合)되어 하루아침에 변했다. 남편도 마음이 편하지는 않겠지만 새로 만난 여자가 본처 같고 본처는 옛날에 알던 여자 같으니 이 일을 우찌할꼬.

이 사주를 보면 년간(年干) 갑목(甲木)이 정화(丁火)를 생(生)하고, 정화(丁火)는 경금(庚金)인 나를 따뜻하게 감싸며 나를 용광로에 넣어 아름다운 보석으로 만들어줬는데, 어느 날 이렇게 변할 줄 누가 알았던가. 임수(壬水)대운이 지나 이제 남편이 돌아오려 하는데 그 다음 대운에 신금(申金)이 들어와 배우자궁인 일지(日支) 인목(寅木)과 상충(相沖)하니 돌아올 마음이 전혀 생기지 않는다. 아내한테 미안한 마음이 있지만 새로 만난 여자가 더 좋으니 어쩌나.

결국 남편은 돌아오지 않았고 남남이 되었다. 이 사람과 상담한 것은 임수(壬水)대운 3년 전이었다. 그때 분명히 47~48세에 남편이 바람나서 헤어질 수도 있으니 조심하라고 했는데 사주를 믿지 않았는지 이렇게 되었다. 남자가 본처인 정재(正財)가 들어오는 해에 여자를 만나면 그 여자가 본처 같고, 새로 만난 여자의 자식들이 내 자식 같아 그 자식들을 돌보게 된다.

14. 아집에 사로잡혀 세월만 보내는 사주

■ 정재형(乾命)

시	일	월	년		69	59	49	39	29	19	9
壬	壬	辛	丙		戊	丁	丙	乙	甲	癸	壬
寅	申	丑	午		申	未	午	巳	辰	卯	寅

이 사람을 만난 것은 그가 40세일 때다. 사주를 보니 첫사랑의 상처 때문인지 모르나 독신이고, 인신(寅申) 삼형살(三刑殺)이 있어 권력을 쥐어야 하는데 명예운이 약하고 대운의 흐름도 공부와는 거리가 멀어 방황하고 있을 것이라고 봤는데, 역시 미혼이며 사법고시에 전념하고 있었다.

이 사주를 보면 본인은 말하지 않았으나 지방에서 법학과를 나왔을 텐데 운세의 흐름이 시험과는 거리가 멀고 명예운도 없다. 비겁운(比劫運)과 식상운(食傷運)에 대학을 나온 것을 보면 열심히 공부했을 것이다. 시험운이 일생에 처음이자 마지막으로 있지만 아마 공부를 하기는 어려울 것이다. 주위 여건이 발목을 잡는데 어떻게 마음만으로 공부를 할 수 있겠는가. 그런데도 죽을 때까지 도전하겠다고 하니 누가 말릴 수 있으랴.

이 사주는 인성(印星)은 모두 힘이 없고, 관성(官星)은 눈을 씻고 찾아봐도 없고, 대운은 비겁운(比劫運)·식상운(食傷運)·재성운(財星運)으로 흐르니 사법고시에 붙기 어렵다. 이렇게 인성(印星)이 합(合)되어 다른 오행으로 바뀌거나 충(沖)되면 공부가 될듯될듯하면서도 되지 않는다. 공부가 될 것 같아 열심히 하려고 하면 주위에 일이 생기는데, 주위의 일이란 재물이 모두 비겁(比劫)에게 몰려 있으니 비겁(比劫)을 위해 돈을 벌어야 하는 것이다.

이 사람은 하루라도 빨리 다른 일을 찾는 것이 좋은데, 그놈의 황소 한 마리가 고집을 부리면서 버티고 있으니 딱한 노릇이다. 세월이 더 가기 전에 마음이 바뀌어 좋은 여자도 만나고 결혼도 해서 행복하게 살기를 바랄뿐이다.

15. 자식만 낳으면 남편이 떠나는 사주

■ 민지혜(坤命)

시	일	월	년		69	59	49	39	29	19	9
癸	戊	辛	癸		戊	丁	丙	乙	甲	癸	壬
丑	午	酉	卯		辰	卯	寅	丑	子	亥	戌

이 사주를 보면 일간(日干) 무토(戊土)가 월간(月干) 신금(辛金)을 생(生)하고, 월간(月干) 신금(辛金)이 년간(年干) 계수(癸水)를 생(生)한다. 그래서 얼핏보면 년지(年支)의 정관(正官) 묘목(卯木)을 생(生)하여 힘을 받을 것처럼 보인다. 그런데 월지(月支)의 상관(傷官) 유금(酉金)이 년지(年支) 묘목(卯木)을 충살(沖殺)하니 자식을 낳으면 남편이 바로 떠나게 되어 있다.

사주가 이러면 주말부부로 살거나, 격일제로 일하는 남편을 만나거나, 나이 차이가 많은 남편을 만나면 막을 수도 있다. 이렇게 상관(傷官)과 정관(正官)이 상충(相沖)하는 사주는 자식만 낳으면 남편이 죽거나 다른 여자를 만나 가버리린다.

16. 남의 마누라는 옆에 두고, 내 마누라는 남한테 준 사주

■ 김정민(乾命)

시	일	월	년		64	54	44	34	24	14	4
丙	丙	庚	丁		癸	甲	乙	丙	丁	戊	己
申	寅	戌	酉		卯	辰	巳	午	未	申	酉

이런 사주는 내 마누라는 남 주고, 남의 마누라는 옆에 두고 살다가 말년에는 옆에 있던 여자들 다 떠나고 객사하기 쉽다. 지금이라도 정신을 차리면 되는데 인신(寅申) 삼형살(三刑殺)이 있으니 자기 주장만 강하고 남의 말을 듣지 않을 것이다.

이 사주에서 본처는 년지(年支) 유금(酉金)인데 년상(年上)의 정화(丁火)가 더 가까이 있으니, 멀리 있는 남편보다 가까이 있는 연인을 만나게 되어 있다. 그런데 이놈의 마누라가 한 남자로는 만족하지 못해 월지(月支)의 술토(戌土) 속의 정화(丁火)와도 놀아난다. 어쨌든 남편 잘 만난 덕에 남자복은 터졌다.

병화(丙火)인 이 사람도 멀리 있는 마누라보다 가까이 있는 월상(月上) 경금(庚金) 연인을 만나게 되어 있다. 그야말로 각각 알아서 사는 부부다. 그런데 병화(丙火)의 연인도 남자복이 터져 월지(月支)의 술토(戌土) 속에 있는 정화(丁火)만 만나는 것이 아니다. 년상(年上)의 정화(丁火) 남편도 만나야 하고, 월지(月支) 술토(戌土)와 일지(日支) 인목(寅木)이 합(合)하여 들어오는 화국(火局)의 남자들도 만나야 하니 바쁘게 생겼다.

실제 김정민 씨는 그렇게 살고 있었다. 본인만 그 사실을 모를뿐. 필자가 상담한 사람은 김정민 씨가 아니라 그의 연인이었다. 이 사주에서도 나오지만 실제로 월상(月上) 경금(庚金)인 연인은 작은 호프집을 하는데 조금이라도 마음에 들면 육체관계를 맺는다고 한다. 그 중 한 사람이 김정민 씨인데 연인관계를 유지한 지 7~8년이 되었다고 한다. 호프집을 시작한 지 얼마되지 않아 김정민 씨를 만났고, 김정민 씨를 만난 뒤부터 남자관계가 복잡해졌다고 한다.

17. 마누라 돈만 축내면서 간섭하는 사주

■ 권하성(乾命)

시	일	월	년		70	60	50	40	30	20	10
己	己	癸	辛		丙	丁	戊	己	庚	辛	壬
巳	巳	巳	丑		戌	亥	子	丑	寅	卯	辰

이 사람은 여자가 돈벌어다 주기만을 기다리려면서 무슨 일이든 여자를 앞세우고는 뒤에서 감놔라 배놔라 한다고 한다. 상담하러 온 부인이 속상하다며 우는데 할 말이 없었다. 그런데 이 사주는 참 묘하다. 기토일간(己土日干)은 일을 하려고 하는데 게으르고 노는 것만 좋아하는 조상이 여자들이 돈을 갖다줄 테니 놀라고 꼬드긴다.

이 사람이 말을 잘 하는 것은 인성(印星)이 많은데다 년상(年上)의 신금(辛金) 식신(食神)의 뿌리가 강하기 때문이고, 아내가 하는 일에 간섭하는 것은 년상(年上)의 식신(食神)이 아내인 월상(月上)의 계수(癸水)를 생(生)하기 때문이고, 조상이 놀라고 꼬드기는 것은 지지(地支)의 인성(印星) 사화(巳火)들이 모두 조상궁인 년지(年支)의 축토(丑土)와 합(合)을 하면서 돈이 되는 아내를 부추기기 때문이다.

18. 남의 마누라만 좋아하는 사주

■ 정해진(乾命)

시	일	월	년		66	56	46	36	26	16	6
庚	丙	庚	己		癸	甲	乙	丙	丁	戊	己
寅	子	午	亥		亥	子	丑	寅	卯	辰	巳

이 사람은 51세가 되도록 제대로 된 여자 한번 만나보지 못하고 남의 마누라만 만나 욕정을 불태우고 있다. 말년에는 결혼운이 있으나 스스로 복을 차게 되어 있으니 안타깝다. 게다가 양인살(羊刃殺)이 발동해 다리까지 절고, 재물복도 그저 그렇다. 그래도 말은 잘 해서 여자들에게 인기는 있다.

이런 사주는 정상적인 가정을 꾸리기 어렵다. 결혼운이 오기 전에 여자들을 만나는데 그 여자들은 남편도 있고 자식도 있으면서 이 사람을 놓아주지 않기 때문이다. 일지(日支)가 월지(月支)나 시지(時支)와 충(沖)되거나 원진(元辰)이 되면 남자를 보는 눈이 까다로운데, 이 사람은 일지(日支)와 월지(月支)가 자오충(子午沖)을 하니 더 결혼하기 어려울 것이다.

19. 승려나 무속인의 씨가 따로 있나

■ 임순희(坤命)

시	일	월	년		62	52	42	32	22	12	2
壬	癸	癸	丁		庚	己	戊	丁	丙	乙	甲
戌	丑	丑	亥		申	未	午	巳	辰	卯	寅

이 사람은 깃대 하나 꽂아놓고 남의 운명을 봐주며 사는 무당이다. 그런대로 괜찮은 집안에서 태어났으나 2세 때부터 상관운(傷官運)이 들어와서인지 아버지가 여자가 공부는 해서 뭐하냐고 학교에 보내지 않았다. 그러다 21세 때 아버지가 정해준 사람과 결혼해

2남 2녀를 낳았고, 남편의 폭력 때문에 여러 번 가출하면서도 아이들에 대한 책임감 때문에 이혼도 하지 못하고 살아온 것이다.

이 사주를 보면 백호살(白虎殺)이 2개나 있으니 반드시 권력자가 되어야 하는데, 배우지를 못했으니 무엇을 할 수 있단 말인가. 그러다 진(辰)대운에 백호살(白虎殺)이 발동하자 무당이 된 것이다.

어떤 사주쟁이들은 어린아이나 학생의 사주를 보면서 무당팔자라느니 승려팔자라느니 한다. 과연 승려나 무속인의 씨가 따로 있을까. 얼마 전에도 24세된 청년과 상담했는데, 어느 철학관에서 승려팔자라고 했는데 정말 승려가 돼야 하냐고 물었다. 그래서 자네는 절에 가고 싶어하는 마음도 없고, 절에 가더라도 절도 하지 않을 사주라고 말해줬다.

20. 흙 속에 묻힌 사주

■ 송미순(坤命)

시	일	월	년		66	56	46	36	26	16	6
己	辛	己	己		丙	乙	甲	癸	壬	辛	庚
丑	丑	巳	丑		子	亥	戌	酉	申	未	午

이 사주를 보면 신금일간(辛金日干)이 온통 토(土)에 둘러싸여 있으니 흙 속에 파묻힌 형상이다. 따라서 그 흙들을 파헤치고 나와야 성공할 수 있는데 흙을 파헤칠 수 있는 오행(五行)은 갑목(甲木)이 유일하다. 그런데 갑목(甲木)운을 만나도 기토(己土)들이 묶어버릴

테니 햇빛을 구경하기는 틀렸다. 사주가 이러면 좋지 않다고 하나 평범하게 사는 데는 큰 문제가 없다.

이 사람은 필자가 계룡산에서 공부를 마치고 내려왔다가 『참역학은 이렇게 쉬운 것이다』의 교정을 보려고 다시 들어갔을 때 만난 사람이다. 어느 날 김선생과 차를 마시는데 느닷없이 나타나 얘기를 많이 들었다면서 사주를 봐달라고 하길래 거절했다. 믿지도 않으면서 무슨 사주를 봐달라고 하냐고….

그럭저럭 저녁 때가 되었고, 마침 그곳에서 숙소를 얻어놓고 기도하는 신선생과 함께 신선생 숙소로 가는데, 이 사람의 숙소도 그 근처여서 함께 올라가게 되었다. 그런데 이 사람이 자기 집에 가서 차나 한잔하자고 해서 들렀다가 저녁까지 먹게 되었다. 저녁까지 얻어먹고 사주를 안 봐 줄 수도 없고 해서 봐주게 되었고, 다음날 김선생을 만났다.

"어제 송미순 씨 사주 봐주셨습니까?"

"네."

"뭐라고 하셨어요?"

"죽기 전에 이름을 알리기는 틀렸으니 하산하라고 그랬는데, 제 말이 맞지 않는다고 하대요."

"잘 보셨네요. 그 사람 산에 들어온 지 8년째인데 제자리를 맴돌고 있지요. 제가 잘 알지요."

"글쎄요…. 밥 얻어먹은 죄로 봐줬는데…. 맞지 않는다면서 어느 큰스님한테 공부하러 다니는데 그 스님이 자기 사주를 잘 본다고 하더니 조금 있다가 남편 사주도 봐달라고 하더라구요. 제 말이 맞지 않는다고 해서 기분이 좀 언짢았는데 신선생이 가자고 해서 얼씨구나 하고 왔습니다."

 이 사람의 사주를 보면 내 남자라고 생각한 사람은 다른 여자를 만나 가버리고, 죽은 다음에는 모르겠으나 살아있는 동안에는 이름을 알리기 틀렸다. 그래서 접고 귀향하라 했는데 아마 돌아가지 않고 열심히 기도했을 테지만 얻은 것은 별로 없을 것이다. 만약 얻은 것이 있다고 해도 알아주는 사람이 없으니 지금은 어디서 깃발 하나 걸어놓고 손님을 기다리고 있을 것이다. 깃발을 건다는 것은 소가 3마리나 있으니 틀림없이 영적인 힘은 얻었을 것이나 돈은 되지 않을 것이고, 이름을 알리기 어려우니 고생깨나 할 것이다.
 그때 김선생 사주도 보았는데 닭고기를 먹으면 안 된다고 하니 닭볶음을 먹고 죽다가 살아난 적이 있었다고 했다. 김선생 사주는 정확하게 기억이 나지는 않지만 묘목(卯木)이 희신(喜神)이고 유금(酉金)이 병(病)이었다. 유금(酉金)이 병(病)이니 닭고기를 먹으면 안 되는데 그랬으니 각혈을 하고 항문으로도 피를 쏟은 것이다.

21. 임신해야 시집갈 수 있는 사주

■ 장영선(坤命)

시	일	월	년
戊	丙	辛	壬
子	辰	亥	寅

61	51	41	31	21	11	1
甲	乙	丙	丁	戊	己	庚
辰	巳	午	未	申	酉	戌

이 사람은 신림6동 시장 근처에서 철학원을 할 때 만났다. 당시 32세 정도였는데 대학을 졸업하고 행정고시를 준비하고 있었다. 운이 없으니 포기하라고 했는데 역시 실패하고 장사를 시작했다. 그런데 신사년(辛巳年)에 남편이 사법고시에 합격한 후 자기도 다시 한번 해보고 싶다고 하길래 이제 운이 있으니 해보라고 했는데, 그 이듬해인 임오년(壬午年)에 합격했다. 지금 어디선가 변호사를 하고 있을 텐데. 안 풀릴 때는 연락하더니 합격한 후로는 뚝 끊겼다.

10년 정도 연락이 올 때 언제 결혼하겠느냐고 묻길래 임신해야 결혼할 수 있다고 했더니 아가씨가 무슨 임신을 하냐고 하더니 몇 년 후 아기 이름을 지어달라고 연락이 왔다. 그래서 어떻게 결혼했냐구 물으니 임신하고 나서 결혼했다고 한다. 그래서 평생 시집 못 가고 노처녀로 늙어 죽을 줄 알았다고 하니 우스워 죽는단다.

이 사람한테 임신을 해야 시집갈 수 있다고 한 것은 식신(食神)과 관성(官星)이 합(合)되기 때문이다. 사주를 알고도 제대로 활용하지 못하는 경우가 많은데 이 사람은 아주 잘 활용한 경우다. 사주를 무조건 미신으로 취급하지 말고 이렇게 잘 활용하면 큰 도움이 될 수 있다.

22. 남자를 먹여살려야 하는 사주

■ 이말순(坤命)

시	일	월	년		66	56	46	36	26	16	6
庚	戊	甲	癸		辛	庚	己	戊	丁	丙	乙
申	子	寅	卯		酉	申	未	午	巳	辰	卯

이런 사람을 마누라나 애인으로 둔 남자는 얼마나 좋을까. 평생 놀아도 좋으니. 이 사람의 남편은 우리나라 차 중에서 가장 좋은 걸 타면서 하고 싶은 대로 다하면서 사니 팔자 한번 기차게 좋다.

이 사주를 보면 재성(財星)이 모두 관성(官星)으로 상생(相生)한다. 이런 여명은 남편한테 맞으면서 사는데 다행히 시상(時上)의 경금(庚金) 식신(食神)이 시지(時支)의 신금(申金)에 통근(通根)하여 힘이 있어 왕성한 관성(官星)을 다독거리니 사주가 그림처럼 아름답다. 그러니 돈벌어 남편한테 다줘도 탈이 없는 것이다.

23. 공염불이라도 해야 하는 사주

■ 정선아(坤命)

시	일	월	년		62	52	42	32	22	12	2
庚	壬	丙	戊		己	庚	辛	壬	癸	甲	乙
戌	子	辰	申		酉	戌	亥	子	丑	寅	卯

이 사주는 남편이라고 만나봐야 다른 여자만 바라보고, 게다가 먹고살려면 50대 초반까지는 온 세상을 돌아다녀야만 한다. 양인(羊刃)일에 태어났는데 시상(時上)에 경금(庚金)이 있고, 년지(年支)에 신금(申金)이 있고, 신자진(申子辰) 합수(合水)까지 있다.

기세가 당당한 것은 좋은데 재물이 전혀 모이지 않고, 고집은 있어 남의 말을 귀담아 듣지 않는다. 이 사람은 절에서 공양주 노릇을 하는데 먹고살려고 하는 것이 아니라 시지(時支) 술토(戌土) 속에 있는 정화(丁火)인 돈을 찾아 간 것이다.

24. 딸을 일본으로 시집보내는 사주

■ 서상원(乾命)

시	일	월	년		64	54	44	34	24	14	4
戊	己	乙	丁		戊	己	庚	辛	壬	癸	甲
辰	亥	巳	亥		戌	亥	子	丑	寅	卯	辰

이 사람은 필자의 친구인데 1999년 초에 신수를 봐달라고 찾아왔
다. 사주를 보니 딸이 일본으로 시집가는 것이 보이길래 말하니 어
떻게 그걸 아냐고 놀란다. 이런 무식한 사람 같으니. 내가 지금 사
주보고 있는데.

아버지의 사주가 이러면 틀림없이 딸이 일본으로 시집가게 되어
있다. 이 친구는 딸을 현대 계열사에 취직시켰고, 외국으로 어학연
수도 보냈는데, 그곳에서 어학연수를 온 일본인 기술자를 만나 사
랑하게 되었다. 이것이 바로 사주의 작용이고 운명이다. 그런데 사
위가 일본사람인데다가 나이 차이도 9년이나 나서 말리려고 애썼
다. 그래서 오래 전에 정해진 일이니 소용없다고 말해줬다.

이 사주를 보면 년운(年運)의 지지(地支) 묘목(卯木)이 원국의 년
일지(年日支) 해수(亥水)와 쟁합(爭合)을 이룬다. 쟁합(爭合)은 정
확한 합(合)은 아니나 인과관계에서는 합(合)으로 보기도 한다. 이
렇게 년운(年運)의 지지(地支) 묘목(卯木)과 원국의 해수(亥水)가

삼합(三合)을 이루는데 삼합(三合)된 오행(五行)이 목국(木局)이고, 목국(木局)을 이루게 하는 오행(五行)이 해수(亥水)이니 바다 건너를 말하는데, 목(木)은 동쪽이니 바다 건너 동쪽에 있는 일본으로 본 것이다. 그리고 아들이 아니라 딸로 본 것은 해수(亥水) 속의 갑목(甲木) 정관(正官)이 딸이기 때문이다.

25. 세상에 오자마자 인큐베이터 속으로 들어가는 사주

■ 남자아이(乾命)

시	일	월	년		66	56	46	36	26	16	6
丙	丙	己	乙		壬	癸	甲	乙	丙	丁	戊
申	申	卯	酉		申	酉	戌	亥	子	丑	寅

　이 아이 아버지가 이름을 지으러 왔을 때 인큐베이터 속에 있지 않느냐고 물으니 그렇다고 한다. 세상에 나오기 바쁘게 인큐베이터로 들어가야 하니 참 안타까운 일이나, 그래도 과학의 덕으로 살 수 있으니 얼마나 다행인가.

　이 사주는 병화일간(丙火日干)이 의지할 데는 월지(月支)의 묘목(卯木)뿐인데, 일지(日支) 신금(申金)과 년지(年支) 유금(酉金) 때문에 의지할 수 없다. 그래서 시상(時上) 병화(丙火)한테 간신히 기대는데 시상(時上) 병화(丙火)도 자기 몸만 겨우 지탱하는 상태다. 이렇게 신약(身弱)하게 태어나면 인큐베이터 신세를 질 수밖에 없다.

26. 남편이 내 돈을 다 가져가는 사주

■ 김영숙(坤命)

시	일	월	년		66	56	46	36	26	16	6
戊	乙	辛	癸		戊	丁	丙	乙	甲	癸	壬
寅	丑	酉	丑		辰	卯	寅	丑	子	亥	戌

이 사람은 애써 모은 돈을 남편이 다 털어먹을 팔자다. 실제 그런 일이 반복해서 일어났고, 아무리 말려도 남편의 고집을 꺾을 수 없으니 답답하지만 어쩌겠나. 그런 남편을 만나는 것도 팔자인 것을. 그나마 돈이라도 잘 버니 다행이다. 그렇지 않으면 벌써 세상을 버렸을 것이다.

이 사주를 보면 일주(日柱)가 을축(乙丑)이다. 을축(乙丑)은 육십갑자 중에서 가장 재물복이 좋으면서 돈을 잘 버는 일주(日柱)다. 을목일간(乙木日干)이 기름진 땅인 축토(丑土)를 깔고앉아 있는데, 시상(時上)에 정재(正財) 무토(戊土)까지 통근(通根)했으니 그야말로 손대는 일마다 엄청나게 돈이 들어오는 사주다. 남편만 정신차리면 준재벌은 될 수 있는데 아쉽다.

남편은 월지(月支) 유금(酉金) 속에 있는 경금(庚金)인데 옆에 있는 축토(丑土)와 합(合)되어 다시 금국(金局)을 이루니 돈이 붙어 있을 리가 없다. 사업이라고 벌리기만 하면 망하는 것이다. 비겁운(比劫運)에는 희신(喜神)이 거의 없어 재물이 나가고 실패할 수밖에 없다.

27. 비겁운에 돈 번 사주

■ 강유성(乾命)

시	일	월	년		66	56	46	36	26	16	6
丁	乙	庚	丙		丁	丙	乙	甲	癸	壬	辛
亥	丑	子	戌		未	午	巳	辰	卯	寅	丑

이 사람은 필자와 40년지기 친구인데 늘 옆에서 지켜보았기 때문에 어느 사주보다 분석이 정확할 것이다. 이 친구는 형제가 많은 가정에서 태어났는데 어머니가 필요없는 자식이라고 태어나자마자 엎어놓았고, 아기 울음소리가 들리지 않자 할머니가 방에 들어오셔서 겨우 살아났다고 한다. 그래서 그때의 충격으로 그냥 뿌옇게만 보일 뿐 눈이 잘 보이지 않는다. 그러니 안경을 껴도 수술을 받아도 소용이 없어 평생을 답답하게 살고 있다.

그러니 공부를 제대로 했겠는가. 그래도 대운이 좋게 흘러 어느 신부의 도움으로 야간 고등학교는 졸업했으나 별로 할 일이 없어 그럭저럭 지내다 결혼을 했다. 결혼 후에는 가장 노릇을 해야 하니 낯선 서울로 가서 호떡장사부터 시작해서 조금씩 돈을 벌기 시작했다. 그후 이런저런 일을 하다가 건축업을 하고 싶어 3년 동안 건축에 대한 책들을 보면서 연구해 마침내 작은 건설회사를 차렸다.

그때가 묘목(卯木)대운이었고, 그후 갑목(甲木)대운까지는 제법 잘 되었는데 그만 진토(辰土)대운부터 내리막길을 달리기 시작했다. 사화(巳火)대운에는 IMF를 만나 부도가 나서 완전히 파산하면서 본인은 물론 부인과 아들도 모두 7억 정도의 빚을 지고 신용불량자가 되었다. 지금도 돈을 벌려고 백방으로 노력하지만 이제 다시는 그런 대운을 만날 수 없을 테니 옆에서 보기가 안타까울 뿐이다.

그런데 이 사주를 본 역술인들이 겨울에 태어난 묘목(卯木)이므로 불이 필요하니 화(火)가 와야 한다고 했다고 한다. 그러나 화(火)운이 왔을 때 회복했느냐 하면 아니다. 만약 화(火)가 희신(喜神)이라면 지금도 아주 잘 나가야 하는데 땡전 한푼없이 아들에게 의지하면서 살아간다. 여기서만 봐도 역시 용신론(用神論)은 맞지 않는다. 이 사주에는 불이 충분히 있다. 그런데 무슨 불타령들인지.

이 친구에게 41세가 지나면 운이 끝나니 더는 사업을 벌리지 말고 지금 짓는 건물에서 월세나 받으면서 살라고 했는데, 1996년쯤에 만났더니 사업을 확장하고 있었다. 결국 월세가 많이 나오는 건물이 경매로 넘어가고 말았다. 그 건물에서 나오는 돈이 자그만치 보증금 5억에 월세가 1,750만 원이었다. 이런 건물은 과표가 높아 상속세가 많이 나온다고 상속받을 아들이 걱정되어 시작한 사업이 그만 부도가 난 것이다.

이렇게 이 친구가 부도를 맞을 시기에 필자는 사주쟁이가 하기 싫어 이 친구의 차를 무보수로 운전하면서 빈둥대고 있던 때라 부도가 나는 것을 모두 지켜본 것이다. 그런데 아이러니하게도 그 건물이 도로확장을 하는데 들어가 보상금이 나왔는데, 그 건물이 경매로 넘어간 지 7개월이 지난 후에 나왔다. 7개월만 일찍 나왔어도 부도를 막을 수 있었을 텐데. 친구는 그렇다 치고 부인이 더 안쓰

럽다. 60세가 넘은 나이에 아파트 청소를 하러 다니니.

이 친구가 부도가 난 직후 이 친구와 태어난 시(時)만 다른 사람을 상담했는데 그 사람은 IMF 때 부도를 맞지 않았다. 왜냐하면 그는 운이 좋게도 IMF가 오기 전에 사주를 상담했고, 사주를 믿었는지 을사(乙巳)대운부터 아무것도 하지 않았기 때문이다. 사주를 믿고 안 믿고의 차이가 매우 크다는 것을 보여주는 사례다.

이 친구가 묘목(卯木)대운부터 돈을 벌기 시작한 것은 묘목(卯木)이 시지(時支)의 해수(亥水)와 합(合)되어 목국(木局)을 이루기 때문이고, 갑목(甲木)대운에도 돈을 많이 번 것은 을목(乙木)에게는 갑목(甲木)운이 가장 좋기 때문이다. 을목(乙木)이 갑목(甲木)을 만나면 높이 올라갈 수 있으니 아주 먼 곳도 볼 수 있고 홍수나 비바람을 만나도 안전하다. 그리고 진토(辰土)대운부터 흔들리기 시작한 것은 진토(辰土)가 년지(年支) 술토(戌土)를 충(沖)하고, 일지(日支) 축토(丑土)를 파(破)하기 때문이다.

여기서 월지(月支) 자수(子水)가 진토(辰土)와 합(合)하여 잡아줄 수 있으니 걱정할 필요가 없다고 생각할 수도 있다. 물론 월지(月支) 자수(子水)가 진토(辰土)를 잡을 수는 있으나 충(沖)은 충(沖)이고 파(破)는 파(破)다. 어쨌든 진토(辰土)대운부터 문제가 생기기 시작한 것은 틀림없다. 그러다 사화(巳火)대운에 그만 일지(日支) 축토(丑土)와 합(合)을 이루자 축토(丑土)가 관성(官星)인 금(金)으로 바뀌면서 월상(月上) 경금(庚金)이 탄력을 받아 부도가 난 것이다. 게다가 이름도 '유성'이니 재물이 유성처럼 나타났다가 유성처럼 사라진 것으로 볼 수 있다.

28. 용광로를 식히려고 먹은 술이 독이 된 사주

■ 김인술(乾命)

시	일	월	년		69	59	49	39	29	19	9
乙	庚	丁	乙		庚	辛	壬	癸	甲	乙	丙
酉	午	亥	巳		辰	巳	午	未	申	酉	戌

이 사주에는 용광로가 2개나 있으니 완성품을 다시 용광로에 넣는 형상이다. 게다가 사해충(巳亥沖)으로 용광로의 열기가 파도를 치니 그 답답은 말로 표현할 수가 없다. 그래서 사주에 있는 열기를 식히려고 자신도 모르게 술을 마시지만 술이란 것이 눈에는 물로 보이지만 마시고 나면 불로 변하는지라 더 답답해 발광을 한다.

그래서 후회를 반복하면서 살아온 세월이 44년이다. 중학교 2학년 때부터 술을 마시기 시작했다는데 그 심정 짐작하고도 남는다. 44세 때 첫아들을 낳고 찾아왔을 때 이름을 지어주면서 본인과 아이의 사주를 설명하고, 술을 먹지 않아도 되는 방법을 알려줬다. 아마도 세월이 조금 더 흐르면 정신이 건전해질 것이라고 생각한다.

29. 돈만 출렁이면 머리가 아픈 사주

■ 서명석(乾命)

시	일	월	년		66	56	46	36	26	16	6
壬	丙	癸	己		丙	丁	戊	己	庚	辛	壬
辰	辰	酉	酉		寅	卯	辰	巳	午	未	申

이 사주를 보면 병화일간(丙火)이 의지할 데라고는 한 군데도 없다. 그래서 관성(官星)에 종(從)하려 하는데 그만 식상(食傷) 때문에 격(格)이 깨져 관록을 먹기도 어렵고, 대운도 관록을 먹기 어렵게 흘러간다. 년월지(年月支)의 유금(酉金)이 일시지(日時支)의 진토(辰土)와 합(合)하여 수국(水局)을 이루고, 유금(酉金)과 년지(年支) 유금(酉金)이 임계수(壬癸水) 물을 출렁이게 만든다. 유금(酉金)은 병화일간(丙火日干)에게 돈이며 여자가 아닌가. 그러니 여자 때문에 스트레스를 받고, 돈이 들어오면 머리가 아프다. 이런 사주는 봉급생활자가 되면 아무리 돈이 아무리 출렁거려도 머리 아플 일이 없고 좋은 일이 생긴다.

30. 생기는 아이는 다 낳는 사주

■ 이정애(坤命)

시	일	월	년		61	51	41	31	21	11	1
辛	戊	乙	己		壬	辛	庚	己	戊	丁	丙
酉	寅	亥	卯		午	巳	辰	卯	寅	丑	子

이 사람은 4명의 남자에게서 7명의 자식을 낳았다. 참 기가막힌 사주다. 남자 없이는 하루도 못살아 이 남자 저 남자 가리지 않았고, 아이는 생겼다 하면 무조건 낳은 것이다. 70세가 넘은 지금도 성관계를 하지 않으면 아랫배가 아프다고 하니 천부적인 어우동이다. 이 사람이 남자를 많이 만난 것은 관성(官星)이 많기 때문이고,

아이가 생겼다 하면 낳은 것은 신약(身弱)하여 생각의 중심이 없기 때문이다.

31. 남편이 돈으로만 보이는 사주

■ 박현지(坤命)

시	일	월	년
戊	丁	庚	癸
申	未	申	卯

62	52	42	32	22	12	2
丁	丙	乙	甲	癸	壬	辛
卯	寅	丑	子	亥	戌	酉

이 사람은 돈 걱정없이 편하게 사는 사람인데, 남편은 돈만 벌어다 주는 사람이고 애인은 따로 있다. 그런데 이 남편은 부인이 바람을 피우는 것을 누가 얘기해줘도 절대 믿지 않을 것이다. 왜냐하면 사주에 바람을 피워야 할 사람은 바람을 피워도 들통나지 않고, 알아도 문제가 되지 않기 때문이다. 다시 말하면 사주대로 살면 만사가 편하다는 말이다.

남편이 돈으로만 보이는 것은 월지(月支) 신금(申金) 속에 있는 임수(壬水)가 남편인데, 월상(月上)의 정재(丁財) 경금(庚金)이 재성(財星)인 월지(月支)의 신금(申金)에 통근(通根)하고, 신금(申金) 속에 임수일간(壬水日干)이 있기 때문이다.

그리고 애인이 따로 있는 것은 년상(年上) 계수(癸水)가 연인인데 정화일간(丁火日干)이 월상(月上) 경금(庚金)의 돈을 갖고 이 계수(癸水) 연인을 만나러 가기 때문이다. 내 돈을 써가면서 만나는 남자이니 마음의 연인이 틀림없다.

32. 평생 잘 나갈 줄 알다가 말년에 죽을 맛인 사주

■ 이관우(乾命)

시	일	월	년		66	56	46	36	26	16	6
戊	丙	庚	辛		癸	甲	乙	丙	丁	戊	己
戌	辰	子	未		巳	午	未	申	酉	戌	亥

이 사람은 공무원이었는데 박정희 전 대통령이나 고인이 된 정주영 회장 등과 함께 헬리콥터를 타고다니면서 경부고속도로를 건설하는데 일조했다고 한다. 어느 부서에서 근무했는지는 밝힐 수 없으나 마음만 먹으면 얼마든지 돈을 벌 수 있는 부서였다.

어쨌든 어느 기업에서 신사동 요지의 땅 6,000평 정도를 증여받았는데, 퇴직 후 사업한답시고 야금야금 다 팔아먹었다. 그후 그럭저럭 지내다 56세(丙寅年) 갑오(甲午)대운에 60만원으로 사업을 시작해 연매출 100억까지 올렸으나 계사(癸巳)대운이 시작되면서 사양길로 접어들어 73세(癸未年) 때 접고 시골로 내려갔다. 필자와 만났을 때는 철학원을 운영하고 있었다. 56세 전에 여러 번 사업을 실패하면서 자신의 운명이 궁금해 사주를 배우기 시작했다고 한다. 그래서 사주를 배웠으면서 왜 실패한다는 생각은 하지 않았냐구 물어보니 끝까지 잘 나갈 줄 알았다고 한다.

이 사주를 보면 병화일간(丙火日干)이 의지할 데가 없다. 그래도 재성(財星)보다는 식상(食傷)에게 의지하는 것이 좋을 것 같은데, 그만 일지(日支) 진토(辰土)와 월지(月支) 자수(子水)가 합(合)되어 수국(水局)을 이루고, 월상(月上) 경금(庚金)과 년상(年上) 신금(辛金)이 상생(相生)하여 밀어주니 오히려 신약(身弱)한 병화일간(丙火日干)를 괴롭히는 형상이 되었다. 그러니 돈을 벌려고 하다 스트레스만 받으니 죽을 맛이다.

그러다 갑오(甲午)대운 병인년(丙寅年)에 병화일간(丙火日干)을 도와주는 인성(印星)인 갑목(甲木)을 만나고, 양인(羊刃)인 오화(午火)도 만나고, 겁재(劫財)인 병화(丙火)와 인목(寅木)을 만나 시지(時支) 술토(戌土)와 화국(火局)을 이룬다. 하루아침에 천하장사가 되었으니 어찌 돈이 들어오지 않겠는가. 더구나 대운에서 오화(午火)를 만나 사주의 병(病)이던 월지(月支) 자수(子水)를 충(沖)하니 일지(日支) 진토(辰土)와의 수국합(水局合)을 깨버리니 금상첨화가 되었다. 사주의 병(病)을 잡아주니 병화일간(丙火日干)이 힘을 받아 자연히 술술 풀려 사업이 성공한 것이다.

이 사람의 인맥을 들어보면 우리나라를 뒤흔든 전직 대통령들부터 시작해 경제계와 정치계 등 매우 넓다. 그러나 지금은 그들과 어울릴 수 없어 전화번호도 바꾸고 딸들이 보내주는 돈으로 생활하고 있다. 본인의 말로는 마음은 한없이 편하다고 하나 80세가 넘은 지금도 돈을 벌려고 하는 것을 보면 꼭 그렇지만은 아닌 것 같다. 이 사주에서 볼 수 있듯이 잘 나갈 때일수록 잘 지켜야 하는 것이 인생이다.

33. 재물과 여자가 들어오기만 하면 나가는 사주

■ 김상운(乾命)

시	일	월	년
乙	己	庚	丙
亥	亥	寅	午

68	58	48	38	28	18	8
丁	丙	乙	甲	癸	壬	辛
酉	申	未	午	巳	辰	卯

이 사람은 열심히 살지 않으면 죽는다는 생각으로 열심히 일을 하는데 재물과 여자만은 마음대로 되지 않는다. 그래도 스스로 목숨을 끊지 않은 것은 마음이 여려서다. 돈은 들어오면 나가기 바쁘고, 아내는 다른 남자들과 어울리고, 만나는 여자들은 모두 임자가 있어 떠날 생각만 한다. 이 사주는 아무리 들여다봐도 시원한 구석이 없다.

이 사람의 아내가 다른 남자들과 어울리는 것은 일지(日支) 해수(亥水)가 아내인데 월지(月支) 인목(寅木)과 합(合)하기 때문이다. 만나는 여자마다 남자가 있는 것은 시지(時支) 해수(亥水)가 들어오는 여자이고, 인목(寅木) 속의 무토(戊土)가 남자인데, 인목(寅木)과 합(合)하기 때문이다. 그리고 시상(時上) 을목(乙木)은 해수(亥水) 입장에서 보면 상관(傷官)이니 기토일간(己土日干)을 우습게 알기 때문이다.

들어오는 여자마다 떠나는 것은 시지(時支) 해수(亥水)와 월지(月支) 인목(寅木)이 합(合)하여 목국(木局)으로 변하기 때문인데, 이 목국(木局)이 기토일간(己土日干)에게는 관성(官星)에 해당하니 스트레스만 쌓이는 것이다. 게다가 이름까지도 하늘 위에 떠 있는 구름을 연상시키니 뜬구름 같은 인생을 사는지도 모른다.

34. 전생의 업이 얼마나 많기에

■ 정호길(乾命)

시	일	월	년		63	53	43	33	23	13	3
甲	癸	甲	丙		辛	庚	己	戊	丁	丙	乙
寅	酉	午	戌		丑	子	亥	戌	酉	申	未

이 사람은 필자의 저서인 『참역학은 이렇게 쉬운 것이다』의 독자인데, 2003년에 주문진에서 첫 차를 타고 울산까지 찾아왔다. 나름대로 사주를 많이 공부한 사람이라 자신의 사주를 어느 정도 알고 있어 상담하기가 매우 편했다.

이 사주에서 가장 나쁜 것은 일지(日支) 유금(酉金)이 사주의 병(病)이라는 것이다. 그 일지(日支) 유금(酉金)이 신약(身弱)한 계수일간(癸水日干)이 재성(財星)한테 종(從)하려 하는데 다리를 붙잡고 늘어지고, 대운에서도 유금(酉金)을 누를 수 있는 오행(五行)이 오지 않으니 일생 고생만 할 팔자다.

경금(庚金)대운에서 금생수(金生水)하여 좋을 것 같으나 경금(庚金)이 상관(傷官)인 갑목(甲木)들을 찍어대니 도움이 되지 않고, 자수(子水)대운에서 자유파(子酉破)가 되면 그나마 풀릴 텐데 무슨 조화인지 년월(年月)의 인오술(寅午戌) 삼합(三合) 화국(火局)

을 자오충(子午沖)으로 깨버리니 되는 일이 없다. 63세부터 들어오는 신축(辛丑)대운이 가장 좋으나 너무 늦는 것이 아쉽다.

이 사람은 어릴 때 부모를 잃고 겨우 초등학교를 졸업했다. 그후 군대에 갈 때까지 머슴살이를 했고, 제대한 후로는 고생을 하면서도 자신의 복이라고 생각하면서 열심히 살았고, 결혼도 했으나 아내마저 일찍 저 세상으로 갔다. 하도 답답해서 무당집이나 철학원을 찾아다녔는데 자식이 죽을 수도 있으니 굿을 하라고 했다고 한다. 그는 그때마다 굿을 해서인지 그나마 자식들은 아직 괜찮다면서 쓴 웃음을 지었다.

그는 "오늘 선생님 말씀을 듣고나니 제가 생각하는 것과 같아 속이 시원합니다. 그리고 남은 삶이라도 잘 살라고 여러 가지 방법을 알려주셔서 고맙습니다. 그리고 사람은 죽지 않고 영원히 존재한다는 것을 확실하게 알게 되었고 확신도 생겼습니다. 정말 감사합니다. 열심히 살겠습니다." 라고 하길래 "남은 생은 즐겁게 살기를 바랍니다. 다음 세상에서는 틀림없이 좋은 사주로 태어날 테니 뒤돌아보지 말고 앞만 바라보고 사세요." 라고 하면서 용기를 주었다. 돌아갈 때 90도로 인사하는 것을 보면 얻어가는 것이 있는 것 같아 사주를 배운 보람을 느꼈다.

이 사람이 부모를 일찍 잃은 것은 아버지인 편재(偏財)의 무덤인 술토(戌土)가 년지(年支)에 있기 때문이고, 어머니인 일지(日支) 유금(酉金)도 태왕한 불의 기운을 감당하지 못했기 때문이다. 그리고 아내가 일찍 죽은 것은 재성(財星)의 창고인 년지(年支) 술토(戌土) 때문이다. 옛날 사주책에는 시상(時上)에 상관(傷官)이 있으면 먼저 가는 자식이 있다고 되어 있으나 경험에 의하면 반드시 그렇지는 않다. 물론 굿을 해서 효력를 보는 사람도 있다.

35. 의처증 때문에 시달리는 사주

■ 김미선(坤命)

시	일	월	년		61	51	41	31	21	11	1
甲	辛	乙	癸		壬	辛	庚	己	戊	丁	丙
午	巳	卯	巳		戌	酉	申	未	午	巳	辰

이 사람은 남편의 의처증 때문에 고생하다 결국 이혼하고 혼자 살고 있다. 의처증 이 있는 남편을 만난 것은 신약(身弱)한데 재살 (財殺)까지 혼잡하기 때문이다. 정말 기구한 팔자이나 한편으로는 행복한지도 모른다. 결혼 전에 사귀던 남자를 평생 만나고, 한 남자 가 가면 다른 남자가 들어오니 평생 남자가 떨어지지 않기 때문이 다. 본인은 아니라고 딱잡아 떼지만 그럴 것이다.

36. 애인과 닭볶음 잘 먹고 헤어진 사주

■ 민정희(坤命)

시	일	월	년		66	56	46	36	26	16	6
癸	丁	癸	丙		戊	丁	丙	乙	甲	癸	壬
卯	酉	酉	戌		寅	卯	辰	巳	午	未	申

이 사주를 보면 일지(日支) 유금(酉金)과 시지(時支) 묘목(卯木)이 충(沖)하고, 일간(日干) 정화(丁火)가 월간(月干) 계수(癸水)와 충(沖)한다. 이런 사주는 대개 애인과 많이 싸우고, 싸운 뒤에는 미친 듯이 섹스를 한다. 이 사람도 그렇게 살았는데 어느 날 애인과 닭볶음을 맛있게 먹고 사소한 일로 말다툼을 하다 헤어졌다. 유금(酉金)이 닭인데 이 유금(酉金)이 월간(月干) 계수(癸水)를 부추기니 일간(日干) 정화(丁火)가 계수(癸水)에게 시달리다가 제 성질에 못 이겨 끝내 버리는 것이다. 사주에 이런 것까지 나타나냐고 할 사람도 있겠으나 어쨌든 애인과 닭볶음 잘 먹고 헤어진 것은 사실이다.

37. 운동권 학생의 사주

■ 한동수(乾命)

시	일	월	년		68	58	48	38	28	18	8
癸	甲.	丁	丁		庚	辛	壬	癸	甲	乙	丙
酉	辰	未	酉		子	丑	寅	卯	辰	巳	午

이 사람은 고향 후배인데 서울에서 제법 알아주는 법대에 다녔다. 대학 1학년인 을목(乙木)대운 병진(丙辰)년에 데모를 하다가 퇴학을 당하고, 지금은 자포자기하는 심정으로 부모 형제와 고향을 버리고 쓰레기를 주우면서 살아간다.

이 사주를 보면 일주(日柱)가 갑진(甲辰)으로 백호(白虎)이고, 월주(月柱) 정미(丁未)도 백호(白虎)다. 이 백호살(白虎殺)이 스스로 발동해 움직이려고 준비하는데 을목(乙木)대운과 병진(丙辰)년을

만나 진토(辰土) 속의 을목(乙木), 미토(未土) 속의 을목(乙木)과
어울려 운동권 활동을 한다. 그런데 문제는 일지(日支) 진토(辰土)
가 시지(時支) 유금(酉金)과 합세해 시상(時上) 계수(癸水)를 부추
기고, 시상(時上) 계수(癸水)가 일간갑목(日干甲木)을 생(生)하면
서 같이 부추겨 맨 앞에 서게 된 것이다.

그래서인지 대학 1학년 때 을목(乙木)들과 함께 데모를 했는데도
그들은 별탈없이 학교에 다니고, 갑목(甲木)인 이 사람만 지명수배
가 되어 퇴학을 당하고 도망다니게 되었다. 을목(乙木)들은 진토
(辰土)와 미토(未土) 속에 숨어 있으니 화를 피한 것이다. 을목(乙
木)들은 지금 사법고시에 합격해 법조계에서 활동하고 있다.

갑목(甲木)은 을목(乙木)을 만나 득을 보는 경우가 거의 없다. 갑
목(甲木)이 을목(乙木)을 만나면 피해를 본다는 것은『참역학은 이
렇게 쉬운 것이다』의 십간론(十干論)에서 밝힌 바 있다. 이 사람은
그후 계속 도망자로 살았고, 지금은 시효가 지났는데도 군미필과
운동권학생이라는 딱지 때문에 취직도 못하고, 아무것도 할 수 없
는 사람이 되었다.

38. 형제들이 부모의 재산을 훔쳐가는 사주

■ 이재성(乾命)

시	일	월	년		63	53	43	33	23	13	3
甲	戊	丁	己		庚	辛	壬	癸	甲	乙	丙
寅	申	丑	丑		午	未	申	酉	戌	亥	子

이 사람은 지금도 상담할 때의 모습이 눈에 선하다. 실망스런 모습으로 앉아 있다가 자세하게 설명하자 그때서야 웃으면서 팔자가 그렇다면 어쩔 수 없는 일 아니냐고 했다.

이 사주를 보면 조상궁인 축토(丑土) 속에 있는 계수(癸水) 재물들을 년월지(年月支)의 축토(丑土) 겁재(劫財)가 다 챙겨간다. 문제는 이것만이 아니다. 믿었던 아내가 어느 날 이혼하자고 하더란다. 그래도 재물복은 그런대로 있으니 다행이다. 만일 재물복까지 없었다면 아마도 목매 죽은 귀신이 하나 더 생겼을 것이다.

재물에 대한 애착은 없어 보였으나 지금도 운전대를 잡고 열심히 천리 길을 달린다. 돈을 많이 모으면 죽을 수도 있으니 버는 대로 쓰라고 했다. 재성(財星)인 돈이 많아지면 왕성한 관성(官星)들의 힘이 강해져 무토일간(戊土日干)이 견딜 수 없기 때문이다.

39. 방랑자 사주

■ 조봉열(乾命)

시	일	월	년		66	56	46	36	26	16	6
癸	丙	壬	壬		己	戊	丁	丙	乙	甲	癸
巳	午	寅	午		酉	申	未	午	巳	辰	卯

이 사람은 필자와 20년 넘게 가까이 지냈는데 1998년쯤에 아무 말 없이 사라져 찾을 길이 없다. 서울대 정외과를 다닐 때만 해도 장래가 촉망되는 인재였는데 학생운동을 하다 수배자가 되었다. 그후

7년만에 대학을 졸업하고 사법고시에 도전했으나 대운의 흐름이 좋지 않아 떨어졌고, 지인들 집을 전전하면서 사건 브로커로 근근히 살았다.

이 사람이 평생을 일정한 거처나 연락처 없이 사는 것은 월지(月支) 인목(寅木)과 시지(時支) 사화(巳火)가 삼형살(三刑殺)을 이루니 권력자가 되어야 하는데 그렇지 못했기 때문이고, 지지(地支)에 있는 오행(五行)들이 모두 역마(驛馬)에 해당하기 때문이다.

그리고 이름도 문제다. 이름에 '봉' 자가 있으면 높은 곳으로만 올라가려 하고, 이름 끝자에 '열' 자가 있으면 말년에 재물이 흩어지는 경우가 많다. 게다가 사주에 재물이라고는 하나도 없으니 평생 여자와 돈을 찾아 헤매게 된다.

40. 평생 혼자 살려나

■ 김선희(坤命)

시	일	월	년		67	57	47	37	27	17	7
壬	己	丙	庚		己	庚	辛	壬	癸	甲	乙
申	丑	戌	子		卯	辰	巳	午	未	申	酉

이 사주를 보면 남편운이 일찍 들어온다. 그러나 어릴 때라 그냥 넘어갔고, 25세(甲子年)에 결혼했으나 남편과 심한 갈등을 겪다가 31세(庚午年) 때 이혼했다. 그러다 35세(甲戌年) 때 다시 남자를 사귀었으나 바람끼가 너무 많아 잡으려고 임신을 했다. 그러나 임신

한 해(己卯年)에 남자가 다른 여자를 만나 사귀더니 경진(庚辰)년에 그 여자에게 아주 가버렸다. 어떻게 보면 팔자대로 살았는데 이제는 남자가 들어와도 자식 때문에 만나지 않겠다고 한다.

이 사람과 상담한 때가 경진(庚辰)년이었는데 그후에도 가끔 전화가 온다. 그녀한테서 전화가 오면 일진(日辰)을 보려고 달력을 본다. 상담이 아닌 전화는 반드시 갑목(甲木)일이나 을목(乙木)일에 오기 때문이다. 그녀는 갑을(甲乙)일만 되면 남자 생각이 나고, 기토일간(己土日干)에게 갑을(甲乙)은 관성(官星)이며 남자이기 때문에 아는 남자들에게 모두 전화를 걸어보는 것이다.

"수첩 꺼내놓고 남자들한테 전화하는 날이네요?" 하면 킥킥대면서 그렇다고 한다. 기축일간(己丑日干)들은 대개 성욕이 강한데 이 사람도 그렇다. 남자 생각은 나는데 함부로 만날 수는 없으니 전화라도 걸어보는 것이다. 친정은 집안도 괜찮고 재물도 있는데 아마 평생 자식만 바라보면서 살아갈 것이다.

41. 나는 어떻하라구

■ 정재희(坤命)

시	일	월	년		63	53	43	33	23	13	3
甲	乙	壬	甲		乙	丙	丁	戊	己	庚	辛
申	卯	申	寅		丑	寅	卯	辰	巳	午	未

이 사주를 보면 역마(驛馬)가 3개나 있고, 일지(日支)의 묘목(卯

木)과 월시지(月時支)의 신금(申金)이 원진(元辰)을 이루니 온 세상을 휘젓고 다녀야 한다. 게다가 을목일간(乙木日干)이니 성격도 대단하다.

이 사람은 외모가 섹시해 남자들이 많이 따르나 가까이 가면 거부하고, 그나마 운이 좋아 사귀면 부인이나 애인이 있는 사람이다. 아마 평생 남의 남자를 만나면서 살 것이다. 이렇게 선택의 폭이 좁은 사주는 좋지 않다. 선택의 폭이 넓으면 넓을수록 좋은 사주이고, 좁으면 좁을수록 나쁜 사주라고 보면 정확하다.

이 집 형제들 사주는 거의 다 봐줬는데 제일 좋지 않다. 자식복도 희박하고 남자복도 없다. 그렇다고 재물복이 있는 것도 아니다. 방법을 알려줬으나 그렇게 되지는 않을 것이다. 남자 보는 눈이 매우 까다로워 시시한 놈은 눈에 들어오지도 않을 것이기 때문이다.

42. 남편 사주덕에 남자복 터진 사주

■ 남편				■ 아내			
시	일	월	년	시	일	월	년
丙	丁	壬	丁	庚	庚	壬	丁
午	巳	寅	未	辰	申	子	未

이 여자는 인터넷 채팅으로 남자를 만나는데 셀 수 없을 정도로 많다. 가까운 곳 먼 곳 가리지 않고 날아드는데 제주도에서 비행기를 타고 오는 남자도 있다고 한다. 그런데 오후 3시가 되면 어김없

이 집으로 돌아가 아이들을 챙기고, 남편이 퇴근할 시간에는 반드시 집에 있기 때문에 남편은 까맣게 모른다. 그리고 한 남자를 2번 이상 만나지 않는다고 한다. 이렇게 철저하게 자신의 생활을 하는 사람도 드물 것이다.

먼저 아내의 사주를 보면 물이 많다. 이렇게 사주에 물이 많으면 끼가 넘치고 섹스를 좋아한다. 그러나 이 사주로는 바람을 피울 수 없는데 남편의 사주가 모두 비겁(比劫)으로 되어 있고, 일지(日支) 사화(巳火)가 월지(月支) 인목(寅木)과 삼형살(三刑殺)을 이루었다. 남편 사주가 이러면 아내가 바람을 피우지 않으면 살 수 없기 때문에 자신도 모르게 바람을 피우게 된다. 그리고 아무리 바람을 피워도 남편이 알 수 없고, 설령 안다고 해도 그냥 넘어가거나 아내의 거짓말을 믿게 되어 있다. 실제 이 사람은 휴대폰 번호를 수시로 바꾸는데도 남편은 전혀 의심하지 않는다.

43. 남편만 바라보는 사주

■ 남편				■ 아내			
시	일	월	년	시	일	월	년
乙	甲	丁	己	甲	甲	辛	戊
亥	辰	卯	亥	戌	午	酉	戌

먼저 아내의 사주를 보면 일간(日干) 갑목(甲木) 바로 옆에 월상(月上)의 신금(辛金)이 자리잡고 있다. 이런 사람은 남편만 바라보

며 산다. 남편은 바람끼가 좀 있는 사주이나 아내가 남편만 바라보는 사주이면 대개 남편이 외도하지 않는다.

남편의 사주를 보면 일간(日干) 갑목(甲木)이 월상(月上) 정화(丁火)를 생(生)하고, 월상(月上) 정화(丁火)는 년상(年上) 기토(己土)를 생(生)하니 아내를 챙기는 사람이다. 그런데 병술(丙戌)년에 상관(傷官)이 힘을 받아 왕성해지면서 아내가 남편을 밀어내기 시작해 남편이 한눈을 팔았다. 그것도 유부녀와 말이다.

그러다 무자(戊子)년이 되면서 년운(年運)에서 오는 무토(戊土) 여자를 만나 사랑하는데 아내와 남편의 운세가 묘하게도 같이 흘러 작용이 더 심할 것이다. 그 유부녀는 자기 남편한테 들켜 이혼을 당하고 이 남자를 기다리고 있다. 지금이라도 조치를 취하지 않으면 다음해인 기축(己丑)년에는 남편이 재산을 모두 챙겨 그 여자를 따라갈 것이다. 아내는 남편만 바라보는 사주라 재혼하기 어렵다. 다행히 무자(戊子)년 후반에 필자를 만나 가정이 깨지는 것은 막을 수 있었다. 그후 신수를 보러오는 단골이 되었다.

44. 목사가 되어 좋은 일 많이 하시길

■ 목사 지망생(乾命)

시	일	월	년		66	56	46	36	26	16	6
己	癸	癸	癸		丙	丁	戊	己	庚	辛	壬
未	亥	亥	丑		辰	巳	午	未	申	酉	酉

이 사람을 만난 것은 그가 36세 되는 해였다. 필자가 시골에 있을 때 근처에 있는 기도원으로 목사가 되기 위한 마지막 기도를 하러 왔다가 들른 것이다.

이 사주를 보면 깨달음의 세계로 가는 것이 좋은데 목사보다는 신부가 더 맞는다. 왜냐하면 해수(亥水)와 미토(未土)는 기독교와 인연이 깊고, 탁한 물인 계수(癸水)가 3개나 있으니 스스로 자신을 다스리지 않으면 되는 일이 없고, 사주가 수토(水土)로만 이루어져 있으니 재물이라고는 눈을 씻고 찾아봐도 없기 때문이다. 특별히 할 말이 없어 열심히 공부해서 훌륭한 목사가 되라고 했다.

45. 사주대로 살아야 하나

■ 김순영(坤命)

시 일 월 년	66 56 46 36 26 16 6
甲 壬 甲 壬	丁 戊 己 庚 辛 壬 癸
辰 寅 辰 申	酉 戌 亥 子 丑 寅 卯

이 사람은 첫 남편과 살면서 딸을 7명이나 낳은 다음에 아들을 낳았는데, 다른 남자의 아들인 것이 들통나 이혼하게 되었다. 첫 남편은 아들을 낳았을 때 매우 좋아했는데, 아들의 생부가 이 사람의 허벅지와 배에 그려놓은 그림 때문에 사실을 알게 되었다. 그러나 남편은 바로 이혼하지 않고 남남처럼 살다가 자식들이 모두 성장한 후에 떠났다.

이 사주를 보면 첫 남편은 신금(申金) 속에 있는 무토(戊土)이니 기능인이고, 두번째 남자는 갑진(甲辰) 백호살(白虎殺)이 있으니 군장교 출신인데 성질이 나쁘고, 세번째 남자는 일간(日干) 임수(壬水)가 수생목(水生木)하는 일지(日支) 인목(寅木) 속의 무토(戊土)이니 여자가 도와야 하는 사람이다. 사주를 보다보면 이처럼 남자가 순서대로 들어오는 경우가 종종 있다.

딸들은 어머니와 친아버지가 다시 합치기를 원하나 둘이 모두 거절하고 있다. 이 사람이 세번째 남자를 먹여살리면서도 정리하지 못하는 것은 나이도 많지만 같은 교회에 다니기 때문이다. 지금 건강도 좋지 않은데 죽을 때까지 그와 살려는 모양이다.

46. 바람을 피우면 안 되는 사주

■ 남편				■ 아내				■ 아내의 애인			
시	일	월	년	시	일	월	년	시	일	월	년
癸	甲	己	庚	辛	壬	丁	戊	乙	甲	庚	癸
酉	子	丑	子	亥	子	巳	戌	丑	午	申	巳

아내의 사주를 일반적인 방법으로 풀어보면 년상(年上)에 편관(偏官) 무토(戊土)가 있고, 년지(年支)에 술토(戌土)가 있고, 월지(月支)의 사화(巳火) 속에 무토(戊土)가 있고, 시지(時支)의 해수(亥水) 속에 무토(戊土)가 있으니 남자가 많은 것으로 볼 수 있다.

그러나 지장간(支藏干)에 있는 오행(五行)은 밖으로 나와야 활동

할 수 있으니 남자로 볼 수 없고, 년지(年支) 술토(戌土)는 월지(月支) 사화(巳火)와 원진(元辰)이 되니 일간(日干) 임수(壬水)가 쳐다보지도 않고, 임수(壬水) 바로 옆의 월상(月上)에 정화(丁火)가 있으니 다정지합이 되어 남편만 바라보며 살아야 하는 사주다.

남편의 사주를 봐도 일간(日干) 갑목(甲木)이 월상(月上) 기토(己土)와 갑기합토(甲己合土)를 이루니 그야말로 잉꼬부부의 상이다. 아내인 월상(月上) 기토(己土)가 바람을 피울 이유가 없다. 그리고 아내의 애인 사주를 보면 시지(時支) 축토(丑土)가 아내인데 애인이 있고, 이 남자도 일지(日支) 오화(午火) 속에 숨겨둔 기토(己土) 애인이 있다.

그런데 이 아내가 축토(丑土)대운이 되면서 축토(丑土)가 일지(日支) 자수(子水)와 육합(六合)하여 관성(官星) 토(土)가 되니 이 남자를 만나 사랑에 빠지고 말았다. 그것도 옛날에 결혼하려고 하다가 궁합이 나빠 집안에서 반대한 사람인데다가 일지(日支)끼리 상충(相沖)하니 연인궁합이라 세월가는 줄 모르고 사랑을 나누었을 것이다. 그러다 임수(壬水)대운이 시작되면서 남편한테 들통난 것이다.

이 아내는 10년 전쯤에 신수를 보러 온 것이 인연이 되어 3번이나 다녀갔다. 처음 상담했을 때는 시시콜콜한 지난 얘기는 하지 않고 올해 남편을 잘 지키지 못하면 다른 여자에게 빼앗길 수 있으니 잘 하라고만 했다. 왜냐하면 그녀의 사주에서 임수(壬水)는 같은 여자인데, 남편인 년상(年上) 무토(戊土)에게는 아내와 똑같은 사람이라 그 여자와 어울리게 되어 있기 때문이다.

그후 전체적인 상담을 할 때 축토(丑土)대운에 대한 얘기를 했고, 남편의 운에서도 당신이 바람을 피우게 된다고 말했다. 남편의 운에서 이 사람이 바람을 피우는 것은 남편이 갑목(甲木)대운으로 흐르기 때문이다. 일간(日干) 갑목(甲木)과 대운의 갑목(甲木)이 월상(月上)의 기토(己土)와 쟁합(爭合)할 때 새로 들어오는 갑목(甲木)을 좋아해 당신이 바람이 난다고 했더니, 그때서야 애인 얘기를 하면서 생년월일시를 말해주는데 이거 너무 사주대로 정확하게 사는 것이 아닌가. 그래서 웃었더니 자기는 미치겠는데 뭐가 좋아 그렇게 웃느냐고 한다.

애인은 바람을 피워도 되는 사주인데 이 사람이 임수(壬水)대운을 만난 51세 때가 무자(戊子)년이다. 그런데 무자(戊子)년에는 애인의 일지(日支) 오화(午火)를 년운(年運)의 지지(地支) 자수(子水)가 충(沖)하여 숨어 있던 애인이 밖으로 튀어나온다. 결국 애인은 그의 아내에게 들켜 이혼했다.

어쩌면 이렇게 정확하게 한 조를 이룰 수 있을까. 그러나 이 사람은 이혼도 하지 못하고 남편에게 시달렸는데 남편의 사주를 보면 이유를 알 수 있다. 일간(日干) 갑목(甲木)과 월상(月上) 기토(己土)가 다정하게 살아왔기 때문에 남편은 아내를 믿고 싶은 것이다. 이 사람이나 남편이나 금년에는 이혼할 사주가 아니니 죽은듯이 살아야 하는데 힘들 것이다. 그래서 도망가라고 하고 싶었지만 지금도 자식들 때문에 그러고 사는데 나중에 피눈물을 흘릴 거라고 말했다.

앞에서 바람을 피워야 되는 사주는 바람을 피워야 가정이 편안하다는 말을 했다. 마찬가지로 바람을 피우면 안 되는 사주는 반드시 들통나 간통죄로 들어가거나 이혼한다.

47. 어머니의 눈물은 어떻게 하나

■ 이시후(乾命)

시	일	월	년
辛	甲	甲	丙
未	午	午	子

63 53 43 33 23 13 3

辛	庚	己	戊	丁	丙	乙
丑	子	亥	戌	酉	申	未

이 사주를 보면 불이 왕성해 어머니인 인성(印星) 물이 필요한데 일지(日支) 오화(午火) 속에 기토(己土)인 아내와 정화(丁火) 상관(傷官)이 함께 있으니 장모를 모시고 살 팔자다. 상관(傷官)은 장모요 기토(己土)는 아내이니 말이다.

만약 장모와 어머니를 한 집에서 모시고 살면 년지(年支) 자수(子水)가 어머니인데 장모인 월일지(月日支) 오화(午火)와 충(沖)하니 아들인 갑목(甲木) 가까이 가지 못할 것이다. 그러니 안사돈끼리 싸움이 벌어지는데 장모는 옆에 있는 오화(午火)와 년상(年上) 병화(丙火)의 도움을 받아 강해지는데, 어머니인 년지(年支) 자수(子水)는 의지할 데라고는 시상(時上)의 신금(辛金)뿐인데 너무 멀어 무정하니 결국 어머니는 쫓겨나게 된다.

또 이 사주는 식상(食傷)이 왕성한데 재성(財星)이 미약하니 본처에게서 자식을 보지 못하고, 시지(時支)에 미토(未土)가 있으니 다른 여자와 자식을 낳는데 미토(未土)가 일지(日支) 오화(午火)와 합(合)되어 화(火)가 되니 자식을 낳고 그 여자는 떠날 것이다.

이 아이의 어머니는 처녀 때부터 알고 지내는 사이인데 지금 53세이니 60대 중반이나 70대가 되어야 이 아이가 결혼할 것이다. 재혼하지 않고 밤낮으로 일하러 다니면서 이 아이만을 키우며 사는데 아들이 결혼하고 나면 자신이 살아온 길을 후회할지도 모른다. 그래도 차마 말년에 아들한테 버림받을 것이라는 말을 할 수가 없다.

48. 사주가 좋으면 뭐하나 운을 무시하는데

■ 정현숙(坤命)

시	일	월	년		66	56	46	36	26	16	6
戊	丙	癸	甲		丙	丁	戊	己	庚	辛	壬
子	戌	酉	午		寅	卯	辰	巳	午	未	申

이 사주를 보면 오행(五行)이 모두 있고, 일간(日干)도 통근(通根)하여 강하고, 관성(官星)도 통근(通根)하여 강하고, 인성(印星)도 관성(官星)이 생해주니 그럭저럭 힘이 있고, 식신(食神)도 힘이 있다. 다만 재성(財星)이 힘이 없어 보이나 식신(食神)의 생(生)을 받아 그렇게 약하지는 않는다. 재성(財星)이 약해도 일간(日干)과 관성(官星)이 힘이 있으면 관성(官星)이 재물을 많이 벌어온다는 것이 일반적인 학설이다.

이 사람은 지금 이혼하고 혼자 사는데 30대 후반부터 몸이 많이 아프다. 가슴아픈 얘기라서 물어보지는 않았지만 틀림없이 잘못된 결혼을 했을 것이다. 만약 궁합이 좋은 사람과 했거나 결혼할 운에 했다면 지금과는 달랐을 것이다. 이혼하지 않아도 되는데 이혼한 부부가 많아 분석해 보았더니 대개 결혼운이 아닌데 결혼한 경우였다. 운은 어떤 일을 시작할 때가 중요한데 결혼은 더 그렇다.

필자가 1990년 초에 부산에 있을 때 관광요정에 나가는 아가씨를 알게 되었다. 이웃에 살아 종종 들렀는데 어느 날 느닷없이 일본 사람 셋을 만나고 있는데 누가 가장 잘 해주겠느냐고 물어왔다. 그 사람들의 생년월일은 모르고 처음 만난 날은 안다고 해서 일진(日辰)으로 분석해서 그들의 생김새와 성격, 직업, 그리고 이 사람을 대하는 태도까지 말해주니 모두 맞는다고 했다. 이렇게 시작할 때의 운은 아주 중요하다. 일진(日辰)을 활용하는 내정법(來情法)이라는 것이 있는데, 영악한 사람들이 악용할 여지가 많기 때문에 여기다 밝히지는 않겠다.

이 사주를 보면 하고 싶은 말은 다하는 사람이다. 백호살(白虎殺) 때문에 그렇지 않으면 스트레스가 엄청 쌓일 것이고, 병화(丙火) 옆에 계수(癸水)가 버티고 있으니 그 화가 엄청날 것이다. 또 재성(財星)이 관성(官星)을 생(生)하니 시어머니가 남편을 부추켜 이 사람을 못살게 한다. 그 스트레스와 왕성한 식신(食神)이 내 힘을 빼앗아간다. 이런 사주는 대개 산후조리를 제대로 못하는데, 대운이 계속 내 힘을 뺏는 방향으로 흐르니 어찌 몸이 견디겠는가.

이 사람은 필자의 사무실에서 조금 떨어진 곳에서 철학원을 하는 사람이 신병이 아닌가 해서 데려와 알게 되었다. 그런데 사주를 보니 신병이 아니라 스트레스와 위장의 열 때문에 몸이 엉망이 된 것이었다. 특히 병신일주(丙申日柱)인데 불이 왕성하니 위장에 열이 많아 위장염이 따를 수 있고, 그 열이 옆으로 가면 간장이 아프고, 위로 올라가면 폐가 아프고, 목 뒤로 가면 목덜미가 아플 것이다.

이 사람의 집안은 장수하는 집안이라고 한다. 함께 오신 어머니는 87세인데 정정하셨고, 오빠도 69세인데 아주 건강해보였다. 친정 아버지도 지금 95세인데 정정하시다고 한다. 마침 민약꾼이 왔길래 집맥을 해보았더니 필자와 같은 진단이 나왔다. 아마도 57세부터 겁재운(劫財運)이 오니 건강해지려고 민약꾼을 만난 모양이다.

질병에 시달리다가 신을 받는 무속인들의 사주를 보면 대개 건강이 회복되는 운에 신굿을 하는 경우가 많다. 몸이 좋아질 운이 와서 좋아진 것인데 신을 받았기 때문이라고 믿는다. 무슨 일이든 시작할 때는 대운만 보지 말고 세운(歲運)이나 월운(月運)도 함께 보아야 한다. 운을 잘 활용하는 사람이 성공할 수 있기 때문이다. 부산에 있을 때 부산대학교 3학년 학생이 찾아온 적이 있다. 단골인라 어머니께 다 얘기했는데 직접 듣고 싶어서 왔다고 한다.

"뭐가 궁금해서?"
"왜 공부가 안될까요?"
"공부좀 하려고 하면 여자친구들이 놀러가자, 커피 마시자며 방해하지?"
"네. 미치겠어요."
"보통 1학년 마치고 군대가는데 왜 안갔지?"
"철학원에서 아직 군대갈 때가 아니라고 해서요."

"어느 미친 사주쟁이가?"

"…"

"하루라도 빨리 갔다와. 지금은 아무리 공부하려고 해도 성적도 나오지 않고 머리만 복잡해지니."

"네. 이번 학기 마치고 가려고요."

공부하는 사람한테 가장 나쁜 운은 식상운(食傷運)과 재성운(財星運)이다. 특히 재성운(財星運)에는 공부도 안되고, 남자는 여자들이 만나자고 덤벼든다. 그런데 이 학생은 대운이 재성운(財星運)으로 흘러가고 있었다.

필자의 친구 아들이 대전에서 고등학교에 다닐 때 2학년까지는 전국시험에서 10등 안에 들어 학교에서 보물처럼 생각했다. 그런데 3학년이 되면서 한 여학생을 만난 후부터 학교는 뒷전이고 놀러다니기만 했다. 재성운(財星運)이었기 때문이다. 친구 부부는 아무리 말려도 안되자 여학생을 집으로 데려와 같이 살게 했으나 달라지지 않았다. 결국 대학에 가지 못했고, 지금은 작은 식당에서 잡일을 하고 있다.

49. 설마하다가 저 세상으로 간 사주

■ 고상욱(乾命)

시	일	월	년		67	57	47	37	27	17	7
乙	辛	己	甲		丙	乙	甲	癸	壬	辛	庚
未	丑	巳	戌		丑	亥	戌	酉	申	未	午

이 사람은 고등학생인데 16세인 기축(己丑)년 무진(戊辰)월에 아파트 옥상에서 떨어져 자살했다. 사주를 보면 오화(午火)대운이 들어와 일지(日支) 축토(丑土)와 원진(元辰)이 되고, 년지(年支) 술토(戌土)와 삼합(三合)하여 화국(火局)을 이루고, 시지(時支) 미토(未土)와 육합(六合)하여 화국(火局)을 이룬다.

이렇게 사주에 불이 많은데 물은 한방울도 없고, 기축(己丑)년에는 축술미(丑戌未) 삼형(三刑)이 2번이나 이루어진다. 이런 경우에는 반드시 축술미(丑戌未) 삼형살(三刑殺)이 움직여 해를 입힌다.

더구나 기축(己丑)년은 편인운(偏印運)이라 하고 싶은 대로 하게 되는데, 무진(戊辰)월이 오고, 인성운(印星運)이 겹치고, 월운(月運)의 지지(地支) 진토(辰土)가 오면서 년지(年支)의 술토(戌土)를 충(沖)하고, 일지(日支)의 축토(丑土)를 파(破)하니, 성적 때문에 고민하다가 아파트 옥상에서 몸을 던진 것이다. 년지(年支) 술토(戌土)는 사회와 학업을 나타내고, 일지(日支) 축토(丑土) 역시 학업을 나타낸다.

축술미(丑戌未) 삼형(三刑)에 걸리면 대개 농약을 마시는데 이 학생은 도시에서 농약을 구하기 어려워 이런 방법을 택한 것이라고 본다. 이 학생의 어머니와 상담할 때 잘 살펴보라고 했는데도 방치하다가 아들을 잃은 것이다. 아들이 죽고 좋은 곳으로 가라고 굿도 했다는데…. 고인의 명복을 빈다.

50. 백 억을 벌어야 한다는 사주

■ 김선아(坤命)

시	일	월	년		65	55	45	35	25	15	5
癸	癸	辛	甲		甲	乙	丙	丁	戊	己	庚
亥	酉	未	辰		子	丑	寅	卯	辰	巳	午

"36세부터 돈 좀 벌었겠네요?"

"네. 일 년만에 1억 3천 정도 벌었지요."

"그럼 뭐합니까. 욕심 때문에 이것저것 벌리다가 44세 전에 다 날리고 지금은 빈털털이가 되었을 텐데요."

"그래서 이렇게 찾아왔어요. 꿈에 선생님과 이 방이 나타나 하도 신기해서 왔는데, 정말 저기 있는 오렌지 상자도 똑같네요."

"인연이 있어 온 것 같은데, 지금 여기서는 수긍하겠지만 제 말을 따르지는 않을 것 같습니다."

"…"

"그때 돈을 잘 간수했어야 하는데…. 이제는 좀 그러네요."

"이젠 운이 없나요?"

"짧게는 올 수 있는데 잃어버린 돈을 전부 찾을 만큼은 아네요."

"그래도 100억은 돼야 돈을 벌었다고 할 수 있지 않나요?"

"100억이라…"

"네. 100억을 버는 것이 목표입니다."

"돈이야 많으면 좋지만…"

"…"

"욕심 버리고 일러주는 대로 열심히 살면 어느 정도는 모을 수 있으니 그렇게 했으면 합니다. 돈은 굶지 않을 정도 있고, 가족들이 건강하면 행복 아닐까요? 작년(戊子年)에도 돈 좀 있는 남자가 살자고 했을 텐데 시집이나 가지 그랬어요?"

"남자는 별로고요, 그냥 혼자 살면서 돈이나 벌고 싶어요."

36세부터 돈을 벌었겠다고 한 것은 정화(丁火)대운에 월지(月支) 미토(未土) 속에 있는 정화(丁火)의 힘을 받기 때문이고, 욕심 때문에 이것저것 벌렸을 것이라고 한 것은 묘목(卯木)대운에 월지(月支) 미토(未土), 시지(時支) 해수(亥水)와 삼합국(三合局)을 이루는데 그 삼합국(三合局)이 식상(食傷)인 목국(木局)이 되기 때문이다. 식상(食傷)은 먹고사는 수단이며 재물의 근원이니 돈을 벌려고 닥치는 대로 사업을 하게 된다.

51. 보증이 문제인가, 사주가 문제인가

■ 민영민(乾命)

시	일	월	년		66	56	46	36	26	16	6
丁	戊	己	辛		壬	癸	甲	乙	丙	丁	戊
巳	辰	亥	丑		辰	巳	午	未	申	酉	戌

이 사람은 미토(未土)대운에 친구에게 보증을 서줬다가 쫄딱 망했다. 미토(未土)대운이 들어와 재성(財星)인 월지(月支) 해수(亥

水)와 합(合)하여 관성(官星)으로 변하니 겁재(劫財) 때문에 재물
이 모두 날아간 것이다. 미토(未土)는 겁재(劫財)로 친구나 형제에
해당하기 때문이다.

　이런 경우 돈을 빌려주거나 보증을 서주면 그 사람이 반드시 망
한다. 왜냐하면 그 사람이 망해서 갚을 수 없게 만들기 때문이다.
운이 나쁜 사람의 돈을 빌리면 망할 수밖에 없는 것이 사주다. 모
르면 속절없이 당하고 알면 조금이라도 건질 수 있는데 이 사람은
전혀 모르고 있다가 완전히 당한 것이다. 게다가 대운까지 이렇게
흐르니 당분간 고생깨나 할 것이다.

52. 그나마 포기한 것이 다행이다

■ 정명석(乾命)

시	일	월	년		63	53	43	33	23	13	3
壬	辛	壬	壬		己	戊	丁	丙	乙	甲	癸
辰	卯	子	子		未	午	巳	辰	卯	寅	丑

　이 사주를 보면 일간(日干) 신금(辛金)이 사방에 수(水)가 있으니
물 속에 깊이 잠긴 형상이다. 그러니 누가 알아주겠는가. 이 사람은
그가 32세 때 상담한 것으로 기억하는데 그때 사법고시를 준비하
고 있었다. 마음고생을 하다가 35세 때 과감하게 포기하고 취직을
했다. 정말 축하할 일이다.

　이 글을 쓰고 있는 중에도 사법고시를 준비한다는 사람이 찾아왔
다. 지금 46세인데 다른 일을 하려고 해도 이제는 할 수 있는 일이

거의 없다고 한다. 아직도 미혼이며 부모한테 용돈을 타서 쓰고 있다고 한다. 눈은 높고 하찮은 일은 하기 싫으니 딱한 노릇이다. 자신의 사주를 미리 알았더라면 좋았을 텐데.

53. 부모가 잘못해 정신이 이상해진 사주

■ 서정희(坤命)

시	일	월	년		66	56	46	36	26	16	6
戊	己	丙	乙		癸	壬	辛	庚	己	戊	丁
辰	丑	戌	卯		巳	辰	卯	寅	丑	子	亥

이 사람은 고등학교 2학년이 되면서부터 학교에 가기가 싫어 부모한테 전학시켜 달라고 했으나 부모는 심각하게 생각하지 않아 들어주지 않았다. 그러다 자기 방에 틀어박혀 나오지 않다가 3개월 만에 정신이 이상해졌다. 그래서 무당들을 찾아가니 신병이라고 해서 굿도 했고, 절에 가서 열심히 빌었지만 차도가 없었다. 다행히 3년 전부터 조금이나마 좋아졌는데 부모가 간섭하지 않은 후부터라고 한다. 부모들이야 항상 자식이 잘 되기를 바라지만 자식의 성격을 제대로 알지 못하면 이런 불행한 일이 생길 수 있다.

이 사주는 기토일간(己土日干)이 비겁(比劫)이 많으니 기세가 등등하다. 기토(己土)는 자기 생각대로 행동하는 성격으로 부모 형제는 물론 누구의 말도 듣지 않고, 잠시도 가만히 있지 않는다. 그런데 친구들과의 갈등 때문에 학교에 가기 싫은데 조치를 취하지 않았으니 자신의 성격을 다스리지 못해 정신에 문제가 생긴 것이다.

54. 월남에서 시집온 사주

■ 남프엉(Nam Phuong, 坤命)

시	일	월	년		64	54	44	34	24	14	4
庚	辛	辛	丙		甲	乙	丙	丁	戊	己	庚
寅	酉	卯	寅		申	酉	戌	亥	子	丑	寅

이 사람은 월남에서 시집을 왔는데 2007년에 아들을 낳고 잘 살고 있다. 이 사주를 자세히 보면 남편이 다른 여자를 따라가 정상적인 가정을 꾸리기 어려운데, 멀리 이국땅으로 시집와 운명이 조금 바뀐 것으로 볼 수 있다. 그리고 남편과 나이 차이가 21년이나 나는데, 이것이 운명을 비켜가게 한 것으로 보인다. 여자가 사주가 좋지 않으면 나이 차이가 많이 나는 남자와 결혼하는 것이 좋다. 또 이 사람은 악착같이 돈을 벌어 부자가 되겠다는 생각도 하지 않고, 술을 많이 먹는 남편에게 바가지도 긁지 않는 것은 일지(日支)의 유금(酉金) 때문이다.

55. 다른 여자에게 남편과 자식을 빼앗긴 사주

■ 김정미(坤命)

시	일	월	년		65	55	45	35	25	15	5
戊	癸	庚	庚		癸	甲	乙	丙	丁	戊	己
午	酉	辰	戌		酉	戌	亥	子	丑	寅	卯

이 사람은 남편과 자식을 다른 여자에게 빼앗기고 작은 술집을 하면서 사는데, 직업 때문인지 남자가 많은 편이다. 물론 사주에 관살(官殺)이 혼잡하나 그렇다고 모두 그런 것은 아니다. 이 문제를 해결하는 방법은 천직론에서 제시한 바 있다.

이 사람이 다른 여자에게 남편과 자식을 빼앗긴 것은 년지(年支) 술토(戌土)가 첫사랑이고, 월지(月支) 진토(辰土)가 결혼한 남편인데, 그 진토(辰土) 속에 을목(乙木) 자식과 계수(癸水) 여자가 함께 있기 때문이다. 그렇게 된 해는 병술(丙戌)년인데 년운(年運)의 지지(地支)에 술토(戌土)가 오면서 월지(月支) 진토(辰土)를 충(沖)했기 때문이다.

56. 남편이 바람피우는 것도 모르는 사주

■ 이주연(坤命)

시	일	월	년		64	54	44	34	24	14	4
乙	乙	辛	辛		戊	丁	丙	乙	甲	癸	壬
酉	卯	卯	丑		戌	酉	申	未	午	巳	辰

이 사주를 보면 일간(日干)이 을목(乙木日干)인데 을목(乙木)과 묘목(卯木)이 또 있으니 남편이 바람을 피우게 된다. 더구나 시지(時支) 유금(酉金) 속의 경금(庚金) 남편은 아내보다 일지(日支)의 묘목(卯木)이 더 가까우니 여자를 만났다가 헤어지면 바로 다른 여자가 들어온다.

그런데 그 중 한 여자가 남편한테 들켰고, 그 남편이 이 사람의 집까지 찾아와 난리를 쳤다. 이 사람이 아무리 자기 남편은 그러지 않았다고 우겨도 당할 수가 없어 손해배상을 해줬다. 그런데도 이 사람은 자기 남편은 절대 바람을 피우지 않는다고 믿고 산다. 바람을 피워도 되는 사람은 바람을 피워도 들통나지 않는다는 것을 보여주는 극단적인 예다.

대개 을묘일주(卯木日柱)는 성격이 아주 부드럽고 얌전하다고 본다. 이 사람도 얼굴만 보면 그렇게 느껴지나 천만의 말씀이다. 이 사람은 말만 여자지 남자 중에서도 남자 성격이며 최고의 자리에 올라가야 할 사주다. 사주에 토끼가 있으면 끝장을 보는 습성이 있기 때문이다. 그리고 이렇게 사주에 토끼가 많으면 우울증에 시달리게 되는데, 토끼는 연약한 동물이라 언제 공격을 받을지 몰라 항상 불안하니 정신이 안정되지 않고, 그 불안이 길어지면 우울증이 되는 것이다.

57. 아버지가 잘못해 신세를 망친 사주

■ 정영채(坤命)

시	일	월	년		66	56	46	36	26	16	6
甲	癸	癸	壬		丙	丁	戊	己	庚	辛	壬
寅	丑	丑	戌		午	未	申	酉	戌	亥	子

이 사람은 고등학교 때 성적이 좋아 충분히 원하는 대학에 갈 수

있었다. 그러나 아버지가 여자는 객지생활을 하면 안 된다면서 가까운 곳에 있는 학교에 가라고 해서 원하지도 않는 학과에 들어가 졸업했다. 그러나 원하는 학과에 가지 못한 것이 스트레스가 되어 머리카락이 빠지기 시작하더니, 30세쯤에는 보기 흉할 정도가 되었다. 지금은 혼기가 되었는데도 결혼은 커녕 머리에 대한 스트레스 때문에 잠을 이루지 못하고 우울하게 살고 있다. 부모들은 부모의 입장에서 자식을 바라보는 경우가 많으나 자식은 자식의 사주와 인생관이 있다. 그러니 자식의 뜻을 존중하면서 좋은 길을 선택하도록 도와주는 것이 부모가 해야 할 일이라고 생각한다.

58. 한치 앞도 못보면서 욕심만 많은 사주

■ 정말례(坤命)

시	일	월	년
乙	壬	戊	丙
巳	申	戌	戌

65	55	45	35	25	15	5
辛	壬	癸	甲	乙	丙	丁
卯	辰	巳	午	未	申	申

필자가 시골에서 공부할 때 사업에 실패하고 시골로 내려와 철학원을 운영하는 분을 만났다. 그 분은 그때 79세였는데 기축(己丑)년 초가 되자 할머니라도 옆에 있으면 좋겠다면서 여기저기 여자들을 만나러 다녔다. 그러다 여자를 만나면 필자에게 여자의 사주를 보여줬다. 그래서 이 사주도 보게 되었는데 궁합이 별로여서 그만두는 것이 좋겠다고 했다.

그런데 이 사람이 자기와 결혼하려면 통장에 1억을 넣어달라고 하더라는 것이다. 나이가 자그만치 64세인데 결혼지참금으로 1억을 달라니 그런 배짱이 어디서 나온 건지. 아마도 원숭이 때문이 아닐까 생각한다. 그런데 그런 말이 오고간 지 한 달도 안돼 이 사람은 교통사고로 저 세상으로 가고 말았다. 한치 앞도 모르는 것이 인생이라지만 참 묘한 일이다.

그래서 다시 이 사주를 보니 대운·세운(歲運)·년운(年運)이 딱 맞는 것이었다. 진토(辰土)대운만 피했으면 괜찮았을 텐데. 그만 진술충(辰戌沖) 두 방에 가고 말았다.

이 사람이 교통사고로 숨진 것은 진토(辰土)대운의 진토(辰土)가 년월지(年月支)의 술토(戌土)를 충(沖)하여 왕성한 관성(官星)을 뒤흔들고, 기축(己丑)년과 정관(正官)년에 관살(官殺)이 혼잡되어 진토(辰土)의 충(沖)을 받은 흙들이 흐트러지면서 년운(年運) 기토(己土)와 힘을 합쳐 임수(壬水)를 흙탕물로 만들고, 대운의 진토(辰土)가 일지(日支) 신금(申金)과 합(合)하여 수국(水局)을 이루니 더 흙탕물이 되었기 때문이다.

그리고 역마(驛馬)가 합(合)을 이루어 다른 오행(五行)과 충(沖)하거나 원진(元辰)이 되거나 파(破)되면 반드시 교통사고가 일어난다. 그런데 대운 진토(辰土)가 년월지(年月支)의 술토(戌土)와 충(沖)하고, 일지(日支) 신금(申金) 역마(驛馬)와 합(合)하니 교통사고가 일어날 확률이 높아진 것이다.

그러던 차에 을해(乙亥)월이 되어 시상(時上) 을목(乙木)과 월운(月運)의 천간(天干) 을목(乙木)이 힘을 모아 임수일간(壬水日干)

을 설기시키면서 월상(月上)에 있는 무토(戊土) 편관(偏官)을 자극하고, 월운(月運)의 지지(地支) 해수(亥水)가 시지(時支) 사화(巳火)와 충(沖)하니, 마치 전쟁이 일어난 것처럼 사주가 매우 어지럽게 되었다. 그러니 이 사람이 빨간불인지도 모르고 횡단보도를 건너다 교통사고를 당한 것이다.

59. 면사포를 4번이나 쓴 사주

■ 김정자(坤命)

시	일	월	년		61	51	41	31	21	11	1
壬	壬	乙	庚		戊	己	庚	辛	壬	癸	甲
寅	寅	酉	子		寅	卯	辰	巳	午	未	申

이 사람은 4번이나 양가의 축복을 받으며 면사포를 썼으나 지금은 혼자 살고 있다. 이 사주를 일반적인 방법으로 풀면 답이 없다. 남자 없이는 하루도 살지 못하고, 변태성이 좀 있는 사주다.

임수일간(壬水日干)이 월상(月上)에 을목(乙木) 상관(傷官)이 있으니 인물이 반지르르 하고, 가련하며 앳띤 모습이라 남자들이 혹한 것이 아닌가 생각한다. 그러나 결혼해서 살아보면 섹스가 영 재미가 없다. 그 이유는 골짜기가 너무 깊고 커서다. 그래서 헤어지고 만나고를 반복하지 않았나 하는 생각이 든다. 물론 사주에 인유(寅酉) 원진(元辰)이 2개나 있고, 자유(子酉) 귀문관살(鬼門關殺)까지 있으니 작용력이 더 했을 것이다.

60. 재물이 많으면 뭘하나 내 것이 아닌 것을

■ 강순영(坤命)

시	일	월	년		66	56	46	36	26	16	6
丁	丙	丁	辛		甲	癸	壬	辛	庚	己	戊
酉	辰	酉	丑		辰	卯	寅	丑	子	亥	戌

이 사람은 해수(亥水)대운에 남자를 만나 결혼을 계획했으나 일지(日支) 진토(辰土)와 원진(元辰)이 되어 무산되었고, 자수(子水)대운 32세(壬申年)때 친구 소개로 한 남자를 만났는데 결혼하고 싶은 마음이 들었다.

그러나 별볼일없는 가수지망생이라 집안에서 반대하자 집에 있는 돈을 들고 그 남자와 줄행랑을 쳤다. 그 돈으로 음반도 내며 활동했으나 어디 스타가 된다는 것이 쉬운 일인가. 시간이 갈수록 돈은 바닥이 나고 다툼도 잦아져 결국 헤어지고 말았다. 그후 다방을 전전하다가 지금의 남편을 만났다.

이 사람은 10여년째 살아가는 모습을 보았는데, 사주에 돈이 전부 겁재(劫財)에게 쏠려 있으니 안타깝다. 사주에 아무리 재물이 많아도 비겁(比劫)으로 쏠리면 내 돈이 안된다. 물론 초지일관 열심히 노력하면 돈은 벌 수 있으나 조상한테 물려받은 유산은 절대 내것이 되지 않는데 이 사람도 마찬가지다.

오빠들은 모두 잘 살고, 동생을 도와주고 싶은 마음이 있으나 올케들 입장은 다르다. 요즘 세상에 아내의 말을 듣지 않고 마음대로 하는 간 큰 남편은 없다. 그래서인지 이 사람은 남편이 7~8년째 백수인데도 돈에 대한 욕심을 버리고 건강하면 그만이라는 생각으로 남편과 알콩달콩 잘 살고 있다.

61. 식구들 뒷바라지 하느라 결혼도 못한 사주

■ 박희정(坤命)

시	일	월	년		69	59	49	39	29	19	9
庚	乙	辛	甲		甲	乙	丙	丁	戊	己	庚
辰	酉	未	辰		子	丑	寅	卯	辰	巳	午

이 사람은 48세인데 부모님 생활비와 동생들 학비를 대느라 아직 결혼을 하지 못했다. 지금도 이런 사람이 있다니 신기할 뿐이다. 사주가 이러니 자신도 모르게 불보살이 된 것이라고 생각할 수도 있지만 대단한 사람이다.

이 사주를 보면 나의 재물인 년지(年支)의 진토(辰土) 속에 비견(比肩)인 을목(乙木)이 앉아 있고, 월지(月支)의 미토(未土) 속에도 을목(乙木) 비견(比肩)이 앉아 있다. 그 자리가 조상자리이며 부모자리인데 사주가 이러니 버는 돈은 모두 부모나 형제에게 가는 것이다.

49세 때 병화(丙火)대운이 들어오면 미토(未土)가 부추겨 을목일간(乙木日干)에게 압력을 가하는 월상(月上) 신금(辛金)을 합(合)하여 합수하니 일간(日干) 을목(乙木)을 도와줄 것이다. 그래서 이제는 그만둘 때가 되었다고 해도 마음을 정리하지 못한다.

임진(壬辰)년에는 남자가 들어오니 결혼하라고 재차 말해도 동생들 때문에 포기한지 오래되었다고 한다. 동생 중 셋은 독립해서 잘 사는데 박사학위를 딴 동생 부부가 아직도 어두운 밤이다. 그러나 병화(丙火)대운이 오고 임진(壬辰)년 후반이 되면 마음의 변화가 생겨 결혼할 수도 있을 것이다.

62. 백호가 사람잡은 사주

■ 이종현(乾命)

시	일	월	년		66	56	46	36	26	16	6
丙	癸	庚	丙		丁	丙	乙	甲	癸	壬	辛
辰	丑	子	午		未	午	巳	辰	卯	寅	丑

이 사주를 보면 백호살(白虎殺)이 왕성하게 활동하는데 아내인 재성(財星)이 모두 힘이 없으니 배우자가 아플 수밖에 없다. 이 사람의 아내는 10년 정도 병석에 누워 있다가 경인(庚寅)년 경진(庚辰)월에 운명을 달리했다. 여자에게만 백호(白虎)가 작용하는 것이 아니라는 것을 보여주는 사주다.

63. 웬수 같은 자식들 때문에 먹고사는 사주

■ 손소희(坤命)

시	일	월	년		64	54	44	33	23	13	3
戊	辛	甲	癸		辛	庚	己	戊	丁	丙	乙
戌	亥	子	巳		未	午	巳	辰	卯	寅	丑

이 사주를 보면 년상(年上)의 계수(癸水), 월지(月支)의 자수(子水), 일지(日支)의 해수(亥水)가 남편인 년지(年支) 사화(巳火)를 밀어내니 팔자에 남편이 없다. 그래도 다행인 것이 월상(月上)의 갑목(甲木) 재성(財星)을 년상(年上) 계수(癸水)와 월지(月支) 자수(子水)가 생(生)하니 자식들 덕에 재물은 들어온다. 한마디로 자식이 남편을 밀어내는 사주이나 그래도 그 자식들 덕에 재물이 들어오니 그런대로 살아갈 수는 있다.

64. 타고난 백수 사주

■ 정종배(乾命)

시	일	월	년		68	58	48	38	28	18	8
癸	辛	丁	癸		庚	辛	壬	癸	甲	乙	丙
巳	巳	巳	巳		戌	亥	子	丑	寅	卯	辰

이 사람은 필자가 예비군 소대장으로 있을 때 소대원이었는데 지금도 가끔 만난다. 젊은시절 운이 좀 있었을 때는 부모의 돈으로 잘 놀았으나 그 대운이 끝나자 특별히 하는 일 없이 지내고 있다. 그런데 묘한 것은 백수이면서도 친구들에게 외면당하지 않는다는 것이다. 돈이 없는데도 친구들이 매일 술을 먹자고 한다. 사주에 뱀이 4마리나 있어 그런 것이 아닌가 생각한다. 뱀은 혼자 살다가 겨울잠을 잘 때는 서로 엉켜 겨울을 난다. 이 사람은 인물도 좋은데 신금(辛金)이 일지(日支)에 사화(巳火)를 깔고앉아 있기 때문이다.

65. 52세 노처녀의 사주

■ 황순정(坤命)

시	일	월	년
丁	丁	戊	庚
未	酉	子	子

69	59	49	39	29	19	9
辛	壬	癸	甲	乙	丙	丁
巳	午	未	申	酉	戌	亥

이 사람은 52세인데 아직도 결혼하지 않았고, 바로 위의 언니도 미혼이다. 이 사주는 정화(丁火)가 자월(子月)에 태어나 신약(身弱)한데 시지(時支)에서 미토(未土) 양인(羊刃)을 만나 조금은 강해졌고, 20대 후반까지는 비겁운(比劫運)으로 흘러 월상(月上)의 무토(戊土) 상관(傷官)에게 힘을 실어주니 년월지(年月支)의 자수(子水) 속에 있는 임수(壬水) 정관(正官)이 꼼짝하지 못하고, 일지(日支) 유금(酉金)과 파살(破殺)까지 일어나 남자가 들어오지 않는 것이다.

30대가 되어도 인성운(印星運)으로 흘러 월상(月上)의 무토(戊土) 상관(傷官)을 무력하게 만드니 결혼할 맘이 생기지 않는다. 40대 후반인 신금(申金)대운에 희망을 걸어보지만 년운(年運)이 또 비겁운(比劫運)과 식상운(食傷運)으로 흐르니 결혼은 꿈도 꿀 수 없다. 그러나 임진(壬辰)년 갑진(甲辰)월에 기회가 한번 온다. 임수(壬水)는 정화(丁火)에게 정관(正官)이며 다정지합을 이루니 천생연분을 만날 운이고, 년운(年運) 진토(辰土)가 일지(日支) 유금(酉金)과 합(合)하는데 년월지(年月支)와 쟁합(爭合)하니 갑진(甲辰)월에는 완벽하게 합(合)을 이룬다.

갑목(甲木)은 정화일간(丁火日干)에게 인수성(印綬星)이니 문서를 잡을 운이다. 결혼도 문서로 볼 수 있으니 결혼할 마음을 먹는데, 월운(月運)의 지지(地支) 진토(辰土)가 년운(年運)의 진토(辰土)와 힘을 합쳐 년월지(年月支) 자수(子水)와 삼합(三合)하니 결혼이 성사될 것이다. 그래도 환경이 받쳐주어야 하는데 꼭 성사되기를 바란다.

66. 남자한테 맞아야 속이 시원한 사주

■ 이지애(坤命)

시	일	월	년		64	54	44	34	24	14	4
壬	癸	己	戊		壬	癸	甲	乙	丙	丁	戊
戌	未	未	午		子	丑	寅	卯	辰	巳	午

이 사주는 자존심을 세우다가 남편이나 애인에게 맞는 사주다. 이런 사주는 남자한테 맞아야 속이 시원하고, 맞는 것이 싫어 헤어졌다가도 다시 찾아간다. 이 글을 쓰기 얼마 전에도 만났는데 죽도록 맞았다고 하면서 히히덕거린다. 자존심을 부리지 않고 남자의 말에 순종하면 맞지 않을 텐데.

이 사주를 보면 비겁(比劫)과 관성(官星)으로만 이루어져 있는데 년지(年支)에 오화(午火) 재성(財星)만 하나 달랑 있다. 그런데 얄밉게도 이 오화(午火) 재성(財星)이 년지(年支) 미토(未土)와 삼합(三合)하여 화(火)를 만들고, 월지(月支) 미토(未土)와 삼합(三合)하여 화(火)를 만드는데, 그 화(火)가 다른 관성(官星)들을 부추겨 계수(癸水)를 때리는 것이다. 월상(月上)에 인성(印星)이 하나만 있어도 아주 좋은 사주가 되는데 다 어디서 무엇을 하는지 안타까울 뿐이다.

67. 무속인 말을 듣다가 망한 사주

■ 홍미선(坤命)

시	일	월	년		64	54	44	34	24	14	4
癸	癸	辛	甲		甲	乙	丙	丁	戊	己	庚
亥	酉	未	辰		子	丑	寅	卯	辰	巳	午

이 사람은 정화(丁火)대운에 돈을 많이 벌었는데 묘목(卯木)대운에 어느 무속인을 만나 몽땅 털어먹었다. 그 무속인이 신을 받아야만 한다고 해서 신굿을 하고 법당을 차리면서 돈을 다 날리고, 지금은 다방을 전전하면서 살고 있다. 그래도 그 무속인은 잘 사는 것을 보면 아이러니하다. 이 사람이 무속인의 말에 넘어간 것은 일지(日支)에 있는 유금(酉金) 때문이다. 유금(酉金)은 닭이고, 닭은 단순하며 생각이 짧아 다른 사람의 말을 잘 믿는다.

68. 간암과 위암에 걸리는 사주

■ 김진성(乾命)

시	일	월	년		66	56	46	36	26	16	6
辛	乙	甲	甲		辛	庚	己	戊	丁	丙	乙
巳	未	戌	寅		巳	辰	卯	寅	丑	子	亥

이런 사주는 예방하지 않으면 반드시 간암과 위암을 앓다가 약물에 중독되어 세상을 하직하게 된다. 그러나 지금부터라도 건강을 잘 관리하면 문제가 없다. 상담할 때 질병에 대한 얘기를 해주어도 대개는 설마하며 실천하지 않는다.

간암에 걸리는 것은 을미(乙未) 일주(日柱)가 미토(未土) 속에 정화(丁火)가 있고, 시상(時上) 신금(辛金)이 바로 옆에서 치고, 년지(年支) 갑목(甲木)과 시지(時支) 사화(巳火)가 인사신(寅巳申) 삼형살(三刑殺)을 이루기 때문이다. 이런 사주는 간에 열이 많아 염증이 생긴다.

그리고 위암에 걸리는 것은 사주에 목(木)이 많으니 위산과다가 따르고, 월지(月支)에 술토(戌土)가 있는데 술토(戌土)는 위장이고, 역시 술토(戌土) 속에 정화(丁火) 불이 있으니 위장에 열이 많기 때문이다. 특히 사주에 술토(戌土)가 있으면 허기를 잘 느끼지 못해 대개 식사를 규칙적으로 하지 않는데 이또한 위장병의 원인이 된다.

69. 부처님 모시다 고생만 한 사주

■ 승려(坤命)

시	일	월	년		65	55	45	35	25	15	5
辛	丁	丁	己		庚	辛	壬	癸	甲	乙	丙
亥	巳	丑	丑		午	未	申	酉	戌	亥	子

이 사람은 아직까지는 남들이 스님이라고 부르는 사람이다. 신(申)대운에 직장 그만두고 사업을 한답시고 일을 벌리다가 실패(사신형살의 작용)하고 머리깎고 승려가 되었다. 필자를 만나러 왔다가 필자가 상담 중이라 저녁 때 다시 왔는데, 은근이 자기 자랑 비슷하게 사주를 잘 본다고 하길래 그런데 무슨 상담을 하러 왔냐고 하니 그래도 답답해서 왔다고 한다.

그래서 이런저런 말이 오고 갔는데 지금은 초가에 부처님 모셔놓고 열심히 기도하고 있다고 한다. 할 말은 해야겠다는 생각에 한마디했다. 불교와는 인연이 없으니 하루라도 빨리 불상에서 벗어나라고 말이다. 그런데 이 돌중이 하는 말이 오늘 이곳에 오고 싶어 왔는데 온 보람이 있다고 하면서 환하게 웃는다. 그래서 물어보았다. 절에 들어가면서부터 스트레스를 엄청 받고 고생만 직살나게 하지 않았냐구 하니 그랬다고 한다. 결과는 뻔하다. 인연이 없으니 빨리 정리하고 가끔 생각날 때 절에 한번씩 가라고 말하고 돌려보냈는데 가면서 인사를 여러 번 하고 갔다. 기분이 좋다고 하면서.

사람들은 어떤 일을 실패하거나 세상사가 귀찮을 때 머리깎고 중이나 될까 하는데, 중 노릇도 돈이 없으면 못한다는 것을 왜 모르는가. 돈 없는 중들이 얼마나 많은 고생하고 괄세를 받는지 일반인들은 허기사 어찌 알겠는가. 하여튼 돈 없으면 중 노릇도 못한다는 것은 확실하다. 절에 가면 편할 줄 알고 갔지만 고생만 한 세월이 아깝다. 긴 세월은 아니지만 그래도 8년 정도에서 멈출 수 있다면 불행 중 다행이라고 생각한다. 절에 가야할 사주가 있고, 가면 좋지 않은 사주가 반드시 있다.

열심히 정진하는 승려들에게는 스님이라고 깍듯이 불러야겠지만 먹고살려고 머리를 깎은 사람들에게는 스님이라고 부를 생각이 없다. 열심히 정진하는 스님들에게 누가 되지 않기를 바랄뿐이다.

70. 첩이 된 남자 사주

■ 정준서(乾命)

시	일	월	년		68	58	48	38	28	18	8
乙	丁	丁	癸		庚	辛	壬	癸	甲	乙	丙
巳	卯	巳	丑		戌	亥	子	丑	寅	卯	辰

이 사람은 결혼하기는 틀렸다. 얼굴은 그런대로 생겼지만 혼기도 놓치고 이제는 결혼은 생각도 하지 말아야 할 사주다. 첫사랑에 실패한 후 내 마누라는 없고 전부 남의 마누라 뿐이니 세컨드로 살아야 할 운명이다. 남자가 세컨드라니까 이상하게 생각할지 모르나 남의 여자만 바라보고 살면 그것이 세컨드 아닌가.

이 사람이 결혼할 수 있는 방법은 결혼운이 왔을 때 열심히 상대를 찾아야 하고, 그래서 찾으면 무조건 매달려야 하고, 결혼하게 되면 아내가 시키는 대로 하면서 마누라가 바람을 피워도 끽소리하지 말고 살아야 한다. 과연 어느 남자가 이렇게까지 하면서 살 수 있겠나. 그러니 결혼하기 어려울 수밖에 없다.

자식도 내 자식은 없고 남의 자식을 키워야 할 팔자다. 흘러간 물이 물레방아를 돌릴 수 없듯이 한번 놓친 기회가 얼마나 많은 시련을 주는가를 보여주는 사주다.

71. 청각에 장애가 오는 사주

■ 김민서(坤命)

시	일	월	년
甲	丁	甲	丙
辰	未	午	戌

66	56	46	36	26	16	6
丁	戊	己	庚	辛	壬	癸
亥	子	丑	寅	卯	辰	巳

아이들의 사주에 불이 많은데 다스리지 못하면 청각장애인이 되는 경우가 있다. 아이가 밤중에 열이 나면 해열제를 쓰면 되는데 부모들이 설마하는 마음으로 가볍게 생각하고 해열제 사용을 미루다가 그 사이에 아이의 고막이 말라버리기 때문이다. 필자는 작명이나 상담할 때 사주에 불이 많거나 적거나 관계없이 해열제를 준비해 두라고 한다.

72. 첫아들 낳고 남편이 죽은 사주

■ 이미영(坤命)

시	일	월	년
丁	辛	甲	癸
酉	申	子	巳

67	57	47	37	27	17	7
辛	庚	己	戊	丁	丙	乙
未	午	巳	辰	卯	寅	丑

이 사람은 고등학교 2학년 때 만난 남자와 20세인 임자(壬子)년에 결혼하고, 그 이듬해에 아들을 낳았다. 그런데 아들이 태어난 지 3

년만인 병진(丙辰)년 병신(丙申)월에 남편이 교통사고로 사망했다.

이 사람이 일찍 결혼한 것은 관성(官星)이 년지(年支)에 있어 결혼운이 일찍 들어왔기 때문이다. 그리고 남편이 병진(丙辰)년 병신(丙申)월에 사망한 것은 사주 원국에 년지(年支) 사화(巳火) 옆에 식신(食神)이 버티고 있는데 년지(年支) 사화(巳火)가 세운(歲運) 병화(丙火)와 월운(月運) 병화(丙火)의 힘을 받아 기고만장하고, 년운(年運) 진토(辰土)와 월운(月運) 신금(申金)이 월지(月支)의 자수(子水)와 합(合)하여 수국(水局)을 이루어 패싸움을 하기 때문이다. 불이 아무리 강해도 수국(水局)을 이길 수는 없는 법. 그만 강한 수국(水局)에게 밀려 불이 꺼지니 그것이 죽음이 된 것이다.

73. 처형 앞으로 명의신탁등기를 했다가 손해본 사주

■ 오문출(乾命)

시	일	월	년		64	54	44	34	24	14	4
戊	甲	壬	丁		乙	丙	丁	戊	己	庚	辛
辰	戌	子	亥		巳	午	未	申	酉	戌	亥

이 사람은 필자와 아주 가까운 사람인데, 37세인 무토(戊土)대운 계해(癸亥)년에 시골에 사는 처형의 소개로 농지를 사게 되었고, 도시에 살고 있으니 농지원부가 없어 그 처형 앞으로 등기를 하게 되었다. 그런데 처형네가 사는 것이 어려워 그 땅에서 닭농장을 하게 되었는데, 10년 정도 지나 그 농지 중앙으로 도로가 뚫리는 바

람에 땅값이 수십 배가 올랐다. 그러자 처형은 자기가 교회에 다니며 기도한 덕이라며 자기 땅이나 다름없다고 주장하기 시작했다. 이때 이 부부는 이혼 직전에 있었는데 아내마저 언니편을 들었다. 법정으로 가면 지는 것은 뻔한 일이라 땅값의 3분의 1 정도를 받고 포기했다. 그 해가 을해(乙亥)년 무자(戊子)월이었다.

이 사주를 보면 일지(日支) 술토(戌土)와 시지(時支) 진토(辰土)가 충(沖)한다. 술토(戌土)와 진토(辰土)는 토지인데, 술토(戌土)는 일지(日支)에 있으니 아내이고, 진토(辰土)는 아내와 같은 토(土)이니 아내의 자매인데 그 사람이 바로 처형이었던 것이다.

74. 남편이 죽기 전에는 아내가 절대 죽지 않는 사주

■ 배상철(乾命)

시	일	월	년		62	52	42	32	22	12	2
甲	庚	癸	丁		丙	丁	戊	己	庚	辛	壬
申	子	卯	丑		申	酉	戌	亥	子	丑	寅

이 사람과 10년 정도 함께 살았던 여자가 1995년에 필자와 상담했는데, 이 남자가 마누라가 죽으면 호적에 올려주겠다고 해서 기다리는데 언제쯤 죽냐고 상담하러 왔다.

이 사주를 보니 월지(月支) 묘목(卯木)이 아내인데, 일간(日干) 경금(庚金)이 월상(月上) 계수(癸水)를 생(生)하고, 계수(癸水)가 월지(月支) 묘목(卯木)을 생(生)하고, 일간(日干) 경금(庚金)이 일지(日支) 자수(子水)를 생(生)하고, 일지(日支) 자수(子水)는 또 월지(月支) 묘목(卯木)을 생(生)한다. 이 남자가 죽기 전에는 절대 죽지 않는다.

"어떻게 그렇게 사주를 잘 보세요? 공부를 많이 하셨나봐요."

"아뇨. 아직도 공부하고 있습니다. 사주라는 학문은 죽을 때까지 해도 다 배우지 못할 공부입니다. 끝이 없지요. 그런데 오늘은 웬일이세요? 직접 찾아오시고?"

"그때 말씀하신 대로 금년 초에 그 남자를 쫓아냈어요. 그런데 억울한 생각이 들어서요…"

"뭐가 그리 억울합니까?"

"이 영감이 같이 살면서 생활비라고는 쥐꼬리만큼 주면서 마누라가 죽으면 호적에 올려준다면서 기다리라고만 합니다. 벌써 7~8년이 넘었는데…"

"그 영감님 사주 한번 불러보십시오."

사주를 뽑아서 보니 그 영감이 죽기 전에는 절대 죽지 않는 사주가 아닌가.

"아주머니, 영감님 호적에 올라가는 것은 포기하세요."

"왜요?"

"영감님 사주를 보니 영감님이 죽기 전에는 그 할머니 절대 죽지 않습니다."

"그래서 아직도 건강하게 잘 사나…"

"그러니 아주머니가 포기하세요."

"실은 이 할머니가 7년 전쯤에 암수술을 했는데 그때 병원에서 6개월 정도 산다고 해서 기다렸는데 지금은 더 팔팔하게 돌아다니고 있어요."

"그 할머니는 영감님이 죽기 전에는 절대 죽지 않으니 호적에 오르는 것을 포기하시고 다른 방법을 찾아보세요."

"남이 죽는 것을 좋아할 사람이 어디 있겠어요. 병원에서 그러니까 기다려본 거죠. 지금 생각하면 그 할머니가 죽고 내가 잘 되면 뭘하나 하는 생각이 들어요. 제가 미련하고 나쁜 사람이죠."

"입장은 충분히 이해합니다만 그렇게 해서 호적에 오른들 마음이 편하지는 않았을 거예요."

"그래요. 말씀을 듣고나니 마음이 편해집니다. 이제 영감에 대한 미련을 버려야할 때가 되었다는 생각이 드네요."

"아직 젊으신데 다른 인연을 만나보세요."

이때 이 아주머니의 나이가 38세 정도였던 것으로 기억한다. 이런 사주는 절대 아내가 먼저 죽지 않는다. 총알이 빗발치는 전쟁터에 간다해도 살아 돌아올 것이다.

75. 북쪽에서 사업하면 망하는 사주

■ 이재열(乾命)

시	일	월	년		66	56	46	36	26	16	6
甲	壬	己	丙		丙	乙	甲	癸	壬	辛	庚
辰	辰	亥	申		午	巳	辰	卯	寅	丑	子

이 사람은 필자가 사는 동네에서 식당을 하는데, 한번도 사주를 보러 오지 않더니 도로확장 문제로 불가피하게 식당을 옮기게 되자 찾아왔다. 그런데 사주를 보니 온통 물바다다. 물이 많은데 물이 기신(忌神)인 사람은 북쪽에서 사업을 하면 쫄딱 망한다. 그래서 "서울에서 장사를 한 것으로 아는데 빈손으로 내려왔겠네요?" 하니 완전히 다 털어먹고 이곳으로 왔다고 한다.

그동안 필자는 책을 낼 때마다 공기 속에는 사주라는 프로그램이 존재한다고 강조했다. 공기 속에 있는 요소들이 바로 음양오행(陰陽五行)을 이루는 요소이고, 그 요소들이 바로 생명의 에너지다. 그러니 사주에 맞는 방향은 분명히 있고, 그 방향을 잘 활용하면 사주에 있는 좋은 운을 모두 받을 수 있다.

어느 텔레비전 방송에서 전국에서 유명하다는 사주쟁이들에게 삼살방(三殺方)에 대해 물은 적이 있다. 삼살방(三殺方)이 무엇이며, 왜 그곳으로 가면 사람이 죽을 수도 있는지를. 그런데 한결같이 답을 말하지 못하고 어물거렸다. 이게 무슨 망신인가. 이런 사주쟁이들이 득실대는 한 사주는 미신 수준에서 벗어나기 어렵다.

삼살방(三殺方)은 지금 사는 곳에서 호흡하는 공기와 상충(相沖)되는 방향이다. 금년 같으면 신묘(辛卯)년이니 묘목(卯木)과 삼합(三合)을 이루는 것은 목국(木局)이고, 그 목국(木局)을 치는 것이 금국(金局)이다. 따라서 금국(金局)을 이루는 곳이 서쪽이니 서쪽이 삼살방(三殺方)이 된다.

생각해보라. 내가 지금 목(木) 기운으로 호흡을 해서 내 몸 속에는 온통 목(木) 기운으로 넘치는데 어느 날 갑자기 금(金) 기운이 있는 곳으로 가서 호흡을 하면 몸 속에 있는 목(木) 기운과 새로 만난 금(金) 기운이 서로 부딪치니 신체의 조직들이 파괴되기 시작해 뇌부터 시작해 모든 장기에 영향을 미치는 것이다.

그래서 삼살방(三殺方)으로 갔다가 실패하거나 죽는 사람이 많은 것이다. 간혹 기가 강해 이겨내는 사람도 있고, 삼살방(三殺方)이 그 사람 사주에 희신(喜神)이 되면 오히려 좋아질 수도 있지만 대개는 그렇지 않다. 그래서 삼살방(三殺方)으로 이사가거나 오랫동안 머물면 안 되는 것이다.

사람이 죽으면 영(靈)은 공기 속으로 사라진다. 그러니 공기 속에는 모든 영(靈)들이 존재하고 있다. 왜냐하면 공기가 바로 신이고 창조주이고 사주를 구성하는 음양오행(陰陽五行)이기 때문이다. 사주에 육신(六神)이라고 해서 조상과 현재의 가족관계, 인과관계를 표현한다. 오랜 세월 연구한 선학자들이 왜 육신(六神)을 사주에 접목시켰을까. 그 해답은 간단하다. 사주에 있는 대로 그 육신(六神)들이 죽고 살기 때문이다. 그리고 운이란 것이 무엇인가. 지금까지 호흡하던 공기가 새로운 공기로 변한다는 것이다. 만약 공기가 이렇게 변하지 않는다면 죽음도 질병도 아무것도 있을 수 없다.

필자는 사주를 알기 시작하면서 정신적 육체적으로 많은 시련을 겪었다. 그리고 왜 십간(十干)과 십이지(十二支)의 22자가 사람의 운명을 좌우하는지를 고민했다. 그런데 그 해답은 공기였다. 공기는 이 세상을 이루는 가장 기본적인 요소이며 생명의 에너지이기 때문이다.

공기가 세상을 움직인다는 것을 증명하는 것으로는 수맥을 들 수 있다. 수맥은 지구 내부에서 나오는 유해파장이 지구 내부에서 흐르는 물을 통과하면서 그 물이 유해파장을 확장시키므로해서 유해파장의 힘이 강해져 지상으로 올라오면 모든 물체에 영향을 미친다는 것이다. 수맥은 독일에서 시작되어 우리나라에서는 어느 신부가 알려 알게 된 것이다.

이것이 중요한 게 아니라, 달마대사의 그림이나 예수의 초상화가 수맥을 막아주는데 그보다 더 신기한 것은 부산에 계신 한 분은 수맥을 동전으로 막고 지금은 글자로 차단한다. 필자가 영적인 공부를 하기 전에는 동전이나 글자로 수맥을 차단한다는 것이 신기했지만 영적 공부를 한 지금은 필자도 글자로 수맥을 차단할 수 있다. 수맥이 차단되고 안되고의 확인은 간단하다. 제3자가 수맥봉으로 탐지해보면 알게 된다.

그러면 왜 수맥이 달마대사의 그림 또는 예수의 초상화 또는 동전이나 글자로 막아지고 차단이 되는가 하는 것이다. 이것은 바로 수맥도 하나의 기라는 사실을 입증하는 것이다. 그렇지가 않으면 상기의 수단으로 수맥이 차단되면 안되는 것이다.

과학이 아무리 발달해도 이 기에 대한 것을 밝히기는 어려울 것이다. 왜냐하면 과학적으로는 도저히 분석이 가능한 학문이 아니고 신만이 해결할 수 있는 것이기 때문이다. 필자가 한마디 더 보탠다면 사람의 육체는 죽을지 모르지만 영혼은 불가사의 하게도 죽지 않고 영원히 존재한다는 사실이다.

자, 태양계와 지구를 보라 일정한 법칙에 의해서 서로 맞물려 돌아가고 있지 않은가. 이것은 누군가가 프로그램화 하지 않은 이상 그렇게 될 수 없는 것이다. 그 누군가가 바로 창조주이시며 바로 우리들이 말하는 신이다. 사주가 맞기 때문에 신이 존재하는 것을 알 수 있는 것이다. 부정하지 말라 부정하는 당신은 바보일 수밖에 없으니 말이다. 바보가 되기 싫으면 신을 부정하지 말길 바란다.

76. 하루에 1,370명 정도의 신생아가 태어난다

하루에 1,370명 정도의 신생아가 태어난다고 한다. 그렇다면 같은 사주를 타고 태어나는 사람이 엄청나게 많지는 않을지는 모르지만 분명한 것은 같은 사주를 가지고 이 세상에 오는 사람이 나만은 아니라는 결론이 나오게 된다. 그렇게 보았을 때 과연 같은 사주를 가지고 태어난 사람들이 똑같은 길을 걸어갈까.

용신론(用神論)을 따른다면 그들은 모두 똑같은 길을 걸어가야만 한다. 그러나 새빨간 거짓말이다. 왜냐하면 일률적으로 한 방향으로 살 수 없다는 것이다. 그렇다면 사주팔자란 학문이 엉터리란 말인가. 절대 아니다. 사주팔자란 학문은 틀림없으며, 이보다 더 과학적인 것은 이 세상 어디에도 없다. 그렇다면 같은 날 같은 사주를 가지고 태어났는데도 왜 같은 길을 걷지 않는 것일까 하는 의문이 생긴다. 이 의문이 생겨야만 사주를 제대로 이해할 수 있고 공부가 제대로 된다.

물론 비슷하게 사는 사람들도 있다. 필자와 사주가 같은 사람이 있는데 그 사람도 역시 어렵게 살고 있었다. 이것은 그 사람이나 필자나 사주에 있는 길 중에서 가장 좋지 않은 길을 가고 있기 때문이다. 사주에 있는 길은 하나가 아니라 수없이 많다. 그 수없는 길 중에서 하나를 선택하는 것인데 그 길을 선택할 수 있는 권한을 신이 사람에게 주었다. 그 선택에 따라 인생이 달라지는 것이다.

이것을 알아야만 사주를 제대로 해석하고 풀이할 수 있다. 용신론(用神論)자들은 사주대로 살아간다고 주장한다. 물론 맞는 말이다. 그러나 그들은 사주에 있는 어느 한 길로 간다는 주장을 한다는 것이다. 천만의 말씀이다. 인간은 신의 꼭두각시가 아니라 창조물이다. 신은 인간에게 선택할 수 있는 권한을 주었고, 그 선택에 따라 운명이 바뀌는 것이다.

예를 들면 서울에서 부산을 가는데, 경부고속도로로 가는 사람이 있고, 중앙고속도로로 가는 사람이 있고, 국도로 가는 사람이 있고, 인천으로 가서 배를 타고 가는 사람이 있고, 기차를 타고 가는 사람이 있고, 고속버스를 타고 가는 사람이 있고, 승용차로 가는 사람이 있고, 걸어가는 사람도 있을 것이다. 이와 마찬가지로 사주가 같아도 어느 길을 선택했나에 따라 결과는 달라진다.

그래서 사주에 있는 가장 좋은 길을 찾기 위해 사주라는 학문이 필요하고, 가장 좋은 길로 가야만 행복하게 살 수 있다. 이것을 모르고 백날 사주를 풀어봐야 아무 소용이 없다.

이 세상에 올 때 똑같은 사주로 왔다면 똑같은 조건으로 출발한다고 생각한다. 생명의 에너지인 공기도 시간도 누구에게나 공평하게 주어진다. 다만 다른 것은 태어난 장소다. 예를 들면 불이 필요한 사람이 물의 방향인 북쪽에서 태어났으면 잘 풀리지 않는 삶을 살기가 쉽다. 그렇지만 운좋게 화(火)의 방향인 남쪽에서 태어났으면 무슨 일이든 술술 풀리는 인생으로 살 수 있다. 이렇게 태어나는 장소에 따라 운명이 좌우되는 것을 경험을 통해 많이 보았다.

또 하나는 좋은 집안에서 태어난 사람과 그렇지 않은 집안에서 태어난 사람은 조건이 다를 수 있다. 그러나 조금 다르다는 것 뿐이지 맞이하는 운은 모두 같다. 부자 부모를 둔 사람이나 가난한 부모를 둔 사람이나 사주가 같으면 다가오는 운, 즉 공기의 변화는 똑같다는 말이다. 이 말을 일률적으로 해석하려고 하면 안 된다. 다가오는 운은 모두 똑같기 때문에 어떻게 선택하냐에 따라 같은 사주로 태어났어도 인생이 제각각 다르다는 것이다. 아무리 부모가 가난하더라도 열심히 공부하고 노력해 사주에 있는 가장 좋은 길을 선택해 산다면 부자 부모로 둔 사람 못지않게 멋지고 행복하게 살 수 있다는 것이다.

그래서 『스스로 공부하게 하는 방법과 천부적 적성』이라는 책을 쓴 것이고, 다음카페에서도 고등학생 이하 진로상담 게시판을 운영하며 아이들의 상담을 철저하게 해준다. 왜냐하면 그 아이들이 장차 이 나라를 책임지고 이끌어갈 사람들이기 때문이다.

필자도 부모의 무관심으로 사주에 있는 가장 좋은 길을 선택하지 못하고 실패와 좌절 속에서 헤매다가 사주쟁이가 되었다. 사주에 재물운이 없어 아직도 경제적으로는 고전하고 있다. 이제 대운이 조금 좋아져 지난해부터는 조금씩 좋아지지만 말이다. 그러나 지난 세월을 돌아보면 눈물만 나오는데 울지 말라고 한다. 필자는 슬퍼서 울려고 해도 눈물이 나오지 않는 사주다. 울고 싶어도 눈물이 나오지 않는 사주, 재물도 없는 사주이니 그 해답을 얻으려고 사주

공부에 목숨을 걸면서 더 매달린 것은 아닌가 하는 생각이 든다.

　사주 잘 본다고 손님이 많이 오는 것도 아니고, 진작 자신의 그릇대로 산다는 것을 알았다면 20여년을 사주공부에 허송세월하지 않았을 텐데. 그래도 후회는 없다. 다만 다른 길로 갔으면 더 나은 삶을 살 수도 있었을 텐데 하고 생각하면 가슴이 무너진다.

　이왕 말이 나온 김에 필자의 얘기를 좀더 해보자. 필자의 사주는 공개하지 않겠다. 왜냐하면 되도 않는 사주쟁이들이 함부로 떠들어댈 것이기 때문이다. 사주를 잘 본다는 사람들에게 돈을 내고 상담도 해보았지만 엉터리 같은 소리들만 해대니 공개할 수가 없다. 다만 일주(日柱)가 계해(癸亥)라는 것은 공개한다.

　중국의 소강절이라는 사람이 계해(癸亥) 일주(日柱)라는 말을 들은 적이 있다. 계수(癸水)는 천재적인 두뇌가 있는데 문제는 머리만 믿고 공부를 게을리한다는 것이다. 중학교 2~3학년부터 공부가 쳐지기 시작한다. 왜냐하면 두뇌는 명석하나 생각이 단순해 복잡한 것을 싫어하기 때문이다. 그러나 다행히도 필자에게는 시작하면 끝장을 보는 묘목(卯木) 토끼가 1마리 있다. 그래서 사주공부는 끝장을 봤는지도 모른다.

　필자는 한적한 시골에서 태어나 그곳에서 초등학교를 다녔다. 초등학교 3학년까지는 몸이 아파 학교가는 날이나 병원가는 날이나 비슷했다. 먼 훗날 사주쟁이가 되어 시골에서 할아버지 모시고 공부할 때 만난 민약초꾼의 얘기를 들어보니 필자의 아버지가 매독이라는 성병에 걸렸을 때 필자가 생겼다고 한다. 매독에 걸렸을 때 임신된 아이는 어릴 때 피가 깨끗하지 않아 온몸에 종기가 난다고 한다. 필자가 그랬다. 머리는 물론 온몸이 종기 투성이었다. 그러니 임신 순간부터 축복받지 못한 인생이었다고 할 수 있다.

그래도 머리는 좋아 공부는 잘 했고, 대구에 있는 중학교로 진학하려고 시험을 치러 갔는데 그만 체육을 빵점받는 바람에 2점이 부족해 떨어졌다. 필자는 기억에 없지만 그때 함께 갔던 누님 말이 철봉대에 매달려 턱걸이를 한 번도 하지 못했단다. 그만큼 어린시절 병치레만 했던 것이다. 필자가 중학교 진학시험을 치는 해가 국가고시 첫 회였다. 1차 시험에서 받은 점수로 2차 학교에 다시 지원하는 제도였다. 그때 필자보다 5세 많은 형이 대구공고 방직과 3학년이었는데 방직공장에 실습을 나가고 있었다. 그 형이 1차 점수로 대구에 있는 2차 중학교에 갔는데, 그 학교에서 장학생으로 받아준다고 하는데 문제는 여기서 발생했다.

필자보다 9세 많은 누님은 판검사를 좋아해 재수해서 좋은 중학교에 가기를 바라고, 어머니는 돈 걱정만 하시고, 진작 말을 해야 하는 형은 입을 다물고 있으니 어머니가 재수하라고 하는 것이다. 필자는 죽어도 재수는 할 수 없고 2차 원서를 낸 학교에서 장학생으로 받아준다는데 가야겠다고 우겼지만 13세의 어린아이가 무슨 힘이 있었겠는가. 결국은 재수하는 것으로 결정되고, 10리 정도 떨어진 다른 지역의 초등학교에 6학년으로 불법으로 편입했다.

이것이 필자의 운명을 고통의 늪 속으로 끌어넣는 전주곡이었던 것이다. 그때 대구에 있는 중학교에 원서를 냈다가 떨어져 같이 재수한 친구가 지금은 우리나라 굴지의 은행 은행장을 하는데 필자는 사주쟁이가 되어 있다. 공부는 비슷하게 했는데 말이다.

그런데 그때 형의 입장에서 보면 동생이 대구에 있는 학교에 가면 함께 자취를 해야 하니 여자친구들을 만나기가 불편해서 가만히 있었던 것이 아닌가 하는 생각이 든다. 그래서 동생의 인생이 이렇게 되었는데도 말이다.

그후 일 년이 지나고 대구의 학교로 진학하려니 이제는 어머니가 가까이 있는 중학교로 가라고 하셨다. 판검사 좋아하는 누님은 그 사이에 결혼해서 집을 떠났고, 아버지는 오래전에 다른 여자를 만나 살림을 차리셔서 아들이 중학교를 가는지 뭘하는지 관심조차 없으셨다. 어머니께 대구의 중학교로 가겠다고 말을 해봐야 도와줄 사람은 아무도 없었다.

그래서 눈물을 머금고 가까이 있는 중학교로 갔으니 모범적인 학생이 될 리가 없다. 수업시간에 도망나와 시내에 있는 당구장에서 당구를 치면서 시간을 보내다가 영화를 시작할 시간이 되면 극장에 가서 한 프로 보고 가면 하교하는 친구들과 시간이 딱 맞아떨어진다. 그러니 공부가 될 리가 만무하다.

그후는 얘기하지 않아도 뻔하다. 필자의 사주에 인성(印星)이 없어 부모덕과 인덕이 없다는 것을 사주를 배우고 알았다. 인성(印星)이 없어서인지 도움의 말을 해주는 사람이 거의 없었다. 사주에 인성(印星)이 하나만 있었다면 다른 인생이 되었을지도 모른다. 그러나 인성(印星)이 들어온 지금은 서서히 풀리며 좋은 일만 생기고 주위의 사람들에게 도움도 많이 받고 좋은 인연들을 많이 만난다. 이런 사실을 밝히는 것은 많은 역학인들이나 일반인들이 이런 것들을 이해하고, 사는데 도움이 되었으면 하는 마음에서다.

제7장. 특이한 사주

1. 의처증이 따르기 쉬운 사주

① 정해(丁亥)·기해(己亥)·을사(乙巳)·신사(辛巳)·계사(癸巳) 일생 여명.

② 관성(官星)이 많으면서 합(合)이 많은 여명.

③ 일지(日支)에 관성(官星)이 암장(暗藏)된 여명.

④ 사주에 정재(正財)나 편재(偏財)가 있는데 육합(六合)이나 삼합(三合)이 되는 해.

⑤ 비겁(比劫)이 재성(財星)과 합(合)되는 남명.

⑥ 비겁(比劫)과 재성(財星)이 암합(暗合)되는 남명.

2. 남편이 교통사고를 당하기 쉬운 사주

① 관성(官星)이 역마(驛馬) 지살(地殺)에 형충(刑沖)되는 여명.

② 관성(官星)이 주위의 도움을 받지 못하고 무기력한데 관성(官星)이 형충(刑沖)되는 여명.

이런 사주는 남편이 조심하는 것이 최우선이고, 그 다음에는 격일제로 근무하는 남편을 만나면 피할 수도 있다.

3. 남편이 화재를 당하거나 불에 타서 죽기 쉬운 사주

① 관성(官星)이 금(金)인데 화(火)가 너무 왕성한 여명.

4. 남편이 정신이상이 되기 쉬운 사주

① 관성(官星)이 귀문관살(鬼門關殺)이나 원진살(元辰殺)에 있거나 관성(官星)이 육해살(六害殺)에 해당하면서 형충(刑沖)된 여명.

② 관성(官星)이 심하게 설기(泄氣)되어 아주 미약한 여명.

사주에 귀문관살(鬼門關殺)이 있다고 무조건 정신질환이 오는 것은 아니다. 그럴 가능성이 있다는 것이다. 여명이 위와 같으면 남편이 스트레스를 받지 않도록 하는 것이 중요하고, 격일제로 근무하는 남자를 만나면 확률이 낮아진다.

5. 남편이 고혈압으로 사망하기 쉬운 사주

① 임계일주(壬癸日柱)인데 관성(官星)이 백호살(白虎殺)에 해당하는 여명.

6. 남편이 물에 빠져 죽기 쉬운 사주

① 무기(戊己)일생인데 관성(官星)인 목(木)이 약하고 수(水)가 많은 여명.

② 갑을(甲乙)일생인데 관성(官星)인 금(金)이 약하고 수(水)가 많

은 여명.

③ 병정(丙丁)일생인데 관성(官星)인 수(水)가 형충(刑沖)된 여명.

④ 임계(壬癸)일생인데 관성(官星)인 토(土)가 약하고 수(水)가 많은 여명.

7. 남편이 수술받다 사망하기 쉬운 사주

① 정관(正官)이 진술축미(辰戌丑未) 백호살(白虎殺)에 걸린 여명.

② 관성(官星)이 살지(殺支)에 앉았는데 아주 미약한 여명.

③ 관성(官星)이 사해충(巳亥沖)된 여명.

8. 남편이 알코올 중독자가 되기 쉬운 사주

① 관성(官星)이 물에 잠긴 여명.

9. 남편한테 맞기 쉬운 사주

① 관성(官星)이 미약한데 상관(傷官)이 왕성한 여명.

② 신왕(身旺)한 여명.

③ 재성(財星)이 많아 관성(官星)을 생(生)하는데 인성(印星)이 없는 여명.

10. 아내가 흉사하기 쉬운 사주

① 갑진(甲辰)일생이나 을미(乙未)일생인데 겁재(劫財)가 왕성한 남명.

② 축(丑)일 오(午)시나 오(午)일 축(丑)시생인 남명.

③ 신유술(申酉戌)월생인데 병술(丙戌)이나 정축(丁丑)일에 태어

난 남명.

④ 재성(財星)이 형(刑)되었는데 겁재(劫財)가 왕성한 남명.

11. 나이 많은 남편을 만나면 좋은 사주

① 임계(壬癸)일에 태어난 여명.

② 무자(戊子)일에 태어난 여명.

③ 사주에 무토(戊土)와 계수(癸水)가 있는 여명.

④ 사주에 식상(食傷)이 많은 여명.

⑤ 이혼할 가능성이 많은 여명.

⑥ 남편에게 맞을 수 있는 여명.

12. 아이를 낳고도 애인을 따라가는 사주

① 을사(乙巳)·정해(丁亥)·기해(己亥)·신사(辛巳)·계사(癸巳)
일생인데 정관(正官)이 천간(天干)에 있는 여명. 이런 사주는
궁합이 좋은 사람을 만나면 막을 수도 있다.

13. 악처를 만나기 쉬운 사주

① 재성(財星)이 왕성한데 신약(身弱)한 남명.

② 편재(偏財)가 많은데 식상(食傷)이 너무 왕성한 남명.

일반인들이 생각하는 것보다 아내한테 맞으면서 사는 남자들이
많다. 위와 같은 사주는 무조건 궁합이 좋은 사람을 만나야 맞지
않고 살 수 있다.

14. 음독자살하기 쉬운 사주

① 오화(午火)일생인데 사주에 오화(午火)와 진토(辰土)가 있는 명.

② 인목(寅木)일생인데 사주에 축토(丑土)와 오화(午火)가 있는 명.

③ 사주에 형살(刑殺)이나 편정관(偏正官)이 많은 명.

④ 축미(丑未)일생인데 사주에 축토(丑土)나 오화(午火)나 술토(戌土)가 있는 명.

⑤ 사주에 축술미(丑戌未) 삼형살(三刑殺)이 있는 명.

15. 자식이 눈 불구가 되기 쉬운 사주

① 관성(官星)이 화(火)인데 수(水)가 많은 남명.

② 식상(食傷)이 화(火)인데 수(水)가 많은 여명.

16. 나팔관 임신을 하기 쉬운 사주

① 식상(食傷)이 형충(刑沖)된 여명.

17. 아내가 유산하거나 사망하기 쉬운 사주

① 재성(財星)에 관성(官星)이 암장(暗藏)되었는데 형(刑)이나 충(沖)된 남명.

18. 혼혈아 자식을 낳기 쉬운 사주

① 인신사해(寅申巳亥) 역마(驛馬)가 재성(財星)이나 관성(官星)이 되어 일주(日柱)와 합(合)된 남명.

19. 결혼 전에 임신을 하거나 자식을 낳기 쉬운 사주

① 일지(日支)에 식신(食神)이나 상관(傷官)이 있는데 관성(官星)과 합(合)된 여명.

② 일지(日支)에 관성(官星)이 있는데 식신(食神)이나 상관(傷官)과 합(合)된 여명.

20. 자식을 두기 어려운 사주

① 신왕(身旺)하고 인성(印星)도 왕성한데 재성(財星)이 없거나 약한 여명.

② 신약(身弱)하고 재성(財星)이 왕한데 인성(印星)도 왕한 여명.

③ 수(水)일생이 수(水)가 많은데 식상(食傷)인 목(木)이 약한 여명.

④ 토(土)일생이 토(土)가 왕하고 금(金)이 있어 한냉한 여명.

⑤ 사주에 인성(印星)이 많은 여명.

⑥ 사주에 재성(財星)과 관성(官星)이 너무 많은 여명.

⑦ 식상(食傷)이 약한데 충(沖)된 여명.

⑧ 신약(身弱)에 비겁(比劫)도 없고 식상(食傷)도 약한데 관성(官星)이 있는 여명.

⑨ 가을이나 겨울생인데 화(火)가 없어 한냉한 여명.

21. 아내가 잔병으로 고생하기 쉬운 사주

① 재성(財星)이 약하거나 형충(刑沖)되는 남명.

제8장. 그 외에 참고할 사항들

1. 사주를 몰라도 본능대로 하면 실패하지 않는다

사람은 생각하는 동물이기에 본능보다 이성에 더 의존하면서 살고 있다. 그러나 동물은 본능에만 의존하고 본능이 시키는 대로 행동하고 움직인다. 동물들은 자신에게 위험이 닥치는 것을 본능적으로 감지하고 도망간다. 지진이 일어나거나 하면 주위에 있던 쥐나 동물들이 먼저 위험을 느끼고 도망가듯이 말이다. 사람도 이와 마찬가지로 위험을 감지할 수 있는 감각을 가지고 있으나 이성이 우선시 되고 설마하는 생각으로 위험을 알고도 피하려고 하지 않다가 사고를 당하거나 사업에 실패한 뒤에 후회하는 것이다.

아침에 출근하려고 자동차 문을 열거나 어디로 이동하려고 자동차 문을 열었을 때 기분이 좀 이상할 때가 있다. 이럴 때는 운전을 하지 않는 것이 최선이다. 꼭 운전을 해야 한다면 조심해야 한다. 왜냐하면 사고의 위험을 본능적으로 느꼈기 때문이다.

사람들은 살면서 이런 경우를 많이 겪지만 설마하는 생각으로 무시하다가 사고를 당하는 경우가 허다하다. 오늘은 왠지 누구를 만나기 싫다, 오늘은 왠지 모임에 가기 싫다, 오늘은 왠지 기분이 우울하다 하는 날은 무조건 조심해야 한다. 그렇지 않으면 반드시 좋지 않은 일이 생긴다. 하면 안될 것 같은 느낌이 들면 무조건 하지 말아야 한다. 이것이 사고를 막는 방법이다. 설마가 사람에게 어떤 영향을 미치는지에 대한 시가 있어 적어본다. 필자가 가장 존경하는 김기린 시인의 시다.

설마

설마 그렇지는 않겠지

설마
십리 낭떠러지에
떨어지진 않겠지

설마를 부여잡고
매일을 살아온 우리가

설마가
사람 죽이는 것을
마냥 보면서도

설마밖에
매달릴 게 없는 인간은
얼마나 불쌍합니까

신이여!

 그리고 운세의 흐름이 나쁠 때는 세상이 온통 돈으로 보이고, 하는 일마다 성공해 큰 돈을 벌 것 같은 생각이 든다. 이럴 때는 조심 또 조심해야 한다. 사업을 시작하면 안 되는 시기다. 틀림없이 실패할 확률이 높다. 운이 나쁠 때는 온 세상이 자신을 위해 존재하는 것 같고, 나쁜 운의 유혹에 빠져 반드시 일을 저지르고 실패한 뒤에 회한의 눈물을 흘리게 된다.
 보다 나은 삶을 살고 싶다면 조상에게 비는 길밖에 없다. 어떤 종교를 믿든 자신의 뿌리인 조상에게 기도를 하다보면 어느 날 변화한 모습을 볼 수 있을 것이다. 여기서 잠깐 사주와 조상에 대한 기본개념을 짚어보기로 하겠다.
 우리는 사주 하면 절이나 스님을 떠올리는데 사주라는 학문은 창조주의 프로그램인데 어떻게 부처와 연계시킬 수 있는가. 정통 불교에서는 사주를 공부하는 것도 사주로 운명을 보는 것도 금하는 것으로 안다. 불교의 교리는 잘 모르지만 아직까지 부처가 사주를 언급했다는 말은 들은 적이 없다.
 사주는 창조주의 프로그램이고, 창조주와 가장 깊은 종교는 기독교다. 기독교에서 주장하는 대로 하나님이 이 세상을 창조했다면 사주는 틀림없이 기독교와 관련이 있고, 기독교에서 사주를 연구하고 발전시켜야 한다. 사주학이 동양에서 발전했기 때문에 자연스럽게 불교와 연계될 수밖에 없고, 열심히 수도해야 할 승려들이 신도가 적어서인지는 모르지만 신도들의 운명을 보기 위해 사주를 활용한 것인데 이것을 가지고 일부 사람들은 불교와 사주가 연관이 있는 것으로 착각하는 것이다.

그러나 사주는 절대 불교와 관계가 없다. 다만 조상을 위해 봉양하고 기도할 수 있는 종교로써 가장 접하기 쉬운 종교가 불교이기 때문에 관계가 있어 보일 뿐이다. 특히 우리나라는 불교가 들어온 지가 오래되어 그 정도가 더 심하다고 보면 될 것이다. 무속인들이 절을 찾고 불경을 좋아하는 것도 그 이유 때문이다.

그런데 만약 사주가 서양에서 발전했다면 아마도 기독교에서 연구하며 활용했을 것이다. 지금까지 창조주를 모태로 한 종교는 기독교밖에 없기 때문이다. 그러나 기독교에서는 부정할 것이다. 왜냐하면 우선 사람의 운명을 본다는 것 때문에 부정할 것이고, 오직 유일신만을 믿으라고 하는데 조상을 섬겨야 한다는 것에 부정적일 것이다. 조상에게 제사를 지내지 않는 것이 기독교이니 말이다.

사주라는 학문이 바로 조상들과의 고리로 연결되어 있는데 조상이 아닌 하나님만을 믿는 그들이 이 사주가 창조주의 프로그램이라고 해도 절대 부정하고 믿지 않을 것이다. 그래도 자신의 삶을 아름답게 만들려면 조상에게 매달릴 수밖에는 없다. 나를 도와줄 수 있는 신은 부처님도 하나님도 아니다. 오직 조상신밖에는 없다. 물론 어느 종교든 기도를 하면 조상이 응하긴 하겠지만 말이다.

우리는 사주에 있는 글자, 즉 그 오행(五行)에 해당하는 신들(조상신)이 나와 공존한다는 것을 인식해야 한다. 사주팔자를 형성하는 음양오행(陰陽五行)이 바로 공기 속에 존재하는 생명체의 에너지이고, 그 에너지가 바로 기이고, 그 기의 변화에 따라 사람의 운명이 달라지는데 그 기가 바로 사주에서 말하는 육신(六神)들인데 그 육신들의 변화에 따라 나의 운명의 길흉이 바뀐다는 것을 알아야 하며, 나에게 도움을 주는 조상신의 운이 오면 하는 일이 잘 풀려 만사형통이지만 나와 잘 어울리지 않는 조상신의 운이 오면 만사가 막혀 실패의 연속으로 빠져 들어가는 것이다.

　특히 그 신들 중에서 어느 한 신이 주위의 변화 때문에 나를 제끼고 튀어나와서 나를 지배하려고 하면 그것이 바로 정신이상이다. 주인인 내가 행세를 하지 못하고 제삼자가 주인 행세를 하니 돌았다는 소리를 들을 수밖에 없는 것이다. 그래서 생일도 음력으로 해야지 양력으로 하면 안 된다. 음력으로 해야 나의 사주에 있는 조상신들이 생일상을 함께 할 수 있는 것이다.

　갑자기 종교니 사주와 신이니 조상이니 하는 얘기를 하니까 이상하게 생각할 것이다. 이 얘기를 하는 것은 운이 나쁠 때는 그렇게 자주 가던 교회나 절이나 조상들을 외면하게 된다는 사실이다. 내가 평소에 하던 행동에 이상함이 보이면 실천에 옮기기 전에 일단 생각을 정리해보아야 한다. 그래서 이성적으로 분석하고 냉정하게 판단한 후 실천에 옮겨야 실패할 확률이 적다. 그렇지 않고 생각없이 실천에 옮기면 대개 실패하게 된다.

2. 대운만 기다려야 하나

대운이란 10년 주기로 오는 운으로, 태어난 달을 기본으로 해서 흐르는 운이다. 내 사주와 가장 조화를 잘 이루는 오행(五行)의 대운이 왔을 때는 하는 일마다 성공할 수 있지만 가장 나쁜 오행(五行)의 대운을 만나면 하는 일마다 결과가 좋지 않고 건강도 나빠져 심하면 죽을 수도 있다.

그런데 대운이란 놈은 소리없이 왔다가 소리없이 가버리기 때문에 들어올 때나 나갈 때나 느끼지 못한다. 다만 하는 일마다 잘 풀릴 때가 좋은 대운인데 이때는 사주를 믿지 않는다. 자기가 잘나서 잘 되는 것으로 착각하는 것이다. 그러다가 좋은 대운이 가버린 줄도 모르고 사업을 더 크게 확장하다가 어느 날 실패로 끝나는 것이다. 그후에 방황하면서 사주팔자가 생각나서 철학원이란 곳을 들려보면 자신이 살아온 삶을 거울 보듯이 사주를 보고 말을 한다.

"언제부터 언제까지 돈 많이 벌었네요. 그러면서 약 10년간 잘 나가다가 그후에 지금처럼 잘 되겠거니 하고 사업을 더 크게 벌리다가 완전하게 실패를 했군요." 한다. 그러면 "예" 하고 대답을 한다. 이것이 바로 정답이다. 그 전에는 알 수 없냐 하면 알 수 있지만 사람들은 실패를 하기 전에는 잘 믿지 않는다. 그리고 알았어도 설마하고 자신의 생각대로 하다가 나중에 후회한다. 미리 알고 있어도 실행하기는 어려운 일이나 믿고 실행해야만 실패를 막을 수 있다는 것을 명심하고 또 명심해야 한다.

상담자들은 대개 대운이 언제쯤 오냐고 묻는다. 이 말에 속시원하게 당신은 언제부터 대운이 와서 엄청나게 많은 돈을 벌어 큰 소리 치며 살 것입니다 하고 상담자에게 대 만족을 줄 대답할 수 없는 것이 바로 사주쟁이들의 답답한 심정이다. 운이 좋아서 엄청나게 많은 재물을 벌었다가 하루아침에 망한 사람들이 대운이 다시 한번 올 기회가 있냐고 답답한 마음에 묻는 경우도 있다.

떠나간 첫사랑은 다시 돌아올지 모르나 좋은 대운을 일생에 단 한 번도 만나지 못하고 저 세상으로 가는 사람이 더 많다. 그런데 제대로 만난 대운이 간 줄도 모르고 출랑대다가 실패한 삶에 대운이 다시 있을 수 있겠는가. 그래서 하는 말이 "이제 대운은 오지 않습니다"라는 말을 듣고나면 실망하고 회한의 눈물을 흘리면서 하는 말이 "그때는 하는 일마다 잘 되고 돈을 많이 벌어 계속 잘 된다는 생각밖에 없었습니다. 그놈의 대운이 가버린 것도 몰랐지요. 잘 나가던 그때가 대운이었던 모양입니다" 라고 한다.

대운이란' 자신도 모르게 왔다가 떠나간다. 이것을 사람들은 모르고 상담할 때마다 대운이 언제 오냐고 묻는다. 분명한 것은 대운이란 언제 왔다가 언제 가는지는 지난 후에야 알 수 있다는 것이다. 어느 사주쟁이가 당신은 대운이 왔다고 확신할 수 있단 말인가. 그냥 기분 좋으라고 대운이 언제부터 들어온다고 말해주는 것이 일반적이다. 그래야만 다음에 또 오니까.

그렇다면 운이 없는 사람은 죽으라는 말인가. 그렇지는 않다. 왜냐하면 10년 주기로 흐르는 세운(歲運)에 기대 운맞이를 하면서 살면 되는 것이다. 옛말에 사람에게는 3번의 기회가 있다고 하는데 그 말이 바로 10년 주기로 오는 세운(歲運)을 두고 하는 말이다. 옛날에는 환갑인 61세를 끝으로 생각했으니 그 3번의 기회는 20대 · 30대 · 40대가 아닌가 생각한다.

그런데 이제는 평균수명이 77세라고 하니 기회가 늘 수밖에 없다. 이제 기회는 3번이 아니라 50대와 60대를 포함해 5번이 있는 것이다. 물론 나이가 들면 하고 싶어도 할 수 없는 일들이 많다. 그러나 생각을 바꾸고 잘 찾아보면 할 수 있는 일이 반드시 있을 것이다.

이 5번의 기회 중에서 한 번만이라도 제대로 잡을 수 있다면 성공한 인생이 되는 것이다. 야구선수는 3할대를 유지하면 성공한 선수다. 3할이란 10번 나가 3번의 안타를 쳤다는 것이다. 그렇게 생각하면 우리 인생도 실패의 연속을 하드라도 5번의 기회 중에서 단 한 번의 기회를 잡을 수 있는 것이다. 그 기회를 잡은 다음에는 계속 유지하면서 자신의 위치를 지키는 일을 하면 되는 것이다.

사람들은 자신의 위치를 지키려는 노력은 하지 않고 더 높은 곳을 향해 무모한 모험을 감행한다. 그래서 실패하고 그때 조금만 참을 걸 하면서 후회한다. 그러면 어떻게 지켜나갈 것이냐 하는 것을 제시하고자 한다.

건물도 허름하고 점포도 허름한 곳에서 장사를 시작해 돈을 많이 벌면 점포를 수리하거나 다른 곳으로 옮겨 장사를 하다가 망하는 경우를 많이 보았을 것이다. 물론 운이 좋을 때는 어떤 행위를 해도 성공하겠지만 그러한 경우는 매우 드물다. 여기서는 일반적인 얘기를 하고자 하는 것이다.

처음 장사를 시작해 잘 되면 처음 시작할 때 그대로의 형태로 하는 것이 가장 현명하다. 좁으면 좁은 대로 허름하면 허름한 대로 말이다. 꼭 손을 대야 한다면 조금씩 수리해 나가는 것이 좋다. 이유는 그 집과 점포의 구조가 사업주의 사주에 흐르는 기와 잘 맞는 것이기 때문이다. 그런데 사업주의 기와 잘 맞는 것을 일시에 바꾸면 기의 흐름이 바뀐다.

바뀐 기가 사업주와 다시 잘 맞으면 다행이나 그렇지 않으면 실패와 연결되기 때문이다. 그래서 부분 부분을 점차적으로 수리해 나가야 한다. 그래야만 나쁜 기운이 들어와도 천천히 들어오기 때문에 사업주가 능히 막아낼 수 있는 것이다. 한꺼번에 나쁜 운이 들이 닥치는 것과 비교해보면 알게 될 것이다.

그 다음에는 자신의 전문직에서 벗어나지 않는 것이다. 현재 하는 일에 변화를 주는 것은 위험부담이 적지만 전혀 엉뚱한 것으로 바꾼다면 이것은 위험천만한 일이다. 만약 꼭 바꾸고 싶으면 사주에 있는 천직 중에서 선택해야 하고, 바꾸고자 하는 일에 대한 연구를 충분히 해서 자신이 있을 때 시작해야 한다. 그렇지 않으면 실패할 확률이 매우 높아진다.

만약 지금 하는 일이 사주와 부합한다면 떠나야겠지만 그것도 신중하게 생각해서 결정해야 할 문제다. 대부분의 사람들이 실패할 시기가 오면 새로운 사업을 시작하거나 전업을 하게 된다. 전업을 하는 순간 이미 실패의 기운이 감돌기 시작하다 대개 실패하게 된다. 자신이 해오던 일에 신물을 느끼고 다른 일을 하고 싶은 욕망에 휩싸일 때가 바로 실패의 시기가 왔다는 것을 암시하는 것이다.

자신의 직업에 만족하는 사람이 몇이나 될까. 아마도 대부분 자신의 일에서 벗어나고 싶어할 것이다. 직업을 갖는 목적은 정신적인 것을 충족시키기 보다 생활의 안정을 위해 돈을 벌기 위한 수단일 뿐이다. 그런데도 사람들은 돈을 벌면서 재미있는 일, 즉 자신의 정신적인 충족까지 하려고 하는 것이다. 이런 생각 때문에 많은 사람들이 전문직을 떠나다 보니 실패하는 것이 다반사다.

대학에서 4년간이나 배운 전공이 있는데 다른 일을 하는 사람이 많다. 그들의 변명은 자신의 적성을 잘 모르고 점수에 맞게 대학과 학과를 선택하다 보니 그렇게 되었다는 것이다. 이런 바보 같은 일이 일어나는 것이 우리나라의 교육 현실이다. 다행스럽게도 요즘 젊은 사람들은 대학에 다니다가도 적성에 맞지 않으면 과감하게 맞는 학과를 선택해 다시 시작하는 것을 많이 본다. 좀 늦었지만 바람직한 일이다.

자신의 삶에서 가장 중요한 직업을 선택하는데 필요한 전문지식을 적성에 맞게 선택해야지 그렇지 않으면 돈 들여가며 애써 배운 학문을 번도 써먹지 못하고 버리는 것이다. 부모님들이 고생고생하며 도와준 마음은 아랑곳 없고 간판만 바라보며 대학에 다녔다면 아까운 돈과 세월만 낭비한 것이다.

아무리 멋있고 좋은 옷이라 해도 나와 맞지 않으면 아무 소용이 없고, 아무리 돈을 잘 버는 직업이라 해도 내 적성에 맞지 않으면 할 수 없는 것이다. 이렇게 평범한 진리를 모르고 사람들은 그저 눈에 보이는 것에 현혹되어 자신의 삶을 엉망으로 만들어가고 있는 것이다.

3. 세상에서 가장 큰 죄

 이 세상에서 가장 큰 죄는 무엇일까? 사람을 죽인 살인자일까? 배가 고파 남의 것을 훔친 도둑일까? 살아남기 위해 해로운 적을 죽이거나 적의 물건을 빼앗는 것은 원초적으로 죄가 아니라고 생각한다. 어차피 자연의 법칙은 약육강식이고 무한경쟁 아닌가. 그런데 사람이기 때문에 살인을 하면 죄가 되고, 남의 물건을 훔치면 죄가 되는 것이다. 그 죄라고 이름 지은 것은 자연의 법칙(창조주)이 아니라 사람이다. 사람이 만든 법에 의해서만이 죄라고 인정하기 때문이다.

 옛날의 영웅들을 한번 생각해보자. 그들은 하나같이 사람을 많이 죽였다. 나폴레옹도 알렉산더도 징기스칸도 우리나라의 을지문덕 장군이나 이순신 장군도 모두 많은 사람들을 죽인 사람들이다. 그러나 우리는 그들을 영웅이라고 부르면서 존경한다. 그들은 모든 사람을 위해 사람을 죽인 것이 아니라 그들만의 사람을 위해 다만 적이라는 이유 하나로 사람들을 죽였다. 그런데도 그들을 살인자라고 부르지 않고 영웅이라고 한다. 사람을 그렇게 많이 죽였는데도 말이다.

 태초에는 사람도 생각이 짧아 먹고사는 일에만 급급했고, 내가 먹고살기 위해 필요하면 사람을 죽이기는 것은 태반사이었고, 남의 것을 빼앗는 것도 죄의식없이 하던 행동들이었다. 그런데 문명이 발달하면서 사람들의 의식에 변화가 생기고, 마을을 이루고 살기 시작하면서 나하고 생각이 같으면 내 편이라는 것도 알게 되었으며 나와 적을 구별하기 시작했다. 그러면서 사람들의 수가 많아지니 질서를 유지하는 방법으로 규칙이라는 것을 정해 서로 지키기로 약속했으며 그 규칙을 어기는 사람을 구금하거나 벌칙을 가하게 되었다. 그러한 것이 발전해 오늘 날의 법이 된 것이고, 그 법을 위반하면 구속시키고, 심할 경우에는 사형이란 제도를 앞세워 목숨을 빼앗기도 한다.

이런 법은 사람이 만든 것이지 자연의 법칙이 아니다. 필자는 자연의 법칙에서 봤을 때 가장 큰 죄를 얘기 하고자 하는 것이다. 필자도 사주쟁이가 되기 전에는 사람을 죽이거나 도둑질을 죄라고 배웠고 그렇게 알고 있었다. 그런데 사주의 깊은 뜻과 의미를 알고 나니 사람이 지으면 안되는 원죄는 이와는 다르다는 생각을 하게 되었다.

사람이 가축을 키우는 것은 두 가지 목적이 있을 것이다. 첫째는 번식을 많이 시켜 소득을 창출하는 일이고, 두번째는 고기나 우유 등을 얻기 위해서일 것이다. 새끼를 많이 낳아야 그 중에서 한두 마리 잡아 양식으로 할 수 있지 달랑 한 마리 있는데 잡아먹으면 그 다음에는 고기를 얻을 수 없을 것이다. 그래서 될 수 있는 한 새끼를 많이 낳는 어미를 가장 아끼고 돌봐주는 것이다.

자연의 법칙에서 보면 이와 마찬가지다. 창조주는 후손을 생기는 대로 많이 낳는 사람을 좋아할 것이다. 자식을 많이 낳는다는 것은 자연의 법칙에 순응하는 것과 같을 것이다. 그렇다면 지구는 만원이 될 텐데 하고 걱정할 것이다. 그러나 그런 걱정은 하지 않아도 된다. 사람들의 욕심에 의해 전쟁이란 것이 일어나 적절하게 조절하게 된다. 이런 것이 자연의 법칙이고 창조주의 법칙이다. 많으면 적당하게 조절하는 시기가 반드시 온다.

예를 들어보자. 간암도 낮게 해준다는 다슬기 양식을 해보려고 시도를 해본 사람이 있었다. 다슬기에 대한 연구자료도 없는 상태에서 그냥 시도했다. 흐르는 강물에 한 쪽으로 도랑을 내고 그 도랑물을 이용해 다슬기 종패를 적당하게 방류했다. 그런데 다슬기가 일정량이 되니 더는 개체수가 늘어나지 않는 것이었다. 이상하게 생각한 양식업자는 다슬기의 먹이를 더 많이 넣어 보았다. 그러나 결과는 똑같았다.

그래서 그 다음에는 다슬기를 일부 잡아내 개체수를 줄여보았더니 잡아낸 수만큼만 늘어나는 것이었다. 다슬기를 잡아 수익을 올리려면 잡아낼 수 있는 다슬기가 많아야 하는데 그렇지가 못하니 양식업자는 답답하기만 했다. 다슬기를 상품화하려면 다슬기가 어느 정도 커야 하는데 작은 것들만 즐비해 잡아낼 수 없었는데 작은 다슬기가 한꺼번에 큰 다슬기가 되니 한 번 잡아내고 나면 다슬기가 거의 없으니 꾸준한 수익을 올리기가 힘들어 결국은 다슬기 양식을 포기하고 말았다. 이렇게 다슬기도 자연의 법칙대로 개체수를 조절하는 것이 자연의 법칙이며 생존의 법칙이다. 양식업자는 이런 자연의 법칙을 모르고 시작했기 때문에 실패한 것이다. 말 못하는 다슬기도 일정한 넓이 안에 일정한 개체수 이상 새끼를 번식하지 않는다는 것이다. 일정한 수만 그 영역 안에서 생존할 수 있기 때문에 더 이상 새끼를 번식하지 않았던 것이다. 이것이 바로 자연의 법칙이다. 사람도 이와 마찬가지로 수가 많아지면 어떤 형태로든지 조절하게 되어 있는 것이다. 이것이 바로 자연의 법칙이다. 자연의 법칙이 바로 창조주의 섭리인 것이다.

각설하고 자연의 법칙(창조주)에서 보면 자식을 낳지 않는 것이 가장 큰 죄이고, 그 다음은 스스로 목숨을 끊는 것이다. 스스로 목숨을 끊는다는 것은 내가 키우는 가축이 음식을 먹지 않고 죽는 것과 별반 다를 것이 없다. 사람들은 자기의 목숨이 자기 것인양 착각하고 산다. 그러나 내 목숨은 내 것이 아니라 자연의 것이다. 자연에서 태어나 숨을 쉬면서 살아가다가 죽으면 자연으로 돌아가는 것이 바로 사람이 아니던가. 그러니 내 목숨이라도 함부로 자살을 하면 큰 벌을 받을 것은 틀림없다. 뭐라고요? 죽어보지 않아 모른다구요? 그럼 자살을 한번 해보시면 그 벌이 얼마나 무서운지 알게 될 것이다.

그리고 아무리 생각이 짧아도 내 생명은 부모한테 물려받은 것이지 스스로 이 세상에 온 것은 아니라는 것쯤은 다 알고 있을 것이다. 그런데도 자기 목숨을 자기 마음대로 하려고 하는지 모르겠다. 필자도 죽음을 생각해보지 않은 것은 아니다. 사주공부를 하면서 한두 번 죽는 길을 생각해보았지만 사주가 이렇게 정확하게 맞는다면 분명히 보이지 않는 어떤 힘이 존재하고 있다는 강한 신념이 죽음으로 몰아가지 않았던 것이다. 아니 그보다 보이지 않는 어떤 힘의 존재가 더 두려웠는지도 모른다. 사주가 잘 맞지 않고 사주를 몰랐다면 필자도 아마 이 세상에 없었을지도 모른다.

자연의 순리대로 살다가 자연으로 돌아가야 할 것이다. 남들이 자식을 낳으면 나도 자식을 낳으면서 살다가 죽음이 나를 부르면 그

때 가서 죽으면 되지 스스로 목숨을 끊는 일은 절대 없어야 한다. 주어진 삶을 즐겁고 행복하게 살다 가도록 최선을 다해 노력해야 한다. 간혹 자식을 낳지 못하는 사주도 있다. 그런 사주는 벌을 받지 않을 것이다. 그렇지만 스스로 목숨을 끊는 사람은 반드시 대가를 치르게 될 것이니 스스로 목숨을 끊는 일은 절대 하면 안된다.

4. 만인의 연인이 되어야 하는 사람

만인의 연인이 되어야 하는 사주가 있다. 사주에 바람끼가 많거나, 여명이 관성(官星)이 많거나 강한 기운이 너무 많으면 대개 만인의 연인이 된다. 그런 사람들이 평범하게 살면 많은 고통을 겪게된다. 그 고통이란 의처증이 있는 남편을 만나 괴롭힐 것이고, 가정주부로서 평범하게 살려고 해도 자꾸만 남자들이 유혹하니 그 유혹을 뿌리치는 것도 어느 정도이지 사람이 할 짓은 못된다.

그 유혹을 뿌리치면 가정사가 편안하지 못하니 산다는 그 자체만으로도 피곤해진다. 강한 기운이 많은 여자들은 한결같이 남편이 불구가 되거나 남편을 먼저 저 세상으로 보내는 아픔을 겪게 된다. 그후 남편없이 자식들을 키우려면 그 고통 또한 말도 못할 것이다.

만인의 연인이란 이 사람도 좋아하고 저 사람도 좋아한다는 것인데 그런 사람이 평범하게 살려고 해도 평범하게 살 수 없는 것이다. 평범하게 살려고 하는 것은 자연의 순리와 법칙에 어긋난 삶인 것이다.

그러면 그런 사람들은 어떻게 해야 하는가. 해답은 간단하다. 인기를 업으로 하는 직업을 선택하는 것이다. 인기를 업으로 한다는 것은 많은 사람에게 사랑을 받는 직업을 말한다. 특히 영화배우·연극배우·탤런트·가수 등이 가장 좋고, 이런 직업 외에도 인기를 얻어야만 이름을 떨칠 수 있는 직업들이 많다. 그러한 직업들을 선택해야만 편안하게 살아가게 될 것이다. 남자라면 신물이 난다는 한 여자의 얘기를 적어본다. 10년 전쯤 한 여자를 상담한 일이 있었다. 다음은 상담한 내용이다.

"애인이 있네요. 남편도 애인이 있고…."
"사주에 그렇게 나오나요? 사주가 왜 그렇지요? 미치겠어요."
"사주가 그래서 그렇습니다. 내가 이 세상에 오고 싶어 온 것도 아니고, 사주를 내가 원하는 대로 만들어 온 것도 아닙니다. 그냥 팔자거니 하고 살아야죠."
"남편이 하도 바람을 피워 지금은 아예 집에 들어오지도 않고 다른 여자와 살림을 차린 것 같아요. 그래서 거의 남남으로 살고 있어요. 사주가 그래서 그렇다면 남편의 바람끼나 제 바람끼를 막을 수 있는 방법이 없나요?"
"당신은 원래 인기를 먹고 살아야 하는데, 그 일을 하지 않으니 벌을 받고 있는 것과 마찬가지입니다."
"어릴 때 탤런트가 되고 싶었는데 얼굴이 바쳐주지 않아 포기했어요."
"인기로 먹고사는 직업은 탤런트만은 아닙니다. 많지요."
"그때는 그런 것을 잘 몰랐어요."

"그럼 내가 하라는 대로 하겠습니까?"

"무슨 일인데요?"

"남자를 주고객으로 하는 사업이나 일을 하시면 다소나마 피해 갈 수도 있지요."

"그럼 술집을 하라는 건가요?"

"술집 말고도 많으니 한번 찾아보세요."

"보험설계사는 어떤가요?"

"좋으네요. 그렇다면 자동차보험을 하는 것이 어떨까요? 자동차 운전자 중에 남자들이 많으니까요."

"전에도 보험회사에 다니는 친구가 한번 해보면 어떻겠냐고 권해서 교육을 받아본 적이 있어요."

"생각을 한번 해보고 결정하세요."

그렇게 상담한 후 다시 연락하겠다고 하면서 돌아갔는데, 얼마 지나 전화가 왔다. 자그마한 호프집이 하나 나왔는데 한번 해보고 싶다는 것이다. 그래서 남자들을 잘 다루어야 하니 거기에 대한 생각을 확실하게 하고, 남자들 자리에는 절대 앉지 말라고 했다. 그후 한동안 연락이 없더니 어느 날 사무실로 찾아왔다.

"미치겠어요. 이놈의 손님들이 5분만 같이 앉아 있으면 마음에 든다느니 어쩌느니 하면서 연애 한번 하자고 대들어요."

"제가 그랬죠. 절대 남자들 자리에 앉지 말라고…. 그러지 않아도 남자들이 그럴 텐데 옆에 앉았으니…. 남자들이 요구하는 것을 거절할 수 없으면 절대 앉지 마세요."

"장사라는 것이 어디 그런가요? 자꾸만 주인을 불러대는데…. 처음에는 가지 않았죠. 그랬더니 어쩌다 들어오는 손님들이 기본만 먹고 가니 속이 상하기도 해서 애라 모르겠다 하는 심정으로 앉았죠. 그런데 열이면 열 모두 대시를 해오니…. 이 남자들이 그러지 않도록 하는 방법은 없나요?"

"그런 방법을 알면 내가 사주쟁이를 하고 있겠습니까?"

"부적을 쓰면 어떨까요?"

"부적으로 그런 기운을 막을 수 있다면 얼마나 좋겠습니까? 사주쟁이들 돈벌기도 쉽고…."

"이제는 가게에 나갈 생각만 해도 머리가 지끈지끈 아파와요. 돈이고 뭐고 다 소용없는 것 같아요. 마음이 편해야지 남자들한테 시달려가면서 돈을 벌면 뭘하겠어요."

"그거 참…. 사주팔자 못비켜 간다더니 심하네요."

"밤이 오는 게 무서워요. 밤이 되면 죽으나 사나 가게에 나가야 하니…."

이제는 뾰족한 수가 없으니 그냥 마음이나 달래 보내는 수밖에 없는 필자도 답답하기는 마찬가지였다. 그리고 일 년 정도 지나 다시 전화가 왔다. 필자의 사무실을 다녀간 후 호프집을 정리하고 3개월 전부터 보험설계사를 시작했다면서 선생님 말씀이 맞는 것 같다면서 웃는다.

어째서 그러냐고 물으니 첫 달에 계약 1등을 해서 최우수상을 받았단다. 그후에도 1등은 하지 못했지만 상위권에 들어갔다면서 좋아한다. 남자들이 대시해 오지 않냐고 물으니 가끔 그런 사람들이 있는데 적당하게 둘러대면 다시는 그러지 않는단다. 호프집을 할 때보다는 편안하다고 한다. 그래서 정말 선택을 잘했다고 하면서 열심히 하라고 격려해줬다.

이런 것이 사주를 제대로 활용하는 것이다. 만인의 연인이 되어야 할 사주는 인기를 업으로 하는 일을 해야 행복한 삶을 가꾸어 갈 수 있는 것이다.

5. 바람난 남편을 돌아오게 만들자

여자들은 남편이 바람났다고 하는 순간 울화가 치밀어 오르면서 배신감에 온몸을 떤다. 그리고는 남편을 범인 취조하듯이 추궁하면서 마치 남편을 잡아먹을 듯이 몰아부친다. 그런다고 남편의 바람이 멈추어지지는 않는 데도 말이다. 오히려 부부 사이가 악화되고 심해지면 이혼을 할 수도 있다. 어느 아내가 남편이 바람났는데 웃으면서 잘해주겠냐마는 그래도 그렇게 해야 남편을 가정으로 돌아오게 만들 수 있는 것이다.

참 어렵고도 어려운 일이다. 아무리 어렵고 어려운 일이라고 해도 하지 않으면 남편의 바람끼를 잠재우기는 힘들고 그 바람끼를 아내가 참지를 못하면 결국은 서로 원수가 되어 갈라서는 길밖에는 없다. 남편이 바람을 피우면 남편을 가정으로 돌아오게 할 것인가, 이혼을 감행할 것인가는 오직 아내의 마음에 달려 있다. 아내가 생각하기에 따라 그 가정을 유지하냐 깨지느냐가 달려 있다.

아내들이여. 화가 나지만 사랑하는 자녀들을 위해서라도 참아주기 바란다. 남편의 잘못을 받아주라는 것은 절대 아니다. 다만 내 가정을 위해 내 사랑하는 자식들을 위해 참자는 것이다. 어쨌든 남편이 벌어다 주는 돈으로 먹고살아야 하지 않겠는가.

바람난 남편을 집으로 돌아오게 만든 실화를 여기에 쓰니 아내들이여 참고하여 부디 과부 소리 듣지 말고 행복한 인생이 되기를 바란다. 어디 남편이 바람피우고 싶어 그러나 모두 아내들의 사주 때문이지. 13년 전 쯤일 것이다. 상담하러 온 여자가 남편이 바람이 난 것 같다고 말을 하는데 다음은 상담한 내용이다.

"우리 아저씨가 바람이 난 것 같은데 맞지요?"

이 여자는 아저씨하고 사는 모양이다. 그러면 근친상간인데. 사주를 보니 남편이 바람난 것이 확실하다.

"아뇨. 바람은 아니고 그냥 여자친구를 만나는 것 같습니다. 지금무슨 일을 하나요?"

"사업하다가 지금은 공공근로 다녀요. 아마 거기서 여자를 만난 것 같아요."

"그래요. 그럼 남편을 가정으로 돌아오게 하고, 돈도 열심히 벌도록 만들어 드릴 테니 일러주는 대로 해볼래요?"

"어떻게 하면 되는데요?"

"하여튼 시키는 대로만 하시면 됩니다."

"힘든 일이 아니면 해야죠, 그렇게만 된다면 …."

"그럼 됐어요. 오늘 저녁부터 시작하세요."

"…"

"일단 오늘 저녁에 남편이 돌아오면 수고 많으셨다고 하세요. 그리고 내일부터는 아침에 남편이 일하러 나갈 때 오늘도 수고하시라고 하세요. 그럼 틀림없이 이 마누라가 뭘 잘못 먹었나 할 거예요. 그래도 계속 해보세요. 그렇게 일주일 정도 한 다음 저한테 전화하세요."

"잘 알겠습니다."

그렇게 얘기해서 보냈는데 이튿날 사무실에 나오자마자 전화가 왔다.

"가르쳐 주신대로 했어요."

"남편이 뭐라던가요?"

"이게 미쳤나 하던데요."

"그럴 겁니다. 그래도 계속 해보세요."

이 부부는 경상도 사람들이니 남편의 말은 더 거칠었을 것이다. 그후 귀찮을 정도로 매일 전화가 왔다. 남의 일을 봐주려면 삼년상까지 봐줘야 한다는 생각으로 계속 진행시켰다. 일주일 정도 지난 다음 또 연락이 왔다.

"아주머니, 이제 강도를 조금 높여야겠습니다."

"어떻게요?"

"오늘 저녁에 남편이 좋아하는 술과 안주를 준비했다가 남편이 돌아오면 함께 한잔하세요. 그리고 적당히 마시고 취한 척 하면서 '여보, 난 참 행운아인가 봐요. 당신 같은 멋진 남자를 만나 이렇게 행복하게 살고 있으니. 애들도 말썽없이 잘 자라주지, 당신도 이렇게 건강하지, 얼마나 행복한지 몰라요. 다시 태어나도 당신과 결혼하고 싶어요' 하면서 응석 부리듯이 말해보세요. 그러다 분위기가 좋으면 살짝 안겨주고, 취한 척하면서 먼저 들어가 주무시라고 하세요."

"부끄럽게 어떻게 그래요⋯."

"아니 남편한테 부끄러우면 어떻해요. 볼것 못볼것 다 보고 살면서."

"그래도 그렇죠."

"그러니 술 한잔 하고 눈 딱감고 하세요. 탤런트들이 연기하는 것처럼요. 정 어려우면 거울보고 연습을 좀 해서 하는 것도 좋구요."

"꼭 그렇게 해야 해요?"

"그럼요. 그렇게 하면 남편이 아주머니를 다시 생각하게 되고, 처음 만났을 때로 돌아갈 수 있으니 무조건 해보세요."

"⋯."

"그러면 남편이 이 마누라가 갈수록 왜 이러나 할 거예요. 그래도 게의치 마세요. 그리고 다음 날 아침에는 좀 쑥스러운 표정으로 '여보! 어제 내가 실수했지? 술이 취해서 그런지 기억이 안나네?' 하세요. 그럼 남편은 더 아주머니의 마음이 진실하다고 생각할 거예요."

"할 수 있을지 모르겠네요. 생각해 볼게요."

"생각하고 자시고 할 게 뭐가 있어요? 그냥 눈 딱감고 해보세요."

그 다음날은 아무 소식이 없다가 3일째 되는 날 전화가 왔다.

"어젯밤에 시키시는 대로 해봤어요. 부끄러워 죽을 뻔했어요."

"잘 하셨어요. 이제 며칠 동안은 그냥 아침 저녁으로 인사만 제대로 하세요."

"네."

전화는 날마다 왔다. 남편이 좀 변한 것 같으냐고 물으니 요즘 통 말이 없단다. 그래서 남편은 지금 심각한 고민에 빠져 있는 것이고, 곧 반응이 있을 것이니 조금 더 기다려 보자고 하면서 한 번만 더 연극을 하라고 했다.

"오늘 밤 남편이 오기 전에 먼저 잠자리에 드세요. 그리고 남편이 들어와도 절대 일어나지 말고 자는 척 하다가 잠꼬대처럼 말을 하세요. 진짜 잠꼬대처럼 해야 합니다."

"무슨 말을요?"

"여보, 가지 마세요. 난 당신 없이 못살아요 하면서 우세요. 눈물을 흘리면 더 좋구요."

"낯 간지럽게 어떻게…."

"연습을 하세요. 거울을 보면서. 이게 마지막 카드입니다. 이렇게까지 했는데도 안되면 포기하는 것이 나아요."

"마지막 방법이라니 한번 해볼게요."

그후 연락이 없어 잊고 있었는데 어느 날 전화가 왔다.

"선생님, 고맙습니다."

"…."

"그이가 며칠 전에 그 여자를 집으로 데리고 왔어는 다시는 만나지 않겠다고 했어요. 그리고 공공근로도 그만두고 회사에 취직해 어제부터 출근했어요."

"수고하셨어요. 지금 그 마음으로 남편을 아끼면서 사세요."

"그동안 일러주시는 대로 하다보니 정말 남편을 사랑하는 마음이 생기면서 저도 모르게 남편을 대하는 게 달라졌어요. 남편도 많이 변했구요. 남편을 의심하고 미워하던 생각이 잘못이라는 것을 깨달았고, 항상 남편을 사랑하는 마음을 가져야겠다고 생각했어요."

"아주머니가 그렇게 하셨기 때문에 남편이 돌아온 거예요. 그 여자는 남편의 애인이었어요. 제가 그때 남편이 바람났다고 했다면 아주머니네 가정은 풍지박산이 났을 거예요. 다행히 아주머니가 저를 믿고 따라주셨기 때문에 좋은 결과가 있게 된 것입니다. 행복은 스스로 만들어가는 것이고 사랑받는 것도 내가 하기에 달려있습니다. 이제 다시 찾은 행복을 죽을 때까지 꼭 간직하시기 바랍니다."

"정말 감사합니다. 이 은혜 잊지 않겠습니다."

우리는 가장 아끼고 사랑해야 할 사람이 누군지를 모르고 살고 있다. 가장 가까우면서도 잊고 사는 사람, 바로 나의 반쪽인 배우자다. 나를 가장 잘 알고 이해하는 사람이라고 믿고 이해하겠거니 하는 마음으로 그런 행동을 하는 것이다. 그러다보면 장점은 사라지고 단점만 눈에 들어오는 것이다. 그러다가 다투고 어느덧 사랑은 식어가고 미움이란 싹이 서서히 움트기 시작한다. 그러다 다른 이성을 만나면 헤어나기가 어려워진다.

왜냐구? 서로 잘 모르는 상태에서 좋아하는 감정이 시작되기에 장점만 눈에 들어와 상대방에게 최선을 다해 이해하고 배려해주니 푹 빠질 수밖에 더 있는가. 부부 사이가 먼 사람들은 그 정도가 더 심할 것이고, 원만하며 사랑이 식지 않았다면 새로운 사랑을 만나도 깊이 빠지지는 않겠지만 사람의 마음이란 알 수 없는 일이다.

부부란 서로 모자라는 부분을 채워주기 위해 만난다고 하는데 그 모자라는 부분을 채우고 나면 소중함을 잊어가는 것은 어쩌면 당연한 일인지도 모른다. 왜 그런 말이 있지 않은가. 잡은 고기한테 미끼 주는 것을 보았냐구. 그러나 잡은 고기일수록 신경을 더 써야 남에게 빼앗기지 않는다는 것을. 그러나 사람들은 마치 공기의 소중함을 모르고 살아가듯이 배우자의 소중함을 모르고 살아간다. 허물없이 지내는 것이 부부라지만 서로 인격을 존중하고 배려하는 마음이 있어야 한다. 가까울수록 이해하려고 노력해야 할 것이다. 그러면 사랑의 불길은 꺼질 줄 모르고 활활 타오를 것이다. 이 글을 읽으시는 분들은 과연 내 반쪽에게 최선을 다하는가를 냉정히 생각해보시기 바란다.

6. 좋은 일을 해야 복을 받는다

재물이 아까워 굶어죽는 사람이 있는가 하면 평생 제대로 먹지도 입지도 않으면서 모은 전 재산을 사회에 환원하는 사람도 있다. 이런 선행을 하는 사람들 대부분 자기는 잘 먹지도 입지도 않으면서 돈을 모은 사람이 대부분이다. 그것도 노점상이나 시장바닥에서 장사를 하는 사람들이 많다. 어렵게 번 돈을 성큼 내놓기는 정말 어려울 것이다. 돈이 있으면 있을수록 애착심과 욕심이 더 생긴다는데 고생하며 번 돈을 사회에 내놓는다는 것은 마음이 부자인 사람들만이 할 수 있는 선행이다. 돈만 움켜쥐고 있다고 해서 모두 부자라고 생각하지는 않는다. 마음도 함께 부자여야 한다.

최근에는 일부 연예인이나 운동선수가 소외된 이웃들을 위해 큰돈을 기부하는 일들이 종종 있어 많은 사람에게 감동을 준다. 그들은 팬들에게 받은 것을 돌려준다는 생각으로 하지만 그렇지 못한 사람들도 많다는 것이다. 그들이 돈을 벌 수 있었던 것은 물론 팬들이 있기 때문이지만 자신이 노력해 돈을 벌었다는 생각으로 일관한다면 자신만을 위해 살아갈지도 모른다.

그러나 일부 사람들은 팬들이 없으면 자신도 없다는 것을 인식하고 그에 대한 보답으로 하는 선행이지만 사회적으로는 매우 좋은 현상이며 바람직한 일이다. 이런 사람들은 영원히 만복을 누릴 것이다. 우선 베풀면 그 마음부터 편안하고 행복할 것이다. 선행을 베풀지 않아 운명을 달리한 사람과 선행을 베풀어 덕을 많이 본 경우를 들어보고자 한다.

오징어를 주업으로 하는 어느 항구에서 일어난 일이다. 그곳에 김 씨가 선장인 오징어잡이 배가 있었다. 그날도 여전히 오징어를 잡고 있는데 오징어 낚싯줄에 하반신이 없는 시체가 걸려 올라왔다. 놀란 선원들이 선장인 김 씨에게 알렸더니 김 씨는 재수없다고 투덜대면서 시체를 바다에 버리라고 했다. 선원들은 선장이 시키는 대로 시체를 바다에 버리고 조업을 계속했다.

그러던 어느 날 그 시체가 다시 오징어 낚싯줄에 걸려 올라왔다. 이번에도 김 씨는 버리라고 했고, 선원들은 다시 바다에 버렸다. 그후 또다시 그 시체가 오징어 낚싯줄에 걸려 올라왔고, 김씨는 또 바다에 버리라고 했다. 그때 선원 중 한 사람이 3번씩이나 우리 배를 찾아왔는데 또 버리는 것은 그렇지 않냐고 말해도 김씨는 "재수가 없으려니 별게 다 속을 썩이네" 하면서 버리라고 고함을 쳤다. 선원들은 할 수 없이 또 시체를 바다에 버렸다.

그후 몇 달이 지난 어느 날 김씨가 조업 도중에 그물을 당기는 로프에 휩쓸려 허리가 반 정도 잘려나가는 사고를 당했다. 선원들은 황급히 귀항해 김씨를 병원으로 옮겼으나 일주일을 넘기지 못하고 죽었다. 선장이 죽자 온갖 소문이 나돌기 시작했다. 그 시체가 선장을 잡아갔다느니 하고 말이다. 그런 소문들이 잠잠해지고 잊혀져가고 있던 중 필자가 잘 아는 정사장이라는 사람이 그 시체인지 아닌지는 잘 모르나 그와 비슷한 시체를 만나게 되었다.

정사장은 어렸을 때부터 가난해서 공부도 제대로 하지 못하고 고생을 많이 한 사람인데 오징어배 사업을 하면 좀 좋아지지 않을까 해서 그동안 모은 돈과 여기저기 빚을 내 작은 오징어배를 한 척 사서 오징어잡이에 나섰다. 정사장은 배를 살 때 빌린 돈을 갚으려면 자기가 선장 노릇을 해야 한다고 생각하고 선장이 되어 열심히 오징어를 잡았다.

그러던 어느 날 오징어를 잡으러 바다로 나갔는데 물 위에 시체가 둥둥 떠다니는 것이 아닌가. 정사장은 변사체인지 침몰한 배의 선원인지 알 수는 없었지만 측은한 생각이 들어 선원들한테 일단 배 위로 끌어올리라고 했다. 그런데 배 위로 올려놓고 보니 하반신이 없는 시체였다. 할 수 없이 일찍 조업을 마치고 해양경찰서에

신고하니 해양경찰서에서 인수해 갔다.

그후 정사장은 계속 오징어를 잡고 있었는데 어느 날 해양경찰서에서 연락이 왔다. 그래서 해양경찰서로 갔더니 그 시체의 신원을 확인할 길도 없고, 수소문을 해도 가족이나 친지가 없는지, 아니면 아는 사람이 없어서인지 연락이 없다면서 구청쪽에 의뢰해서 화장을 하려 한다는 것이었다.

그 말을 들은 정사장은 자기도 배를 타는 입장이라는 생각도 들고, 자기 배가 발견한 일이니 자기가 화장해주겠다고 하자 경찰서에서 화장수속을 밟아줬다. 정사장은 화장해서 바다에 뿌려주고 잘 아는 무속인한테 부탁해 천도제까지 지내줬다.

그후 정사장의 배는 바다로 나가기만 하면 만선이었다. 다른 배들은 많이 잡지 못할 때도 정사장의 배는 항상 만선이었다. 모두들 신기하다며 아마도 그 시체가 은혜를 갚는 모양이라고 했다. 그래서인지 빚을 내서 겨우 배 한 척을 마련해 오징어를 잡기 시작했는데 3년 정도가 지난 후에는 2척이나 더 늘어 3척이 되었다. 이 얘기는 정사장에게 직접 들은 얘기인데 정사장도 꿈 같은 일이라며 신기해 하고 있었다.

이런 예를 보더라도 선행을 하는 사람과 그렇지 않은 사람의 운명이 정 반대로 흘러가는 것을 알 수 있다. 아마 김씨가 바다로 다시 버리지 않고 육지로 옮기는 일만 해줬어도 감사하는 마음을 가졌을 것이다. 그렇게 힘든 일도 아닌데 3번씩이나 외면했으니 김씨가 그 벌을 받는 것은 당연한 일인지도 모른다. 산 사람을 외면해도 좋은 일이 없을 텐데 하물며 시체를 그렇게 처리했으니 말이다.

선행은 자신을 위한 일인지도 모른다. 선행을 베풀고 나면 기분이 좋은 것은 그 때문이다. 길을 묻는 나그네에게 친절하게 안내한다거나, 힘겹게 리어커를 끌고 언덕을 오르는 사람에게 리어커를 밀어 주거나, 무거운 짐을 들고 가는 사람에게 짐을 들어주는 일 등이 우리를 행복하게 만들어준다.

선행을 베풀어 손해본 사람이 없으니 선행을 베푸는 그런 사람이 되면 어떨까하고 생각을 해본다. 뭔가를 기대하지 말고 선행 그 자체만으로 행복하면 되지 않은가. 선행을 많이 베푸는 사회가 화목하고 아름다운 사회가 아닌가 생각해본다.

7. 사주는 예언이 아니다

아마 자신의 미래에 대해 궁금하지 않은 사람은 없을 것이다. 그래서 철학원을 찾고 무속인을 찾을 것이다. 그런데 왜 실컷 물어보고는 실천하지 않는지, 실천하지 않을 거면 뭐하러 사주는 보는지 모르겠다. 그 돈으로 맛있는 거나 사 먹든지, 기부를 할 것이지. 사주쟁이들 굶어죽을까봐 그러는 것도 아닌 텐데 말이다.

상담자들은 대개 사주에 있는 대로 나쁜 것도 전부 얘기해 달라고 하고, 돈은 언제 벌 수 있냐고 묻는다. 돈버는 것은 자신이 노력해야 하는 것이고, 나쁜 것은 얘기해 줄 수도 있고 하지 않을 수도 있다. 사주쟁이들은 대개 좋은 말을 많이 한다.

그러나 미련하고 고집이 센 필자는 사주에 있는 대로 다 얘기한다. 상담자가 원하지 않아도 말이다. 그러면 사무실 밖에 나가서는 있는 욕 없는 욕을 다하면서 간다. 한마디로 기분이 나쁘다는 거다. 자기 사주가 나쁜 것은 생각하지 않고 기분 나쁜 소리만 귀에 들어오는 모양이다. 기분이 나쁠 것을 알면서도 얘기하는 것은 참고 하면서 조심하라는 것인데 욕만 실컷하고 간다. 심지어는 주위 사람들에게 절대 찾아가지 말라고 말리기까지 한다.

그래놓고 3~4년 뒤에는 반드시 다시 온다. 욕을 그렇게 하고 가더니 왜 또 왔냐고 하면 절대 욕을 하지 않았다고 하면서 또 있는 대로 얘기해 달라고 한다. 그래서 다 해주고 나면 또 얼마간 소식이 없다가 어느 날 또 나타난다. 다른 철학원에 가면 온갖 수식어를 써가면서 좋은 말만 해주는데 살아보니 좋은 말은 하나도 맞지 않고 나쁜 말은 다 맞으니 다시 찾아오는 것이다.

사람이 한 세상 사는데 어찌 좋은 일만 있을 수 있겠는가. 그러니 좋은 말만 해주면서 사주를 상담한다는 것은 어려운 일이다. 기분 좋은 얘기만 들으려면 철학원에 가지 말고 다른 방법을 찾아보아야 할 것이다. 하지 말라고 말려도 끝까지 말을 듣지 않다가 피눈물을 흘리게 된 어느 여인의 얘기를 적어본다. 서정숙이라는 사람인데 처음 만난 것은 그녀가 30대 후반일 때다. 그때까지 결혼하지 않고 혼자 살면서 유부남을 만나고 있었다.

"지금 만나는 그 남자 몇 달 못가 직장에서 쫓겨날 겁니다. 그리고 그 사람은 CEO 사주가 아니라 CEO를 보좌하는 보좌관 사주입니다. 그러니 사업을 하면 무조건 망합니다."

"지금 은행 대리인데 주식했다가 다 날리고, 은행 공금까지 투자

했다가 수십억을 날린 모양이에요. 그걸 은행에서 알았고 쫓겨날 것 같아요."

"40대 초반이니 어디 취직하기도 어렵고, 이 사람을 포기하는 것이 좋겠습니다."

"정이 너무 많이 들어서요…."

"이 사람은 사업가 사주가 아닌데도 재물에 대한 욕심이 끝이 없습니다. 퇴직 후 틀림없이 사업을 하려고 할 것이고, 돈은 없으니 분명히 당신에게 손을 벌릴 것입니다."

"빌려주지 않으면 되죠…."

"만나는 이상 빌려주지 않고는 못배길 겁니다."

고민하던 그녀는 힘없이 돌아갔다. 그후 일 년 정도 소식이 없더니 어느 날 다시 찾아왔다.

"오랫만입니다."

"네. 여전하시네요."

"그래, 오늘은 어쩐 일로 오셨소?"

"선생님 말씀을 듣지 않고 사업자금을 대줬는데 망했어요."

"지난 일은 어쩔 수 없고, 앞으로는 절대 빌려주지 마세요."

"그게 마음대로 되지 않네요."

"어쩌려고 그러세요? 지금 그 사람이 할 수 있는 일은 당신한테 매달리는 것 뿐입니다. 그렇지 않으면 먹고살 방법이 없으니까요. 은행에서 쫓겨났으니 퇴직금은 한푼도 못 받았을 것이고, 아내와도 사이가 나빠졌을 겁니다."

"이혼할 테니 같이 살자고 매달려요."

"이거야 원…"

"그래서 어떻게 해야 좋은지 다시 한번 여쭙고 싶어 왔어요."

"글쎄요. 당장 헤어지기는 어려울 것 같습니다. 그러나 절대 그 사람의 아이를 임신하면 안 됩니다. 절대요."

"왜요?"

"그냥 그렇게 알고 절대 그 사람의 아이를 갖지 마세요. 그렇지 않으면 반드시 후회할 일이 생길 겁니다."

그날도 고개를 푹 숙이고 힘없이 돌아갔다. 그후 몇 년 소식이 없더니 어느 날 다시 전화가 왔다.

"저…. 정숙인데요."

"오랜만이요. 어디 있길래 통 볼 수가 없네요."

"서울에 와 있어요. 그 사람하구요."

"그 사람과 함께 있다면 돈 많이 까먹었겠네요?"

"근래에 2억 정도 날렸어요."

"그건 그렇고, 혹시 임신했어요?"

"네."

"임신하면 안 된다고 그렇게 당부했는데…."

"그 사람 아이를 정말 갖고 싶었어요…."

"정말 팔자대로 살 모양입니다. 낳을 때가 다되어 가는 것 같은데…."

"8개월째에요. 며칠 후 울산에 일이 있어 내려갈 건데 그때 찾아뵐게요."

"그래요."

며칠 후 배가 불룩해서 찾아왔다.

"안녕하세요? 오랜만이죠?"

"한 3년 정도 된 것 같습니다."

"그러네요. 벌써 3년이나 지났네요."

"세월 참 빠르죠, 그런데 지금 지나가는 시간은 참 지루합니다."

"이젠 도저히 그 사람하고 못살겠어요. 아이가 나올 때는 점점 다가오는데 이 아이 때문에 걱정이에요."

"뭐가 걱정입니까? 호랑이도 제 새끼는 잡아먹지 않는다는데…. 아이 할아버지 할머니한테 데려다 주세요. 그게 제일 좋습니다."

"그렇죠? 저도 그렇게 생각하고 있어요."

"어머니 혼자 아무리 신경쓰면서 키운다 해도 자기 아버지나 할아버지 할머니보다 낫겠습니까? 당신도 앞으로 혼자 살 수는 없으니 혹이 있는 것보다는 없는 것이 낫고요."

"그렇죠. 아이를 낳으면 그 사람 부모님들한테 데려다주고, 그 사람이 모르는 곳에 가서 새 생활을 하려고요."

"늦었지만 지금이라도 그렇게 하세요."

"고맙습니다. 아이 이름은 좋은 것으로 지어주셔야 해요?"

"걱정 마시고 지금 그 마음이나 변하지 마세요."

그러고는 그녀는 서울로 떠났는데 떠난 지 한 달도 되지 않아 전화가 또 왔다.

"저 정숙이에요."

"그 사람 죽었어요?"

필자도 모르게 나온 말이라 깜짝 놀랐다.

"네."

"어쩌다가…"

"요즘 인력시장에 나가 일하러 다녔는데 점심시간에 식당에서 밥 먹다가 뒤로 넘어졌는데, 그 자리에서…"

"…"

"저 이제 어떻하면 좋아요?"

"뭘 어떡해요. 아이는 입양보내야지요. 내가 말은 하지 않았지만 어릴 때 아이를 하나 낳아 입양보냈잖아요. 또 입양보내야지 별 수 있나요. 자기 아들이 죽었는데 아이 할아버지 할머니가 받아주시겠어요?"

"언니도 입양보내라고 해요. 가슴이 찢어지는 것 같아요…"

"스스로 택한 길이니 누굴 원망하겠습니까?"

"흑흑흑…"

이렇게 울다가 전화가 끊겼다. 아이 이름을 지어달라더니 그후 연락이 오지 않았고, 필자도 연락할 일이 없고 해서 소식이 끊겼다. 지금도 지난 일을 후회하면서 살아갈 것이다. 정이 뭐길래 임신하지 말라고 그렇게 말렸는데 임신해서 아이 아버지를 저 세상으로 가게 하고, 아이의 인생도 엉망으로 만들고, 자신도 울면서 사는가. 설마하고 임신한 것이겠지만 설마는 없다. 오직 운명만이 존재할 뿐이지. 아마 그녀가 살아 있다면 이 책을 사볼 것이다. 연락을 한 번 해줬으면 한다. 이 이야기는 눈에 보이지 않는 이야기이지만 다음의 이야기는 눈에 보이는 이야기다.

사무실 근처에 있는 식당 주인 아주머니가 어느 날 남자 손님을 한 명 데려와 신수를 봐달란다. 그래서 사주를 뽑아보니 직장을 옮길 운이다. 돈을 많이 준다는 곳으로. 그러나 이런 경우에는 옮긴 직장에서 곧 쫓겨나게 된다. 그래서 직장을 옮기면 쫓겨날 테니 옮기지 말라고 했더니 그렇게 하겠다고 하고 갔는데 그 이듬해에 이 남자가 다시 찾아왔다. 그런데 그때도 지난해와 비슷한 운세여서 직장을 옮기지 않는 것이 좋겠다고 하고 상담을 마쳤다. 그런데 한 달이 채 되지 않아 다시 찾아왔다.

"선생님이 예언하신 대로 되었습니다."
"난 예언가가 아니라 사주를 보는 사주쟁이일 뿐입니다."
"그래도 말씀하신 대로 그대로 되었습니다."
"어떻게 된 일인데요?"
"그때 그 말씀을 듣고 직장을 옮기지 않으려고 생각하고 있었습니다. 그런데 우연히 친구따라 동네 근처에 있는 조그만 암자에 들렀는데 운이 좋다면서 직장을 옮기라는 것입니다. 그러면서 운이 나쁘면 막아주겠으니 기도비를 달라고 해서 기도비를 주고 일주일 기도하고 직장을 옮겼습니다."
"그래서 괜찮았습니까?
"괜찮았으면 다시 왔겠습니까?"
"어디 얘기나 한번 들어봅시다."
"그 암자에서 기도하고 바로 새 직장으로 옮겼습니다. 그런데 묘하게 일이 꼬이기 시작했습니다. 배를 만들 때 페인트칠을 하는데 제가 하는 일이 그 페인트칠을 하기 전에 철판에 구멍을 내는 일입니다. 곰보처럼 만드는 일이지요."

"뭐로 철판을 곰보처럼 만듭니까?"

"물로요. 아주 센 물을 철판에 뿌리면 곰보처럼 됩니다. 그 일을 여럿이 하는데 우리가 쓰는 호스의 라인이 일하는 사람마다 각각 따로 정해져 있습니다."

"그래요? 처음 알았습니다."

"그런데 아침에 출근해서 내 라인에 호스를 연결시켰다고 생각하고 일하다 보면 꼭 남의 라인에 연결되어 있는 것입니다. 처음에는 실수겠지 생각하고 다음날 정신차리고 분명히 내 라인에 호스를 연결했는데 또 남의 라인이에요. 미치고 환장할 일이죠."

"그것 참…."

"그런 일이 며칠이나 반복되니 회사에서 저를 정신이상자로 보았는지 출입증도 받아보지 못하고 짤렸습니다.

"그걸 우연이라고 생각하시지는 않지요?"

"절대 우연이 아닙니다. 꼭 도깨비에게 홀린 느낌입니다."

"그게 바로 운이라는 것입니다. 하지 말라는 것을 억지로 하니 신들이 당신 머리를 이상하게 만든 것입니다. 직장을 옮기지 않았으면 아무 문제 없었을 텐데 이게 무슨 일입니까? 기도하면 나쁜 운도 막을 수 있다는 그 사람들을 원망할 수도 없고…."

"그래요. 제가 잘못했지요. 누굴 탓하겠습니까?"

"당분간은 직장 구하기 어려울 겁니다."

"각오하고 있어요. 하늘을 거역한 제가 무슨 할 말이 있겠습니까?"

사주를 볼 때는 사주에 있는 나쁜 운이나 사고를 막고 좋은 길을 찾고자 함인데 알려주어도 이렇게 믿지 않다가 결국 사고를 당하거나 실패한 뒤 피눈물을 흘리는 사람들이 의외로 많다. 이렇게 제멋대로 살 바에야 사주를 볼 필요가 전혀 없다. 보면 뭘하나. 실천하지 않는데 말이다.

사주를 봤으면 반드시 실천해야 한다. 그래야 더 나은 삶을 살 수 있다. 상담한 내용을 참고도 실천도 하지 않을 거라면 사주를 보지 말라. 모르는 게 약이라는 말도 있지 않은가. 사람들은 대개 사고가 난 후에 상담하러 오는 경우가 많다. 그런 사람들은 사주를 무시하거나 믿지 않다가 사고가 나니 혹시나 해서 오는 것이다. 다음은 필자의 초등학교 동창과 상담한 내용을 적어본다.

"사주보러 오지 않더니 오늘은 웬일로?"

"그냥 사주 한번 보고 싶어서…."

"그래, 그럼 생년월일과 시가 어떻게 되지?"

"○○년 ○월 ○일 ○○시…."

"남편한테 무슨 문제가 있는 것 같은데…."

"응."

"남편 저 세상으로 갔냐?"

"응."

"음력으로 금년 2월에?"

"어떻게 그렇게 잘 아는데?"

"야, 지금 니 사주 보고 있잖아?"

"그래. 지난 2월에 갑자기 돌아가셨어."

"아니, 사주가 아무리 이래도 그렇게 건강하던 분이 갑자기 왜?"

"응. 이번에 교장발령 받으려고 교육받으러 다녔는데 좀 피곤했는지 아침에 보니 돌아가신 거야."

"아니, 사주쟁이 친구 됐다가 엿 사먹으려고 그러냐?. 가끔 한번씩 물어보고 그러지. 미리 알았더라면 막을 수도 있었을 텐데…"

"나는 사주 같은 거 안 믿었거든…"

"거 참, 답답하네."

"글쎄말야. 이럴 줄 알았으면 미리 한번 보는 건데…"

이 친구의 남편은 고등학교 체육교사였는데 교감으로 있다가 교장발령을 눈앞에 두고 58세에 운명을 달리한 것이다. 우리 동창모임이 있으면 친구를 데려다 주는 자상하며 멋진 사람이었는데. 이런 경우에도 미리 알았더라면 막을 수 있었을 것이라고 생각한다.

사주를 무시하다가 죽은 사람의 예를 하나 더 들어본다. 사주쟁이가 하기 싫어 친구 사무실에서 빈둥거릴 때의 일이다. 그 친구에게 부동산을 여러 곳 소개해준 김사장이라는 부동산 중개업자가 있었다. 김사장은 친구 사무실에 자주 오는 편인데 어느 날 갑자기 사주를 봐달라고 했다.

사주를 보니 재물복은 있는데 여자 때문에 화를 당할 수 있었다. 그래서 여자를 조심하라고 했더니 왜 그러냐고 묻길래 여자 때문에 죽을 수도 있으니 조심하라고 하면서 아는 여자가 있으면 생년월일시를 알아오라고 하고는 헤어졌다. 그후 일 년 정도 지난 어느

날 친구 사무실에서 커피를 마시고 있는데 사무실 주인인 친구가
전화를 했다.

"박도사! 일찍 나왔네?"

"이 사람아, 내가 나온 지가 벌써 50년이 넘었네."

"아! 그렇지, 내가 미처 몰라봤네."

"그런데 왜?"

"아침에 뉴스를 보는데 삼익부동산 김사장이 나왔어."

"김사장이 무슨 스타냐? 텔레비전에 나오게?"

"그게 아니고 죽었대…."

"뭐라고? 김사장이 왜 죽어? 토요일까지도 멀쩡하던 사람이?"

토요일에 함께 점심을 먹었는데 죽었다니 황당했다.

"어쨌든 죽었다고 텔레비전에 나왔어"

"알았어, 내가 김사장 사무실에 전화해볼게"

전화를 끊고 바로 김사장 사무실로 전화를 했더니 함께 부동산을
하는 이사장이 전화를 받았다.

"이사장님! 김사장이 죽었다는데 무슨 말입니까?"

"어제 그렇게 됐습니다."

"아니! 그게 무슨 말입니까?"

"어제 오후 3시쯤…."

"예…."

이렇게 전화를 끊었는데 나중에 들은 얘기로는 10년 정도 연인으
로 지내던 여자가 있었는데, 이 여자가 김사장 소개로 땅을 샀다고

한다. 그 땅을 살 때만 해도 부동산 경기가 아주 좋았는데 얼마되지 않아 IMF로 부동산 경기가 아주 나빠져 그 땅이 팔리지 않는 것이었다. 김사장이 사망한 그날도 그 여자가 찾아와 낮 12시쯤에 두 사람이 함께 나갔고, 오후에 이사장한테 그 여자가 연락을 해서 모텔에 가보니 김사장이 숨져 있더라는 것이다. 소위 말하는 복상사였던 것이다. 필자가 일러준 대로 여자를 조심했으면 그런 일은 일어나지 않았을 텐데. 이 자리를 빌려 김사장의 명복을 빈다.

8. 사주볼 때 관상을 보다가 실수한 이야기

부산에 있을 때 신문에 전화로 사주팔자를 보는 프로그램이 있다는 광고가 나왔다. 온갖 미사여구를 써가면서 광고를 냈는데 아마도 전화로 사주를 보는 프로그램은 처음이었을 것이다. 직접 면담을 해도 맞을까 말까 한데 컴퓨터가 아무리 만능이라지만 얼마나 맞을까 궁금해 전화를 걸어보았다. 사주명식은 정확하게 나오고 기본적인 것은 어느 정도 맞는데 그 이상은 맞는 것이 없었다. 프로그램을 만든 곳을 보니 부산 이라 전화를 걸어보니 프로그램을 만든 사람이 전화를 받는 것이었다.

"수고하십니다. 저도 사주를 조금 공부한 사람인데 사주운세 프로그램이 궁금해서 전화드렸습니다."
"그래요? 뭐가 궁금하십니까?"
"아…. 예…. 제가 한 번 눌러봤더니 잘 맞지 않네요?"

"그렇지요. 그게 맞을 리가 있습니까?"

"직접 면담을 해도 어려운데 컴퓨터가 얼마나 맞겠나 싶어 눌러는 보았는데 좀 그러네요."

"그렇지요. 오늘의 운세를 보는 것 같은 마음으로 봐야지 믿으면 곤란하겠지요. 꼭 맞는다는 것보다 내 사주는 어떤지 정도는 알 수 있으니 전혀 도움이 안 된다고 볼 수는 없지요."

"선생님도 철학원을 운영하시는 것 같은데 그럼 상담하실 때는 어떻게 하십니까?"

"저는 들어오는 모습, 걷는 모습, 옷을 입은 모습, 관상, 앉을 때 왼손을 먼저 집는가, 오른손을 먼저 집는가 등을 보고 대충 파악한 후에 사주를 뽑아 상담합니다."

"그러십니까? 저는 그런 건 모두 무시하고 글로만 봅니다."

"대단한 경지에 오르셨나 봅니다. 그렇게 상담하시는 분이 별로 없습니다."

"네. 저는 지금까지 그렇게 해왔습니다. 선생님의 말씀을 듣고 보니 저도 한번 시도해 봐야겠습니다."

그때까지만 해도 상담할 때 상담자의 이름도 묻지 않았다. 상담하는데 사주만 있으면 되지 이름이 무슨 필요있나 하는 생각과 이름을 물으려니 괜히 쑥스러운 것 같기도 해서 말이다. 이런 것들은 사주를 가르쳐준 선생이 모두 얘기하는데 선생이 없는 필자로서는 전혀 배운 적이 없으니 이름을 묻지 않고 그냥 상담했던 것이다. 지금 생각하면 우스운 일이지만.

그때만 해도 학문의 깊이는 있어도 운명을 보는 여러 분야의 학문들은 많이 접해보지 못한 터라 주로 사주만으로 상담했다. 쉽게 말하면 기본적인 사주가 어떻다느니, 운세가 좋다느니 나쁘다느니 이 정도의 상담밖에 하지 않았던 것 같다. 그래도 잘 맞는다고 고객들이 제법 찾아왔다. 지금도 사주만 고집하고 있지만 말이다.

컴퓨터 프로그램을 만든 사람과 통화한 후 조금 있다가 남자 한 분이 상담하러 왔다. 조금 전에 통화한 그 사람 말대로 그 남자를 찬찬히 살펴봤다. 그리고 사주를 뽑아 조금 전에 관찰한 것과 비교하면서 상담을 시작했는데 맞지 않는다고 하는 것이다. 황당해서 조금 전에 있었던 얘기를 해주고 잠시 시간을 가진 뒤 보던 방식대로 다시 상담했다. 그러니 이제야 잘 맞는다는 것이 아닌가. 선무당이 사람 잡는다더니 내가 그 꼴이구먼.

그후로는 상담자의 얼굴은 아예 쳐다보지도 않고 상담하는 것을 원칙으로 하고, 지금도 그 원칙에는 변함이 없다. 그래, 사주를 다른 것과 짬뽕시키니 맞을 턱이 있나. 관상이 잘 맞으면 관상만 보면 되지 사주는 필요없지. 사주란 그 글자 속에 사람의 운명이 모두 들어 있어 제대로 분석만 한다면 거의 완벽한데 굳이 다른 것을 접목시킬 필요는 없다고 생각하게 되었다. 그후로도 전화상담을 많이 하는데 전화상담은 말 그대로 전화로 하는 것이니 상담자의 얼굴을 보지 못한다. 그래도 정확하게 사주를 분석할 수 있으니 역시 글자로만 사주를 보는 것이 정석이라고 생각한다.

제9장. 질병에 참고할 사항들

1. 사주에서 들어오는 질병은 어떻게 다스리나

이제마 선생의 사상체질이나 한의학에서 많이 활용하는 오운육기 등을 보아도 사주라는 학문이 사람의 운명에 대한 정보뿐 아니라 건강에 대한 정보도 가지고 있다는 것을 알 수 있다. 더 쉽게 말하면 사주라는 학문은 그 사람의 모든 것을 나타내는 정보의 집합체라고 할 수 있다. 부모 형제와의 관계, 친구와의 관계, 배우자와의 관계, 자식과의 관계, 이름을 떨칠 수 있는 명예운, 재물을 모을 수 있는 재물운, 오장육부를 관장하는 건강운 등 하나에서 열까지 모두 사주로 알 수 있는 것이다.

한의학도 더 발전을 하려면 사주학을 많이 활용을 해야 할 것이다. 그러나 한의사들은 음양오행이 인체에 대한 정보를 가지고 있다는 것을 알면서도 거의 활용하지 않고 컴퓨터에 의지해 집맥하는 것으로 알고 있다. 환자의 사주를 분석한 후 처방을 하면 더 빨리 치료할 수 있을 것이다. 허기사 빨리 나으면 돈이 적게 벌리니 그렇게 할 이유가 없을 지도 모른다.

　그러나 의사로서의 양심이 있다면 환자가 하루라도 빨리 낫도록 해주는 것이 도리라고 생각한다. 필자가 잘 아는 한의사 후배에게 사주를 배우라고 몇 번 애기했더니 며칠 배우러 오더니 그만두었다. 귀찮다는 것이다. 사주를 몰라도 돈만 잘 버는데 배워서 뭐하겠냐고. 그런 바보 같은 소리 하지 말고 열심히 배우고 연구해서 한의학과 접목을 시킬 수 있는 방법을 모색해 한의학을 더 발전시켜야 하지 않겠냐고 하니 싫단다. 평양감사도 자기가 싫으면 그만인데 수강료도 받지 않으면서 굳이 가르칠 필요는 없는 것이다. 지금도 그 후배는 돈은 잘 번다. 돈만 벌면 장땡은 아닐 텐데 말이다. 그 후배에게서 가끔 전화가 온다.

"이 여자 사주 한번 봐주세요."
"왜?"
"글쎄 한번 봐주세요."
"그래, 그럼 생년월일시를 불러봐."
"○○년 ○월 ○○일 ○○시요."
"자궁질환이 있어 치료받으러 왔는데 아마 자궁에 혹이 생겼을 거야."
"와~ 진짜 도사네."
"이 사람아! 그래서 내가 자네보고 사주 배우라고 하지 않았나."
"사실 사주로 이런 병을 찾을 수 있을까 해서 전화드려본 건데요."

"이런! 사주쟁이를 테스트하려 하다니…"

"죄송합니다 선배님! 제가 언제 식사 한번 대접하겠습니다."

"이 사람아, 밥 한끼 먹는 게 중요한 게 아니라 이럴 때도 환자의 사주를 안다면 완벽하게 치료할 수 있는데 일방적인 처방만 했겠지?"

"제가 학교에서 배운 것과 지금까지 치료하면서 경험한 것을 토대로 처방했지요."

"그래 잘났다."

사주에서 질병은 약한 오행과 강한 오행 모두 질병을 가지고 있다. 이럴 때는 병원에 가서 진단을 하면 병명이 나오고 치료할 수 있는 방법이 있다. 그런데 배우자나 부모나 자식의 사주에 의해 아픈 경우에는 병원에서 온갖 진단을 받아도 병명을 찾을 수 없다. 이런 경우 대부분 의사들은 무슨무슨 스트레스성 증후군이라며 약을 준다. 잘은 몰라도 아마 신경안정제일 것이다.

사주에서 들어오는 병은 신경안정제를 먹고 낫지 않는다. 사주를 분석해서 답을 찾아야 한다. 여러 가지 방법이 있겠지만 가장 좋은 방법은 질병을 유발하게 한 사람과 질병에 시달리는 사람을 격리시키는 것이다. 그렇다면 부부가 이혼하거나 부모와 자식이 따로 살아야 한다는 결론이 나오는데 어쩔 수 없다. 최고의 처방은 떨어져 사는 방법밖에 없다.

그 다음은 체질을 개선하는 것인데 이 체질개선에 대해 민간의약하는 사람들에게 물어보면 엄청난 고통이 수반된다고 한다. 보통 사람들은 이겨내지 못하고 중간에서 포기하게 된다는 것이다. 쉽게 말하면 독종이 아니면 체질을 개선하기 어렵다는 것이다.

루프스(자가면역 결핍증)라는 희귀한 병은 병원에서는 치료할 수 없다고 포기한 병이다. 그러나 민간의약으로 고친 사람들이 있다. 체질을 개선해 치료했다는 것이다. 어떤 병이든지 체질을 개선하면 완치된다는 것이 민간의약을 연구하는 사람들의 한결 같은 말이다. 민간의약이란 전래로부터 전해 내려오던 민간요법을 말하는 것으로 근래에는 민간요법보다는 민간의약이라는 단어를 많이 사용한다. 그 정의는 아래와 같다.

최초의 인류 때부터 인간들은 그들을 위협하는 온갖 자연조건 뿐만 아니라 질병과도 싸워야 했다. 동물은 자기 몸에 상처가 나거나 병이 생겼을 때 그 상처를 핥거나 긁어 고통에서 벗어나려는 본능적인 행동을 한다. 이와 마찬가지로 인간도 어떤 병에 걸렸을 때 그 병을 물리치고 스스로의 건강을 지키려는 본능이 있다.

그러나 인간은 동물과는 달리 자연계에 널려 있는 여러 가지 것들을 이용해 질병을 퇴치하려고 했다. 이것이 바로 민간요법인 것이다. 인류는 아주 오랜 세월 동안 질병의 고통에서 벗어나려는 염원과 이를 달성하기 위해 끊임없이 노력했고, 질병을 치료하려고 우리 조상들은 생활주변에 자생하는 초목을 써보고 약효를 얻어 생명을 보호하는 희망을 갖게 되었지만 초목의 뿌리·잎·열매 등으로 오히려 생명을 빼앗기는 경우도 많았다. 이와 같이 수천년에 걸친 온갖 노력과 희생의 결과로 약을 사용하는 방법과 효능을 얻게 된 것이다.

필자가 아는 민간의약을 하는 사람은 새로 개발한 약은 반드시 자기가 먼저 먹어 보고 후유증이 없어야 환자에게 준다고 한다. 어떤 때는 새로 개발한 약을 먹고 혀가 굳어 몇 달 동안 말을 제대로 못한 때도 있었다고 한다.

민간의약을 하는 사람들은 대부분 자기가 몸이 아파 치료받다가 그 길로 들어서거나 우연히 그 길로 들어선 사람들이 많다. 그들은 끊임없이 연구하면서도 의료법이라는 무시무시한 법 때문에 음지에서만 활동하고 있다. 민간의약을 활성화시킬 수 있는 방법이 있으면 좋을 텐데 아직까지는 없다. 미국 같은 곳에서는 대체의학이라고 해서 한 분야를 차지하는데 우리나라에는 아직 없다. 민간의약이 바로 대체의학 아닌가. 어쨌든 체질을 개선하면 모든 질병은 치료할 수 있다. 특히 사주에서 들어오는 병은 더 신경써야 한다.

2. 뇌졸중은 경고하고 온다

1. 뇌졸중이 발병하기 전에 찾아오는 증상
① 한쪽 팔다리가 마비되거나 감각이 이상하다.
② 말이 어눌해지거나 잘 듣지 못하고 엉뚱한 말을 하기도 한다.
③ 한쪽 시력이 떨어지거나 안 보이거나 이중으로 보이거나 좁아진다.
④ 걸을 때 한쪽으로 쏠리거나 중심을 잡지 못한다.
⑤ 갑자기 심한 두통이나 현기증을 느낀다.
⑥ 주위가 뱅뱅 도는 것처럼 어지럽다.

⑦ 의식장애로 깨어나지 못한다.

⑧ 얼굴이나 입이 한쪽으로 비뚤어진다.

⑨ 하품을 자주 하거나 사래가 들린다.

⑩ 얼굴·손·발·몸통 한쪽이 갑자기 마비되거나 이상하다.

2. 중풍은 예방수칙을 잘 실천하면 예방할 수 있다

중풍은 생활습관에서 오는 병이므로 왜 발병되는지를 알고 예방하면 걸리지 않을 수 있다. 스트레스, 과로, 음식의 부주의나 운동 부족으로 인한 비만, 과음, 끽연 등이 모두 중풍의 원인이 된다.

3. 중풍에 걸리기 쉬운 사람

① 부모나 직계가족 중에 중풍환자가 있었던 사람.

② 현재 고혈압·당뇨·심장질환이 있는 사람.

③ 선천적으로 화·습담·어혈이 많은 체질이나 기가 부족한 체질 등이다. 이런 사람들이 사회생활을 하면서 받는 과중한 정신적 육체적 스트레스와 과음, 흡연 등의 요인들이 더해지면 혈관의 변화와 심장이나 신장 등의 이상을 초래해 합병증으로 나타나는 것이 중풍이다.

4. 중풍의 예방수칙을 실천하라

① 가족력이나 중풍소인이 있으면 평소에 치료하거나 관리한다.

② 식생활을 개선한다. 식사량을 일정하게 한다. 절대 군것질을 하지 않는다. 체질에 맞는 식사를 한다. 동물성 지방 섭취를 줄이

고 채식이나 식물성 지방 섭취를 늘린다. 염분이나 당분 섭취를 줄이고 기호식품을 삼가한다.

③ 걷기운동 등 자신에게 맞는 운동을 생활화한다.

④ 정신적 육체적 과로를 피하고 스트레스는 그때그때 푼다.

⑤ 술과 담배를 끊거나 줄인다.

⑥ 소인이 있는 사람은 정기적으로 진찰을 받는다.

⑦ 사주가 냉한 사람은 뇌졸중을 조심해야 한다.

5. 뇌졸중을 동반하는 질병

① 고혈압 : 뇌졸중의 가장 위험한 요소다. 뇌경색 환자에서 50% 이상, 뇌출혈 환자에서 70~88% 동반.

② 심장병 : 뇌졸중 환자의 75%에서 심장병 동반.

③ 당뇨병 : 정상인보다 3배 정도 뇌경색이 많이 발생한다.

④ 뇌졸중의 경고 증상 : 일시적으로 혈관이 막혔다가 저절로 풀려 24시간 내에 정상으로 돌아오는 경우에도 결국 뇌경색이 발생한다.

⑤ 고지혈증 : 혈 중의 총 콜레스테롤 양과 저밀도 지방단백이 증가하면 동맥경화증이 촉진되고 뇌졸중이 발생한다.

⑥ 흡연 : 교감신경이 흥분되어 혈중 카테콜라민이 증가하고 동맥경화증이 유발되어 뇌졸중에 대한 위험이 3배 정도 높다.

⑦ 비만과 식이습관 : 비만환자에서는 고혈압과 당뇨병의 빈도가 비교적 높아 동맥경화가 쉽게 발생하므로 뇌졸중의 위험이 커진다.

⑧ 알코올 : 만성 알코올 중독이나 과음할 때는 심부정맥과 심근 수축 이상, 고혈압·뇌혈관수축 등을 일으켜 쉽게 뇌졸중이 발생한다.

⑨ 뇌출혈의 다른 위험인자들 : 뇌동맥류, 출혈성 질환이 있는 경우에는 뇌출혈의 위험성이 매우 높다.

3. 전립선암을 예방하는 방법

전립선암 발생율이 점점 높아진다고 한다. 필자의 친구 중에도 전립선암 수술을 받은 사람이 있는데, 그 친구의 얘기를 들어보면 전립선암 수술을 받은 사람 중에서 50% 정도가 성기능을 잃는다고 한다. 같은 남자 입장에서 안타까운 생각이 들어 예방법을 알려드리고자 한다. 잘 실천하면 절대 걸리지 않을 것이라고 장담한다.

방법은 매우 간단하다. 샤워할 때 샤워기로 전립선 부분에 물(찬물 더운 물 관계없음)을 뿌리면서 매일 손으로 마사지를 해주면 된다. 전립선 비대증은 전립선을 운동시켜 주지 않아 오는 병인데 이 전립선 비대증이 바로 암과 직결되는 것이다. 필자도 전립선 비대증을 전립선 마사지로 해결했다. 독자들도 이 간단한 방법으로 전립선암도 예방하고 정력도 강화하기 바란다.

4. 편식은 어릴 때 고치지 않으면 평생 간다

필자가 항상 주장하는 것은 사주는 태어나자마자 보아야 한다는 것이다. 왜냐하면 갓난아기도 하나의 인격체이고 공기로 호흡을 하니 당연히 음양오행의 영향을 받기 때문이다. 그런데도 일부의 역술인들은 어린아이의 사주를 볼 때 그냥 좋다고만 하고 다른 사항에 대해서는 입을 다문다. 그러나 건강에 대해서는 하나도 남김없이 해주어야 그 아이가 건강하게 자랄 수 있다.

특히 편식할 수 있는 사주로 된 어린아이는 편식을 하지 않도록 하는 방법을 알려주어야 한다. 모든 질병의 근원이 음식을 잘못 먹어서다. 예를 들어 고혈압에 걸릴 수 있는 사주로 구성된 사람은 틀림없이 육식을 좋아하거나 혈압에 해로운 음식들을 좋아한다. 이런 사항들을 미리 얘기해 준다면 어릴 때부터 식습관을 바로 잡을 수 있기 때문이다. 얼마 전 34세의 젊은 남자가 인스턴트 식품과 육류만 먹다가 뇌출혈로 사망한 것을 보았다. 그 책임은 부모에게 있다. 어릴 때 식습관을 고쳐주지 않아서다.

사람은 배가 고프면 이것저것 가리지 않고 먹게 되어 있다. 어떤 어머니들은 아이가 밥을 먹지 않는다고 밥그릇을 들고 쫓아다니면서 밥을 먹이려고 애쓴다. 그러나 절대 그렇게 하면 안 된다. 왜냐하면 어머니들이 그렇게 하면 아이의 식습관이 편식으로 흐르기 때문이다. 현명한 어머니들은 절대 그렇게 하지 않는다. 왜냐하면 배가 고프면 저절로 먹게 되어 있다. 이때 아이가 잘 먹지 않는 음식을 주면 처음에는 아이가 망설이다가 결국은 먹게 되어 있다.

이렇게 입에 맞지 않는 음식도 먹다보면 어느새 입맛에 맞게 되어 있다. 이렇게 해야 편식을 고칠 수 있다. 만약 어릴 때 편식하는 습관을 고치지 못하면 평생 편식을 하게 된다. 입맛에 맞는 것만 먹어도 충분히 영양분을 섭취할 수 있다면 얼마나 좋겠냐마는 그렇지가 않기 때문에 건강을 제대로 지탱하기 어렵다는 것이다.

신은 왜 사람이나 동물에게 필요한 영양분을 한 곳에 모아두지 않고 골고루 분포시켜 놓았을까. 이유는 그 음식들을 사람이나 동물이 먹음으로서 식물은 번식하고 동물들도 개체수를 조절할 수 있기 때문이다. 그것이 바로 신의 의도이고 자연의 섭리다. 만약 한 식물이나 동물에게 영양을 모두 모아두었다면 그 식물이나 동물만이 세상에 살아남을 것이다. 그래서 신은 위대한 것이다. 그 위대한 신의 뜻을 거슬리는 것이 바로 편식이다. 그러니 편식을 하면 질병이 오게 신체 구조가 되어 있는 것이다.

그러니 음식을 골고루 먹어야 건강하게 살 수 있는 것이다. 성인도 마찬가지다. 음식을 골고루 먹어야 건강한 육체를 유지할 수 있다. 우리가 가정에서 만들어 먹는 음식은 한계가 있다. 이럴 경우에는 뷔페식당을 활용하면 좋다. 맛있는 것보다 평소에 먹지 않던 음식을 골고루 먹는 것이 가장 중요하다. 그렇게 음식을 골고루 먹음으로써 평소에 집에서 먹던 음식에서 섭취하지 못한 영양분을 섭취할 수 있는 것이다.

입맛대로 먹으면 건강할 수 있다고 말하는 사람도 있는데 절대 아니다. 입맛대로 먹는 것이 편식이고, 편식해서 건강한 사람을 본 적이 없다. 필자의 견해로는 음식을 골고루 먹되 입에서 땡기는 음식을 좀 더 먹는다는 것이다. 예를 들어 평소에는 오리고기를 잘 먹지 않는데 어느 날 먹고 싶은 생각이 들면 무조건 먹어야 한다. 오리고기에 있는 영양분이 필요하기 때문에 몸이 요구하는 것이기 때문이다. 입맛대로 먹으면 된다는 것은 이 같은 현상을 두고 하는 말인지도 모른다. 아무튼 건강하려면 음식을 골고루 먹어야 한다는 것을 잊지 않았으면 한다.

사주에 상관(傷官)만 있거나 왕성한 사람들은 식성이 매우 까다롭고, 식신(食神)이 있는 사람은 먹는 것에 대해 자제력을 잃고 과식하는 것을 많이 본다. 특히 상관(傷官)이나 식신(食神)이 귀문관살(鬼門關殺)이나 원진살(元辰殺)이 되면 편식을 하는 경향이 더 심하다.

맛있는 음식을 싫어하는 사람은 없다. 필자도 맛있는 음식을 좋아하나 골고루 먹으려고 애를 쓴다. 참고삼아 필자의 경험담을 하고자 한다. 30대 초반 어느 날 갑자기 잠이 쏟아지기 시작했다. 앉으나 서나 잠이 왔다. 길을 가면서도 저절로 눈이 감기는 것이었다. 아무리 애를 써도 잠이 쏟아지니 일도 할 수 없었다.

그렇게 며칠을 보내다가 할 수 없이 병원에 가서 진찰을 받고 여러 가지 검사도 받았는데 아무 이상이 없다고 했다. 의사는 영양분이 불균형하면 가끔 그런 현상이 생기니 지금까지 먹던 음식 말고 다른 것을 먹어보라고 했다. 그래서 그렇게 한두끼를 먹었더니 봄눈 녹듯이 증세가 사라졌다.

그후 음식을 골고루 먹으려고 노력한다. 겪어보지 보지 않으면 모르는 일이나 음식을 골고루 먹는 것이 좋다는 것은 누구나 상식으로 알고 있을 것이다. 독자들도 음식을 골고루 먹으면서 건강하게 살기를 바란다.

5. 사주와 질병

여기서는 간단하게 질병을 알 수 있는 방법을 설명하고자 한다. 자세한 것은 『참역학은 이렇게 쉬운 것이다』를 참고하기 바란다.

1. 갑을목(甲乙木)이 왕성하거나 미약하면

갑목(甲木)이 왕성할 때 사주나 운에서 강한 경금(庚金)을 만나면 어깨·목·머리·다리 등을 다치거나 간질환이 따르고, 을목(乙木)이 왕성할 때 강한 신금(辛金)을 만나면 간질환이 따른다. 강한 금(金)이 들어오지 않아도 사주에 갑을목(甲乙木)이 많으면 왕성한 갑을목(甲乙木)에 의지해 술을 많이 먹게 되니 반드시 간질환이 따른다.

사주에 갑을목(甲乙木)이 왕성한 사람들은 술을 많이 먹지만 금방 깬다. 그것은 갑을목(甲乙木)이 간장이니 간장에서 알코올을 빨리 분해하기 때문이다. 그래서 갑을목(甲乙木)이 왕성한 사람들은 밤새도록 술을 마시는 사람도 간혹 있다. 그러니 알코올중독도 염려된다.

그리고 사주에 갑을목(甲乙木)이 많아 왕성하면 소화액이 많이 나오니 위산과다에 시달리게 되고, 위산과다는 결국 위장병을 부른다. 그리고 사주에 수기(水氣)가 부족하면 신장기능도 약해져 신장병으로 고생하는데 갑을목(甲乙木)이 왕성하면 물을 많이 먹기 때문에 신장기능이 약해질 수 있으니 신장질환도 조심해야 한다.

갑을목(甲乙木)이 미약하거나 없어도 간질환이 염려된다. 갑을목

(甲乙木)이 미약하다는 것은 간기능이 약하게 태어났다는 것이고, 갑을목(甲乙木)이 없다는 것 역시 간기능이 약하게 태어났다는 것이다.

2. 병정화(丙丁火)가 왕성하거나 미약하면

사주에 병정화(丙丁火)가 많은데 수기(水氣)가 부족하거나 없으면 변비가 생기기 쉽고, 대장과 폐가 약할 수밖에 없으니 대장이나 폐 질환을 조심해야 하고, 피부 건조증으로 고생하게 되고, 피부 건조증이 있는 사람들은 건식사우나에 들어가면 안 되고 습식사우나에 들어가야 한다.

변비는 대장운동이 제대로 되지 않아 생기는 병인데, 대개 사주에 물이 부족하거나 평소에 물을 잘 먹지 않는 사람들에게 생긴다. 이럴 때는 평소에 물을 자주 조금씩 먹고 잠자기 전에 따뜻한 물 1~2잔을 마시면 변비와 치질은 없어진다. 병정화(丙丁火)가 왕성하면 상대적으로 간이 약하게 태어나 간에 열이 많기 때문에 간질환을 조심해야 하고, 병정화(丙丁火)가 미약하면 심장질환을 조심해야 한다.

3. 무기토(戊己土)가 왕성하거나 미약하면

사주에 무기토(戊己土)가 왕성하면 신장이 약할 수밖에 없으니 신장병에 시달리게 되고, 갑을목(甲乙木)과 비슷하게 왕성한 무기토(戊己土)를 믿고 술을 많이 먹는 사람들이 많다. 술을 많이 먹으니 위장이 좋을 리가 없겠지만 튼튼한 위장을 믿고 식사를 제 때

하는 경우가 거의 없어 위장병에 잘 걸린다. 사주에 갑을목(甲乙木)이 왕성한 사람이 술을 잘 먹는 것은 술이 들어가면 갑을목(甲乙木) 나무들이 흡수하니 자꾸 마셔대는 것이고, 무기토(戊己土)가 왕성한 사람이 술을 잘 먹는 것은 술이 무기토(戊己土) 흙 속으로 스며들기 때문이다.

갑을목(甲乙木)이 왕성한 사람은 술이 빨리 깨는 편이지만 무기토(戊己土)가 왕성한 사람들은 술이 잘 깨지 않으므로 술로 인한 후유증에 시달리게 된다. 또 무기토(戊己土)가 왕성하면 심장이 약하게 태어났다는 것이니 심장질환도 조심해야 하고, 무기토(戊己土)가 미약하면 위장질환을 조심해야 한다.

4. 경신금(庚辛金)이 왕성하거나 미약하면

사주에 경신금(庚辛金)이 왕성하면 목(木)이 다치거나 약하게 되니 간질환이 생기기 쉽다. 경신금(庚辛金)이 왕성하면 위장이 약하게 태어났다는 뜻이니 위장질환도 조심해야 한다. 경신금(庚辛金)이 왕성하면 왕성한 경신금(庚辛金)을 믿고 대장이나 폐를 함부로 하다가 질환이 오기 쉽고, 경신금(庚辛金)이 약하면 대장과 폐가 약하게 태어났다는 뜻이니 대장이나 폐질환을 조심해야 한다.

5. 임계수(壬癸水)가 왕성하거나 미약하면

사주에 임계수(壬癸水)가 왕성하면 신장이 약하니 신장질환을 조심해야 하고, 대장이나 폐가 약해질 수 있으니 대장질환과 폐질환도 조심해야 한다. 임계수(壬癸水)가 왕성하면 간장에 수기(水氣)

가 차기 쉬우니 간질환도 조심해야 한다. 임계수(壬癸水)가 왕성하거나 미약하면 신장병도 걸리기 쉬우니 조심해야 한다.

갑을목(甲乙木), 병정화(丙丁火), 무기토(戊己土), 경신금(庚辛金), 임계수(壬癸水)라고 하지만 지지(地支)에 오는 오행(五行)도 함께 보아야 한다. 사주에서 오행이 한쪽으로 치우치는 것은 사주 자체에도 좋지가 않지만 건강에도 도움이 되지 않는다. 사람이 살아가려면 중용이 필요하듯이 사주도 중용이 가장 좋다.

다시 말하면 음양오행(陰陽五行)이 모두 골고루 있는 것이 가장 좋다. 어느 한 오행(五行)이 왕성하면 그 왕성한 오행을 믿고 까불다가 그 오행이 다치게 되고, 왕성한 오행이 다치면 회복하기가 매우 힘들다. 이런 질병들도 어릴 때 알면 더 좋다. 강하게 태어난 장기는 잘 간수하고, 약하게 태어난 장기는 음식이나 보약 등으로 보충하면 일생을 건강하게 살 수 있기 때문이다.

여기에 더 쓰고 싶은 것이 있으나 추가하지 못하는 것을 이해하기 바란다. 왜냐하면 필자가 연구하고 겪은 방법들이 아니라 다른 사람의 학문인 것도 있고, 의료법에 저촉되는 것도 있기 때문이다. 그러나 필자와 만날 기회가 있는 분들은 건강에 대해 더 많은 정보를 얻어가실 수 있을 것이다.

제10장. 사주를 백 퍼센트 보는 방법

1. 용신론(用神論) 때문에 119에 실려간 이야기

필자는 사주를 본격적으로 공부해야겠다고 생각한 후부터 철학원들을 드나들기 시작했다. 포켓용 소형 녹음기를 준비한 후 처음에는 사주를 강의하는 곳부터 들르기 시작했다. 그 곳의 선생님을 만나기 전에 미리 녹음버튼을 누르고 들어가 사주 얘기를 주고받으면서 궁금한 것은 문의도 하다가 1시간 정도 지나면 화장실에 가서 테이프를 뒷면으로 돌렸다. 이렇게 하면 2시간을 녹음할 수 있는데 이 2시간이면 그 선생의 노하우는 거의 들을 수 있었다. 왜냐하면 사주를 배우러 올 사람 같아 보이니까 실력을 맘껏 뽐내며 자신이 알고 있는 사주에 관한 것은 거의 얘기하기 때문이다.

지금 생각하면 미안한 일이지만 배우는 입장에서는 어쩔 수 없었다. 한 분한테만 배우는 것은 뭔가 부족한 느낌이 들어 이런 방법으로 수많은 철학원을 드나든 것이다. 그러다 상담하러 가는 것처럼 하면서 상담료를 내고 상담하기도 했다. 그때는 필자의 사주가 아니라 필자가 풀지 못한 기묘한 사주를 상담했다.

그러다보면 그 선생의 노하우를 또 배울 수 있었다. 물론 그 중에는 제대로 풀지 못하고 돈만 챙기는 선생들도 있었다. 이렇게 녹음해서 완전히 내 것으로 만들 때까지 듣고 또 들으면서 분석했다. 생각해보면 그때 들었던 철학원의 선생들이 모두 나의 스승이나 다를 바 없다. 그런 과정을 거쳤기 때문에 오늘날 나름대로의 학문을 정립시키지 않았나 생각한다. 선생이 많을수록 각각의 학문을 배우게 되니 아주 다양한 학문과 사주를 만나게 되었던 것이다. 지금 사주를 배우고자 하는 사람이 있다면 이렇게 해보라고 권하고 싶다. 그렇지 않으면 그 길을 걸어온 사람에게 배우라고 권한다.

각설하고 사주에 대한 학문이 정립되어도 철학원이라는 간판을 걸어놓고 사주쟁이를 할 생각 없이 다시 부산으로 가게 되었다. 부산 연산로터리 부근에 독채를 빌려놓고 빈둥거리며 세월을 보낼 때였다. 우연히 연산동에 있는 어느 철학원에 놀러갔다가 그 선생과 자주 만나게 되었고, 자연스럽게 사주에 대한 얘기를 나누게 되었다. 그 선생이 사주를 보는 사람들의 모임이 있는데 한번 가보지 않겠냐고 하길래 그 모임에 가입하고 참석하기 시작했다. 모이는 장소가 정해져 있었고, 사주를 공부하려고 그 식당에 화이트보드를 준비해 놓고 모임이 있을 때마다 사주를 하나씩 내서 연구했다. 그곳에는 지금 부산에서 유명세를 타는 분도 계셨고, 사주학계에서 유명한 고 박제현(일명 박도사) 선생의 제자도 있었다.

그런데 이놈의 용신(用神)은 같은 사주에서 꼭 2개가 아니면 3개가 나오는지 도무지 이해할 수 없었다. 필자는 그 중에서 경력이 가장 짧은 것 같아 옆에서 듣기만 하는 세월이 제법 흘렀다. 한번은 좀 가까운 사람에게 용신(用神)으로 사주를 보면 몇 퍼센트 맞냐고 물어보니 잘 맞으면 70%라는 것이었다. 그때 그 사람은 40대 초반으로 철학원을 운영한 지가 10년 정도 되었다고 한다.

필자의 입에서 70%의 적중률이라면 사주쟁이를 하면 안 된다는 말을 하고 싶었으나 꾹 참았다. 70%밖에 맞지 않는다면 나머지 30%는 틀린다는 말인데, 그러면 어느 철학원 선생의 말이 맞는다는 것인가. 일진이 좋으면 운좋게 맞는 말을 들을 것이고, 일진이 나쁘면 아무리 사주를 잘 보는 철학원에 가도 맞지 않는다는 것이다. 이러니 사주를 보는 것이 무의미할 수도 있다.

한동안 그 생각으로만 지내고 있었는데 어느 날 술을 한잔 한 김에 모임에서 한마디 했는데 그것이 화근이 되었다. 모두 한참 신나게 화용신(火用神)이니 토용신(土用神)이니 금용신(金用神)이니 하며 토론하는데 필자가 "용신(用神)으로 사주를 보면 적중률이 너무 낮습니다"라고 한마디 했다. 그랬더니 그 모임의 회장이면서 30년 정도 철학원을 운영하신 분이 화를 벌컥 내면서 "박선생! 그럼 용신(用神)을 안 보고 어떻게 사주를 보노?"하는 것이었다. 그 말에 반박하고 싶었지만 말을 해봐야 아무 소용이 없다는 것을 깨닫고 괜히 쓸데없는 말을 했다는 생각과 남의 학문을 깔아뭉개려는 그 오만함에 화가 많이 났다. 계속해서 그 회장이라는 사람이 용신(用神)은 사주의 꽃이며 사주 자체라면서 열변을 토했다

필자는 저녁식사를 하지 않고 죄없는 쓰디쓴 소주만 마셔댔는데

아침에 눈을 떠보니 부산 남부 경찰서 유치장이었다. 경찰관에게 내가 왜 여기 있냐고 물으니 술에 취해 길바닥에 쓰러진 것을 길을 가던 사람이 119에 신고해 병원으로 실려갔고, 119요원이 경찰서로 연락을 해서 신원을 확인해 보았으나 가족들의 연락처는 나오지 않고(부산에 혼자 있었음) 벌금을 내지 않은 것만 확인되어 그냥 보낼 수가 없어 어느 정도 회복된 뒤에 이곳으로 데려 왔다는 것이다. 그러면서 2개월 정도만 있으면 280만 원(음주 운전사고)을 내지 않아도 되는데 이제는 할 수 없이 벌금 280만 원을 내야 나갈 수 있다는 것이다.

더럽게 재수없다는 생각이 들어 필자도 쓴 웃음을 지을 수밖에 없었고 너무 황당했다. 얼마나 마셨길래 길바닥에 쓰러진다는 말인가. 용신론(用神論) 때문에 열을 받기는 엄청나게 받았던 모양이다. 그때만 해도 술을 어지간히 마셔도 끄덕없었는데…. 할 수 없이 서울에 있는 아내한테 온갖 잔소리 들어가면서 벌금을 내고 유치장에서 나오는 신세가 되었다.

그후 다시는 그 모임에 나가지 않았고, 용신(用神)을 논하는 사람들은 아예 상종하지도 않았다. 그러나 지금 생각해보면 그들이 잘못된 것이 아니었다. 그들은 그들의 선생에게 그렇게 배워 그렇게 사주를 보는 것이다. 요즘은 사주를 용신(用神)으로 보지 않는 사주쟁이들이 제법 늘었다. 그때까지만 해도 용신(用神)이 아니면 사주를 볼 수 없다는 이론이 지배적이었기 때문에 그들도 어쩔 수 없었을 것이다.

그러나 용신(用神)은 사주를 풀이하는데 한 부분일 뿐이다. 사주는 음양오행(陰陽五行)인 십간(十干)과 십이지(十二支)로 이루어져 있고, 그 십간(十干)과 십이지(十二支)의 변화에 따라 사람의 운명이 결정되는 것이다. 사주는 그 사람의 일생과 그 주변 인물들의 일생을 좌우하는 학문인데 어떻게 3 더하기 3은 6이란 말인가. 이것은 어불성설이다. 사주라는 것은 3 더하기 3이 6이 될 수도 있고, 5가 될 수도 있고, 8이 될 수도 있다.

물론 용신(用神)을 완전히 부정하자는 것이 아니다. 그냥 참고하면 되는 것이지 사주의 꽃이라면서 용신(用神)에만 매달리지는 말자는 것이다. 사람의 운명을 좌우하는 십간(十干)과 십이지(十二支)만 제대로 분석한다면 100%에 가깝게 운명을 볼 수 있다는 것이다.

용신론(用神論)을 믿는 사람들에게 한마디 하고 싶다. 용신론(用神論)에 매달려 있는 사람들에게 적중률이 몇 퍼센트냐고 물어보라고. 지금 생각해도 용신론(用神論) 때문에 119에 실려간 것이 황당하지만 용신(用神)에 대한 얘기를 하지 않을 수 없다. 사주는 틀에 박힌 학문이 아니라는 것을 다시 강조하면서 사주를 100% 볼 수 있는 방법을 제시하고자 한다.

2. 격국론(格局論)과 용신론(用神論)

사람이 사주대로 살아간다면 신의 꼭두각시에 불과할 것이다. 신이 만물의 영장으로 사람을 이 세상에 내려보낸 것은 자연의 순리와 법칙을 잘 유지 관리하라는 것이지 신이 원하는 대로 살라는 것은 아니다. 만약 격국론(格局論)이 맞는다면 같은 사주로 태어난 사람은 같은 운명으로 살아야 한다. 그러나 사주가 같아도 삶이 같지는 않다.

그렇다면 사주가 같으면 격국(格局)도 같을 텐데 왜 다른 삶을 사는가를 생각해야 한다. 격국(格局)이 같은데 운명이 같지 않다면 격국(格局)이란 이론은 믿기 어려운 것이다. 이렇게 맞지 않는 학문에 매달려야 하는 이유를 모르겠다. 필자는 이런 학문들은 그냥 하나의 이론일 뿐이라고 생각하고 과감하게 버릴줄 아는 용기가 필요하다고 생각한다. 맞지 않는 학문으로 운명이 이러니 저러니 말한다는 것은 어불성설이고 다리만 만져보고 코끼리는 큰 기둥처럼 생겼다고 말하는 것과 무엇이 다른가.

고전파 선생에게 사주를 배운 사람들은 아직도 사주는 격국(格局)을 모르면 풀 수 없다고 하면서 용신(用神)을 격국(格局)의 꽃이나 사주의 꽃이라고 한다. 그래서 그들에게 사주를 배우려면 먼저 격국(格局)을 배워야 한다. 격국(格局)과 용신(用神)을 공부하려면 10년은 투자해야 하는데 결과는 사주가 무엇인지 알 수 없는 공황상태가 되고 만다.

지금은 고인이 되신 분인데 이런 얘기를 한 적이 있다. 40년 넘게 사주를 공부하고 상담을 했지만 사주가 뭔지 모르겠다고 말이다. 필자는 그 말에 대한 답을 알았지만 용신론(用神論)을 주장하는 이들과 말을 섞지 않기로 결심했기 때문에 그냥 듣고만 있었다. 아마 격국(格局)과 용신(用神)에 대한 얘기를 했어도 그 분은 믿지 않았을 것이다. 왜냐하면 필자는 그렇게 이름난 사주쟁이가 아니기 때문이다.

 여기서 한마디 더 붙인다면 사주를 잘 본다고 손님이 많고 이름이 알려지는 것은 아니다. 필자가 수많은 철학원을 다니면서 공부할 때 보면 진짜 실력파들은 파리를 날리고 있었고, 감언이설로 상담하는 사람들은 유명세를 타며 성업 중이었다. 한마디로 답답해서 상담하러 온 사람을 상대로 사기를 치고 있었던 것이다. 이런 행위는 손님의 운명을 담보로 한 명백한 사기행위다.

 각설하고 격국(格局)을 배우고도 격국(格局)을 모르는 것이 고전파 학문이고, 그 학문을 배운 사람들의 솔직한 고백이다. 그러면 어째서 격국(格局)은 어렵고 또 감정에 무능력한 것인가. 그 이유는 간단하다. 사주의 근본을 모르고 그냥 선생이 가르쳐 주는 대로 공부했기 때문이다.

 앞에서 말했듯이 사주가 같아도 운명이 다르다는 것을 부정했기 때문이다. 고전파 학자들에게 한 가지 물어보겠다. 이명박 대통령과 사주가 똑같은 사람이 분명히 있는데 그는 왜 평범하게 사는가. 이에 대한 답을 얻을 수 있어야만 사주를 100% 풀이하고 분석할 수 있을 것이다.

 1995년쯤이었을 것이다. 텔레비전에서 김영삼 전 대통령과 사주가 같은 사람들을 찾은 적이 있었다. 필자의 기억으로는 남자가 3명 정도, 여자가 2명 정도였던 것으로 알고 있다. 격국(格局)과 용신(用神)으로 사주를 풀면 그들도 대통령이 되어야 하는데 그들은 평범한 사람들이었다. 그런데도 격국(格局)과 용신(用神)이 맞는다고 주장하면 정신상태를 감정해 보아야 할 것이다. 맞지 않는 것을 자꾸 우겨대는 것은 정신적으로 문제가 있기 때문이다. 정상적인 사람이라면 맞지 않는 것은 맞지 않는다고 할 것이기 때문이다.

사주란 음양오행(陰陽五行)의 조화이지 틀에 박힌 학문이 아니다. 물론 고전파들도 입으로는 음양오행의 조화라고 하면서 실제는 음양오행의 변화를 보지 않고 격국(格局)의 눈으로 사주를 해석하니 모순된 이론과 결과가 나올 수밖에 없다. 진리는 앞뒤가 맞지 않는 모순이나 편견으로는 발견할 수 없는 것이다. 실증에 근거한 것만이 논리성과 합리성을 가진 학문으로 인정받을 수 있는 것이지 추상적이거나 비합리적이면서 검증되지 않은 이론을 학문이라고 할 수는 없다. 더구나 사람의 운명이 걸린 학문을 그렇게 추상적으로 해석한다는 것은 이 글을 읽은 순간부터는 절대 있어서는 안 된다고 생각한다.

고전파의 가장 큰 문제는 그 논리성과 합리성 그리고 실증성이 결여된 채 갑론을박한다는 것이다. 사주는 음양오행(陰陽五行)의 꽃이고 조화일 뿐이라는 전제 아래 사주를 공부하고 연구해야 사주를 제대로 알 수 있는 것이다. 고전파들은 자신들의 입으로 적중률이 70%라고 하면서 왜 검증되지 않는 격국(格局)과 용신(用神)에 매달리는지 모르겠다. 사주를 그렇게 어렵게 만들어야 남들이 존경하고 사주를 가르칠 때 격국(格局)과 용신(用神)을 앞세워 권위를 세워야만 오랫동안 수강료를 챙길 수 있는지 알 수 없다.

그렇게 해서 가르치면 배우는 사람은 머리만 아프고 사주를 중도에 포기하는 현상까지 생기게 된다. 또한 그렇게 배운 사람은 그렇게 사주를 분석하고 풀이를 하게 되니 결국은 사기꾼 하나를 더 키우는 것과 다를 바가 없다. 물론 이렇게 말하는 필자도 만능은 아니다. 그래서 상담할 때 함부로 운이 좋느니 나쁘니 말하지 않는 다. 운이 좋고 나쁘고는 상담자가 더 잘 아니 그에게 물은 후 그 운들을 말해준다. 사주라는 학문은 제대로 입문하면 이보다 더 쉽 고 정확한 학문은 없으며 수학의 미적분보다 더 쉽다. 물론 배우는 사람의 사주구성에 따라 조금은 다르겠지만 말이다.

필자가 『참역학은 이렇게 쉬운 것이다』의 원고를 들고 출판사에 갔을 때 출판사 사장님께 부탁한 말이 있었다. 절대 이 원고를 다 른 사주쟁이들에게 보여주지 말라고. 왜 그러냐고 물으시길래 대부 분의 사주쟁이들이 용신을 위주로 보기 때문에 이것은 학문도 아 니라고 할 것이기 때문이라고 말씀드렸더니 아마도 그렇게 하신 모양이다. 왜냐하면 그 책이 세상에 나왔기 때문이다.

필자는 『참역학은 이렇게 쉬운 것이다』를 쓸 때 가장 쉽게 공부할 수 있도록 최선을 다했다. 즉 초보자들이 공부하기 쉽게 썼는데 예 상과는 달리 오랜 공부를 하신 분들에게서 전화가 많이 왔다. 본인 들이 보지 못한 부분을 보았다면서 감사의 전화들이었다. 필자가 지금 이 책을 쓰고자 하는 마음도 어렵게 공부하는 사람들, 특히 격국(格局)과 용신(用神)에 매달려 공부하는 사람들에게 도움을 주고자 하는 마음이 가장 크다.

필자가 주장하는 격국(格局)과 용신론(用神論)은 필자의 학문이 아님을 여기서 밝힌다. 필자보다 앞서 격국(格局)과 용신론(用神 論)을 비판하신 분이 계신다. 그 분의 성함은 알 수 없고 그 분의 책을 부산의 한 서점에서 사서 읽어본 덕분이다. 그 책을 만나 공부하는 방향이 바뀌었고, 그 학문이 맞다는 것을 절실하게 느꼈고, 충분하게 경험을 거쳤기 때문에 과감하게 그 분 대신 지면을 통해 발표하는 것이다. 이름도 모르는 그 분에게 지면으로나마 감사하다는 말씀을 드리고 싶다. 만약 그 서브노트를 만나지 않았다면 아직도 사주 속에서 헤매고 있거나 사주공부를 포기했을 것이다.

3. 사주를 분석할 때 가장 중요한 것

1. 천직을 찾는 것이다

왜 천직이 가장 중요한가는 이미 천직론에서도 밝혔지만 다시 한 번 강조하기 위해서다. 운이 아무리 나빠도 천직대로 살면 반드시 실패하지 않는다. 재관이 불여하면 승려팔자라고 하는데 승려가 되지 않으려면 공부를 열심히 하던지 아니면 평생 활용할 수 있는 기술을 배워 취직하면 된다.

요즘은 연금제도가 있어 승려가 될 확률은 더 낮아진다. 이렇게 살면 되는데 사람은 욕심으로 가득차서 자신의 그릇을 모르고 돈에만 매달리면 평생을 거지로 살 수밖에 없다. 절대 사주에서 벗어날 수 없다. 사람이 사주에서 벗어날 수 있다면 필자는 벌써 사주쟁이를 때려치웠을 것이다.

사주에서 가장 중요한 것이 바로 천직이며 자신의 그릇을 찾는 일이다. 자신의 그릇을 모르고 욕심을 부리다 노숙자가 되고 패륜아가 되고 재물을 잃어버리고 가난하게 사는 것이다. 신이 사람에게 준 이 음양오행의 선물을 제대로 이해하고 자신이 천직대로 사는 길만이 최선의 선택이며 방법이다.

2. 운을 활용하는 것이다

운이란 놈은 좋든 싫든 어김없이 다가온다. 그 운이 좋으면 천만다행인데 그 운이란 놈이 나쁜 운이면 실패의 길로 들어서는 것이다. 그런데 그 운이 좋다 나쁘다를 떠나 그 운을 활용할 수 있는 방법을 연구해야 한다.

비겁운(比劫運)이 오면 비겁(比劫)은 형제 친구이니 형제 친구를 활용하는 일을 해야 할 것이고, 식상운(食傷運)이 오면 식상(食傷)은 먹는 것, 예능, 명예 추락 등이니 그 방면을 연구해 활용해야 할 것이고, 재성운(財星運)이 오면 돈을 버는 방법보다는 관리하는 방법을 연구해야 하고, 관성운(官星運)이 오면 명예나 인기를 활용할 방법을 연구해야 하고 인성운(印星運)이 오면 남을 위해 봉사하거나 도움을 주는 일을 한다던지 해서 좋은 방향으로 자신의 운명을 이끌어야만 행복하게 살 수 있을 것이다. 구체적으로 설명하려면 밑고 끝도 없어 간단하게 설명했으나 이해는 하셨으리라 생각한다.

3. 희신(喜神)을 찾는 것이다

다음 그림은 상생상극도다. 사주에 필요한 오행을 구분하려면 상생상극도를 먼저 생각해야 하고, 사주에 필요한 오행(五行)을 잘

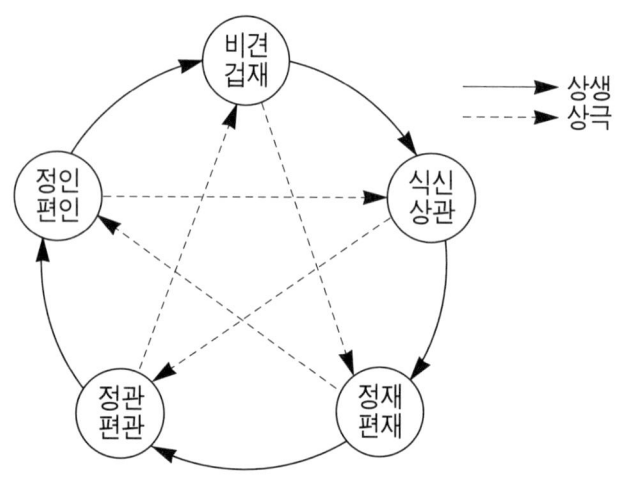

모르겠으면 계속 상생상극도를 들여다보라. 오행(五行)이 어떻게 서로간에 역할을 하는지를 알 수 있을 때까지 눈이 빠지게 들여다 보아야 한다. 상생상극도가 완전하게 자기 것이 되어야만 사주를 백 퍼센트 풀 수 있다.

　물론 그 전에 십간론(十干論)에 대한 공부를 철저하게 해야 한다. 왜냐하면 같은 목(木)이라도 갑목(甲木)과 을목(乙木)이 다르듯이 모든 오행(五行)은 음(陰)과 양(陽)으로 구별되어 있기 때문에 음양(陰陽)의 구별없이 화(火)가 희신(喜神)이다, 금(金)이 희신(喜神)이다 라고 단정지을 수 없기 때문이다. 화(火)가 희신(喜神)이더라도 병화(丙火)가 희신(喜神)일 경우가 있고, 정화(丁火)가 희신(喜神)일 경우도 있기 때문이다. 이런 구별이 제대로 되지 않으면 죽을 때까지 사주를 공부해도 답을 얻을 수 없을 것이다.

　필자가 이론만으로 글을 쓰지는 않았지만 예를 든 사주 중에서 사주를 백 퍼센트 풀 수 있는 방법들의 모든 것이 포함되어 있다.

사주라는 학문이 다른 학문과 달라 책을 볼 때마다 새로운 것을 발견하게 된다. 독자들도 한번 읽었다고 이 책을 책장에 꽂아두지 말고 읽고 또 읽기를 바란다. 필자의 저서인 『참역학은 이런 것이다』를 100번 이상 읽은 사람이 있다. 지금은 사주를 아주 잘 본다. 물론 필자의 저서 때문만은 아니겠지만 많은 도움이 된 것은 틀림없는 사실이다.

 지금까지 필자가 하고 싶은 말들을 했는데 부족한 부분이 있다 해도 충분한 설명은 되었으리라 본다. 말로 표현하는 것과 글로 표현하는 것의 차이가 많다는 것을 새삼 느끼면서 이 글을 쓰는 시간이 결코 헛된 시간이 아니었기를 바라면서 이 글을 끝까지 읽어주신 분들께 감사하다는 말씀을 드리면서 많이 발전하시기를 바라면서 필자의 시 한 수를 적어본다.

인생을 슬프다고 노래하지 마라!

인생이 슬프다고 노래하지 마라
인생은 사랑이 있어 행복하고
포근한 가슴이 있어 따사롭고
이별과 가슴저린 아픔도 있으니
이 얼마나
인생이 아름다운가!

사랑을 하고
이별을 하고

또
사랑을 하고
이별을 하고

또
설레이는 새로운 만남이 있고
가슴 아픈 이별을 하는
인생은
아름답고도 또 아릅답도다

아~~~!
아름다운 인생이여!
사랑하는 모든이들이여~
나는
인생을 사랑하노라
숨이 멈추는 그 날 그 순간까지

적천수 정설
유백온 선생의 적천수 원본을 정석으로 해설
원래 유백온 선생이 저술한 적천수의 원문은 그렇게 많지가 않으나, 후학들이 각각 자신의 주장으로 해설하여 많아졌다. 이 책은 적천수 원문을 보고 30년 역학의 경험을 총동원하여 해설했다. 물론 백퍼센트 정확하다고 주장할 수는 없다. 다만 한국과 일본을 오가면서 실제 의 경험담을 함께 실었다. 공부하는 사람들에게는 많은 도움이 될 것이라 믿는다.
신비한 동양철학 82 | 역산 김찬동 편역 | 692면 | 34,000원 | 신국판

궁통보감 정설
궁통보감 원문을 쉽고 자세하게 해설
『궁통보감(窮通寶鑑)』은 5대원서 중에서 가장 이론적이며 사리에 맞는 책이며, 조후(調候)를 중심으로 설명하며 간명한 것이 특징이다. 역학을 공부하는 학도들에게 도움을 주려고 먼저 원문에 음독을 단 다음 해설하였다. 그리고 예문은 서낙오(徐樂吾) 선생이 해설한 것을 그대로 번역하였고, 저자가 상담한 사람들의 사주와 점서에 있는 사주들을 실었다.
신비한 동양철학 83 | 역산 김찬동 편역 | 768면 | 39,000원 | 신국판

연해자평 정설(1 · 2권)
연해자평의 완결판
연해자평의 저자 서자평은 중국 송대의 대음양 학자로 명리학의 비조일 뿐만 아니라 천문점성에도 밝았다. 이전에는 년(年)을 기준으로 추명했는데 적중률이 낮아 서자평이 일간(日干)을 기준으로 하고, 일지(日支)를 배우자로 보는 이론을 발표하면서 명리학은 크게 발전해 오늘에 이르렀다. 때문에 연해자평은 5대 원서 중에서도 필독하지 않으면 안 되는 책이다.
신비한 동양철학 101 | 김찬동 편역 | 1권 559면, 2권 309면 | 1권 33,000원, 2권 20,000원 | 신국판

명리입문
명리학의 정통교본
이 책은 옛부터 있었던 글들이나 너무 여기 저기 산만하게 흩어져 있어 공부하는 사람들에게는 많은 시간과 인내를 필요로 하였다. 그래서 한 군데 묶어 좀더 보기 쉽고 알기 쉽도록 엮은 것이다.
신비한 동양철학 41 | 동하 정지호 저 | 678면 | 29,000원 | 신국판 양장

조화원약 평주
명리학의 정통교본
자평진전, 난강망, 명리정종, 적천수 등과 함께 명리학의 교본에 해당하는 것으로 중국 청나라 때 나온 난강망이라는 책을 서낙오 선생께서 자세하게 설명을 붙인 것이다. 기존의 많은 책들이 오직 격국과 용신을 중심으로 감정하는 것과는 달리 십간십이지와 음양오행을 각각 자연의 이치와 춘하추동의 사계절의 흐름에 대입하여 인간의 길흉화복을 알 수 있게 했다.
신비한 동양철학 35 | 동하 정지호 편역 | 888면 | 39,000원 | 신국판

사주대성
초보에서 완성까지
이 책은 과거 현재 미래를 모두 알 수 있는 비결을 실었다. 그러나 모두 터득한다는 것은 어려울 것이다.역학은 수천 년간 동방의 석학들에 의해 갈고 닦은 철학이요 학문이며, 정신문화로서 영과학적인 상수문화로서 자랑할만한 위대한 학문이다.
신비한 동양철학 33 | 도관 박흥식 저 | 986면 | 46,000원 | 신국판 양장

쉽게 푼 역학(개정판)
쉽게 배워서 적용할 수 있는 생활역학서!
이 책에서는 좀더 많은 사람들이 역학의 근본인 우주의 오묘한 진리와 법칙을 깨달아 보다 나은 삶을 영위하는데 도움이 될 수 있도록 가장 쉬운 언어와 가장 쉬운 방법으로 풀이했다. 역학계의 대가 김봉준 선생의 역작이다.
신비한 동양철학 71 | 백우 김봉준 저 | 568면 | 30,000원 | 신국판

사주명리학 핵심
맥을 잡아야 모든 것이 보인다
이 책은 잡다한 설명을 배제하고 명리학자에게 도움이 될 비법들만을 모아 엮었기 때문에 초심자가 이해하기에는 다소 어려운 부분도 있겠지만 기초를 튼튼히 한 다음 정독한다면 충분히 이해할 것이다. 신살만 늘어놓으며 감정하는 사이비가 되지말기를 바란다.
신비한 동양철학 19 | 도관 박흥식 저 | 502면 | 20,000원 | 신국판

물상활용비법
물상을 활용하여 오행의 흐름을 파악한다
이 책은 물상을 통하여 오행의 흐름을 파악하고 운명을 감정하는 방법을 연구한 책이다. 추명학의 해법을 연구하고 운명을 추리하여 오행에서 분류되는 물질의 운명 줄거리를 물상의 기물로 나들이 하는 활용법을 주제로 했다. 팔자풀이 및 운명해설에 관한 명리감정법의 체계를 세우는데 목적을 두고 초점을 맞추었다.
신비한 동양철학 31 | 해주 이학성 저 | 446면 | 26,000원 | 신국판

신수대전
흉함을 피하고 길함을 부르는 방법
신수는 대부분 주역과 사주추명학에 근거한다. 수많은 학설 중 몇 가지를 보면 사주명리, 자미두수, 관상, 점성학, 구성학, 육효, 토정비결, 매화역수, 대정수, 초씨역림, 황극책수, 하락리수, 범위수, 월영도, 현무발서, 철판신수, 육임신과, 기문둔갑, 태을신수 등이다. 역학에 정통한 고사가 아니면 추단하기 어려우므로 누구나 신수를 볼 수 있도록 몇 가지를 정리했다.
신비한 동양철학 62 | 도관 박흥식 편저 | 528면 | 36,000원 | 신국판 양장

정법사주
운명판단의 첩경을 이루는 책
이 책은 사주추명학을 연구하고자 하는 분들에게 심오한 주역의 이해를 돕고자 하는 의도에서 시작되었다. 음양오행의 상생상극에서부터 육친법과 신살법을 기초로 하여 격국과 용신 그리고 유년판단법을 활용하여 운명판단에 첩경이 될 수 있도록 했고 추리응용과 운명감정의 실례를 하나하나 들어가면서 독학과 강의용 겸용으로 엮었다.
신비한 동양철학 49 | 원각 김구현 저 | 424면 | 26,000원 | 신국판 양장

내가 보고 내가 바꾸는 DIY사주
내가 보고 내가 바꾸는 사주비결
기존의 책들과는 달리 한 사람의 사주를 체계적으로 도표화시켜 한 눈에 파악할 수 있고, DIY라는 책 제목에서 말하듯이 개운하는 방법을 제시한다. 초심자는 물론 전문가도 자신의 이론을 새롭게 재조명해 볼 수 있는 케이스 스터디 북이다.
신비한 동양철학 39 | 석오 전광 저 | 338면 | 16,000원 | 신국판

인터뷰 사주학
쉽고 재미있는 인터뷰 사주학
얼마전만 해도 사주학을 취급하면 미신을 다루는 부류로 취급되었다. 그러나 지금은 하루가 다르게 이 학문을 공부하는 사람들이 폭증하고 있는 것으로 보인다. 젊은 층에서 사주카페니 사주방이니 하는 것들이 만들어지고 그 모임이 활발하게 움직이고 있다는 점이 그것을 증명해준다. 그뿐 아니라 대학원에는 역학교수들이 점차로 증가하고 있다.
신비한 동양철학 70 | 글갈 정대엽 편저 | 426면 | 16,000원 | 신국판

사주특강
자평진전과 적천수의 재해석
이 책은 『자평진전』과 『적천수』를 근간으로 명리학의 폭넓은 가치를 인식하고, 실전에서 유용한 기반을 다지는데 중점을 두고 썼다. 일찍이 『자평진전』을 교과서로 삼고, 『적천수』로 보완하라는 서낙오의 말에 깊이 공감한다.
신비한 동양철학 68 │ 청월 박상의 편저 │ 440면 │ 25,000원 │ 신국판

참역학은 이렇게 쉬운 것이다
음양오행의 이론으로 이루어진 참역학서
수학공식이 아무리 어렵다고 해도 1, 2, 3, 4, 5, 6, 7, 8, 9, 0의 10개의 숫자로 이루어졌듯이 사주도 음양과 오행으로 이루어졌을 뿐이다. 그러니 용신과 격국이라는 무거운 짐을 벗어버리고 음양오행의 법칙과 진리만 정확하게 파악하면 된다. 사주는 음양오행의 변화일 뿐이고 용신과 격국은 사주를 감정하는 한 가지 방법에 지나지 않는다.
신비한 동양철학 24 │ 청암 박재현 저 │ 328면 │ 16,000원 │ 신국판

사주에 모든 길이 있다
사주를 알면 운명이 보인다!
사주를 간명하는데 조금이라도 도움이 됐으면 하는 바람에서 이 책을 썼다. 간명의 근간인 오행의 왕쇠강약을 세분하고, 대운과 세운, 세운과 월운의 연관성과, 십신과 여러 살이 미치는 암시와, 십이운성으로 세운을 판단하는 법을 설명했다.
신비한 동양철학 65 │ 정담 선사 편저 │ 294면 │ 26,000원 │ 신국판 양장

왕초보 내 사주
초보 입문용 역학서
이 책은 역학을 너무 어렵게 생각하는 초보자들에게 조금이나마 도움을 주고자 쉽게 엮으려고 노력했다. 이 책을 숙지한 후 역학(易學)의 5대 원서인 『적천수(滴天髓)』, 『궁통보감(窮通寶鑑)』, 『명리정종(命理正宗)』, 『연해자평(淵海子平)』, 『삼명통회(三命通會)』에 접근한다면 훨씬 쉽게 터득할 수 있을 것이다. 이 책들은 저자가 이미 편역하여 삼한출판사에서 출간한 것도 있고, 앞으로 모두 갖출 것이니 많이 활용하기 바란다.
신비한 동양철학 84 │ 역산 김찬동 편저 │ 278면 │ 19,000원 │ 신국판

명리학연구
체계적인 명확한 이론
이 책은 명리학 연구에 핵심적인 내용만을 모아 하나의 독립된 장을 만들었다. 명리학은 분야가 넓어 공부를 하다보면 주변에 머무르는 경우가 많아, 주요 내용을 잃고 헤매는 경우가 많다. 그러므로 뼈대를 잡는 것이 중요한데, 여기서는 「17장. 명리대요」에 핵심 내용만을 모아 학문의 체계를 잡는데 용이하게 하였다.
신비한 동양철학 59 │ 권중주 저 │ 562면 │ 29,000원 │ 신국판 양장

말하는 역학
신수를 묻는 사람 앞에서 술술 말문이 열린다
그토록 어렵다는 사주통변술을 쉽고 흥미롭게 고담과 덕담을 곁들여 사실적으로 생동감 있게 통변했다. 길흉을 어떻게 표현하느냐에 따라 상담자의 정곡을 찔러 핵심을 끌어내 정답을 내리는 것이 통변술이다. 역학계의 대가 김봉준 선생의 역작.
신비한 동양철학 11 │ 백우 김봉준 저 │ 576면 │ 26,000원 │ 신국판 양장

통변술해법
가닥가닥 풀어내는 역학의 비법
이 책은 역학과 상대에 대해 머리로는 다 알면서도 밖으로 표출되지 않아 어려움을 겪는 사람들을 위한 실습서다. 특히 실명감정과 이론강의로 나누어 역학의 진리를 설명하여 초보자도 쉽게 이해할 수 있다. 역학계의 대가 김봉준 선생의 역서인 『알기쉬운 해설 · 말하는 역학』이 나온 후 후편을 써달라는 열화같은 요구에 못이겨 내놓은 바로 그 책이다.
신비한 동양철학 21 │ 백우 김봉준 저 │ 392면 │ 26,000원 │ 신국판 양장

술술 읽다보면 통달하는 사주학
술술 읽다보면 나도 어느새 도사
당신은 당신 마음대로 모든 일이 이루어지던가. 지금까지 누구의 명령을 받지 않고 내 맘대로 살아왔다고, 운명 따위는 믿지 않는다고, 운명에 매달리지 않는다고 말하는 사람들이 많다. 그러나 우주법칙을 모르기 때문에 하는 소리다.
신비한 동양철학 28 | 조철현 저 | 368면 | 16,000원 | 신국판

사주학
5대 원서의 핵심과 실용
이 책은 사주학을 체계적으로 공부하려는 학도들을 위해서 꼭 알아두어야 할 내용들과 용어들을 수록하는데 중점을 두었다. 이 학문을 공부하려고 많은 사람들이 필자를 찾아왔을 깨 여러 가지 질문을 던져보면 거의 기초지식이 시원치 않음을 보았다. 따라서 용어를 포함한 제반지식을 골고루 습득해야 빠른 시일 내에 소기의 목적을 달성할 수 있을 것이다.
신비한 동양철학 66 | 글갈 정대엽 저 | 778면 | 46,000원 | 신국판 양장

명인재
신기한 사주판단 비법
이 책은 오행보다는 주로 살을 이용하는 비법을 담았다. 시중에 나온 책들을 보면 살에 대해 설명은 많이 하면서도 실제 응용에서는 무시하고 있다. 이것은 살을 알면서도 응용할 줄 모르기 때문이다. 그러나 이 책에서는 살의 활용방법을 완전히 터득해, 어떤 살과 어떤 살이 합하면 어떻게 작용하는지를 자세하게 설명하였다.
신비한 동양철학 43 | 원공선사 저 | 332면 | 19,000원 | 신국판 양장

명리학 | 재미있는 우리사주
사주 세우는 방법부터 용어해설 까지!!
몇 년 전 『사주에 모든 길이 있다』가 나온 후 선배 제현들께서 알찬 내용의 책다운 책을 접했다는 찬사를 받았다. 그러나 사주의 작성법을 설명하지 않아 독자들에게 많은 질타를 받고 뒤늦게 이 책 을 출판하기로 결심했다. 이 책은 한글만 알면 누구나 역학과 가까워질 수 있도록 사주 세우는 방법부터 실제간명, 용어해설에 이르기까지 분야별로 엮었다.
신비한 동양철학 74 | 정담 선사 편저 | 368면 | 19,000원 | 신국판

사주비기
역학으로 보는 역대 대통령들이 나오는 이치 !!
이 책에서는 고서의 이론을 근간으로 하여 근대의 사주들을 임상하여, 적중도에 의구심이 가는 이론들은 과감하게 탈피하고 통용될 수 있는 이론만을 수용했다. 따라서 기존 역학서의 아쉬운 부분들을 충족시키며 일반인도 열정만 있으면 누구나 자신의 운명을 감정하고 피흉취길할 수 있는 생활지침서로 활용할 수 있을 것이다.
신비한 동양철학 79 | 청월 박상의 편저 | 456면 | 19,000원 | 신국판

사주학의 활용법
가장 실질적인 역학서
우리가 생소한 지방을 여행할 때 제대로 된 지도가 있다면 편리하고 큰 도움이 되듯이 역학이란 이와같은 인생의 길잡이다. 예측불허의 인생을 살아가는데 올바른 안내자나 그 무엇이 있다면 그 이상 마음 든든하고 큰 재산은 없을 것이다.
신비한 동양철학 17 | 학선 류래웅 저 | 368면 | 15,000원 | 신국판

명리실무
명리학의 총 정리서
명리학(命理學)은 오랜 세월 많은 철인(哲人)들에 의하여 전승 발전되어 왔고, 지금도 수많은 사람이 임상과 연구에 임하고 있으며, 몇몇 대학에 학과도 개설되어 체계적인 교육을 하고 있다. 그러나 아직도 실무에서 활용할 수 있는 책이 부족한 상황이기 때문에 나름대로 현장에서 필요한 이론들을 정리해 보았다. 초학자는 물론 역학계에 종사하는 사람들에게 큰 도움이 될 것이라고 믿는다.
신비한 동양철학 94 | 박흥식 편저 | 920면 | 39,000원 | 신국판

사주 속으로
역학서의 고전들로 입증하며 쉽고 자세하게 푼 책
십 년 동안 역학계에 종사하면서 나름대로는 실전과 이론에서 최선을 다했다고 자부한다. 역학원의 비좁은 공간에서도 항상 후학을 생각하는 마음으로 역학에 대한 배움의 장을 마련하고자 노력한 것도 사실이다. 이 책을 역학으로 이름을 알리고 역학으로 생활하면서 조금이나마 역학계에 이바지할 것이 없을까라는 고민의 산물이라 생각해주기 바란다.
신비한 동양철학 95 | 김상회 편저 | 429면 | 15,000원 | 신국판

사주학의 방정식
알기 쉽게 풀어놓은 가장 실질적인 역서
이 책은 종전의 어려웠던 사주풀이의 응용과 한문을 쉬운 방법으로 터득하는데 목적을 두었고, 역학이 무엇인가를 알리고자 하는데 있다. 세인들은 역학자를 남의 운명이나 풀이하는 점쟁이로 알지만 잘못된 생각이다. 역학은 우주의 근본이며 기의 학문이기 때문에 역학을 이해하지 못하고서는 우리 인생살이 또한 정확하게 해석할 수 없는 고차원의 학문이다.
신비한 동양철학 18 | 김용오 저 | 192면 | 8,000원 | 신국판

오행상극설과 진화론
인간과 인생을 떠난 천리란 있을 수 없다
과학이 현대를 설정하여 설명하고 있으나 원리는 동양철학에도 있기에 그 양면을 밝히고자 노력했다. 우주에서 일어나는 모든 일을 과학으로 설명될 수는 없다. 비과학적이라고 하기보다는 과학이 따라오지 못한다고 설명하는 것이 더 솔직하고 옳은 표현일 것이다. 특히 과학분야에 종사하는 신의사가 저술했다는데 더 큰 화제가 되고 있다.
신비한 동양철학 5 | 김태진 저 | 222면 | 15,000원 | 신국판

스스로 공부하게 하는 방법과 천부적 적성
내 아이를 성공시키고 싶은 부모들에게
자녀를 성공시키고 싶은 마음은 누구나 같겠지만 가난한 집 아이가 좋은 성적을 내기는 매우 어렵고, 원하는 학교에 들어가기도 어렵다. 그러나 실망하기에는 아직 이르다. 내 아이가 훌륭하게 성장해 아름답고 멋진 삶을 살아가는 방법을 소개한다.
신비한 동양철학 85 | 청암 박재현 지음 | 176면 | 14,000원 | 신국판

진짜부적 가짜부적
부적의 실체와 정확한 제작방법
인쇄부적에서 가짜부적에 이르기까지 많게는 몇백만원에 팔리고 있다는 보도를 종종 듣는다. 그러나 부적은 정확한 제작방법에 따라 자신의 용도에 맞게 스스로 만들어 사용하면 훨씬 더 좋은 효과를 얻을 수 있다. 이 책은 중국에서 정통부적을 연구한 국내유일의 동양오술학자가 밝힌 부적의 실체와 정확한 제작방법을 소개하고 있다.
신비한 동양철학 7 | 오상익 저 | 322면 | 15,000원 | 신국판

수명비결
주민등록번호 13자로 숙명의 정체를 밝힌다
우리는 지금 무수히 많은 숫자의 거미줄에 매달려 허우적거리며 살아가고 있다. 1분 ·1초가 생사를 가름하고, 1등 · 2등이 인생을 좌우하며, 1급 · 2급이 신분을 구분하는 세상이다. 이 책은 수명리학으로 13자의 주민등록번호로 명예, 재산, 건강, 수명, 애정, 자녀운 등을 미리 읽어본다.
신비한 동양철학 14 | 장충한 저 | 308면 | 15,000원 | 신국판

진짜궁합 가짜궁합
남녀궁합의 새로운 충격
중국에서 연구한 국내유일의 동양오술학자가 우리나라 역술가들의 궁합법이 잘못되었다는 것을 학술적으로 분석 · 비평하고, 전적과 사례연구를 통하여 궁합의 실체와 타당성을 분석했다. 합리적인 「자미두수궁합법」과 「남녀궁합」 및 출생시간을 몰라 궁합을 못보는 사람들을 위하여 「지문으로 보는 궁합법」 등을 공개하고 있다.
신비한 동양철학 8 | 오상익 저 | 414면 | 15,000원 | 신국판

주역육효 해설방법(상·하)
한 번만 읽으면 주역을 활용할 수 있는 책
이 책은 주역을 해설한 것으로, 될 수 있는 한 여러 가지 사실을 덧붙이지 않고, 주역을 공부하고 활용하는데 필요한 요건만을 기록했다. 따라서 주역의 근원이나 하도낙서, 음양오행에 대해서도 많은 설명을 자제했다. 다만 누구나 이 책을 한 번 읽어서 주역을 이해하고 활용할 수 있도록 하는데 중점을 두었다.
신비한 동양철학 38 | 원공선사 저 | 상 810면·하 798면 | 각 29,000원 | 신국판

쉽게 푼 주역
귀신도 탄복한다는 주역을 쉽고 재미있게 풀어놓은 책
주역이라는 말 한마디면 귀신도 기겁을 하고 놀라 자빠진다는데, 운수와 일진이 문제가 될까. 8×8=64괘라는 주역을 한 괘에 23개씩의 회답으로 해설하여 1472괘의 신비한 해답을 수록했다. 당신이 당면한 문제라면 무엇이든 해결할 수 있는 열쇠가 이 한 권의 책 속에 있다.
신비한 동양철학 10 | 정도명 저 | 284면 | 16,000원 | 신국판 양장

주역 기본원리
주역의 기본원리를 통달할 수 있는 책
이 책에서는 기본괘와 변화와 기본괘가 어떤 괘로 변했을 경우 일어날 수 있는 내용들을 설명하여 주역의 변화에 대한 이해를 돕는데 주력하였다. 그러나 그런 내용을 구분할 수 있는 방법을 전부 다 설명할 수는 없기에 뒷장에 간단하게설명하였고, 다른 책들과 설명의 차이점도 기록하였으니 참작하여 본다면 조금이나마 도움이 될 것이다.
신비한 동양철학 67 | 원공선사 편저 | 800면 | 39,000원 | 신국판

완성 주역비결 | 주역 토정비결
반쪽으로 전해오는 토정비결을 완전하게 해설
지금 시중에 나와 있는 토정비결에 대한 책들은 옛날부터 내려오는 완전한 비결이 아니라 반쪽의 책이다. 그러나 반쪽이라고 말하는 사람은 없다. 그것은 주역의 원리를 모르기 때문이다. 그래서 늦은 감이 없지 않으나 앞으로 수많은 세월을 생각해서 완전한 해설판을 내놓기로 했다.
신비한 동양철학 92 | 원공선사 편저 | 396면 | 16,000원 | 신국판

육효대전
정확한 해설과 다양한 활용법
동양고전 중에서도 가장 대표적인 것이 주역이다. 주역은 옛사람들이 자연을 거울삼아 생활을 영위해 나가는 처세에 관한 지혜를 무한히 내포하고, 피흉추길하는 얼과 슬기가 함축된 점서인 동시에 수양·과학서요 철학·종교서라고 할 수 있다.
신비한 동양철학 37 | 도관 박흥식 편저 | 608면 | 26,000원 | 신국판

육효점 정론
육효학의 정수
이 책은 주역의 원전소개와 상수역법의 꽃으로 발전한 경방학을 같이 실어 독자들의 호기심을 충족시키는데 중점을 두었습니다. 주역의 원전으로 인화의 처세술을 터득하고, 어떤 사안의 답은 육효법을 탐독하여 찾으시기 바랍니다.
신비한 동양철학 80 | 효명 최인영 편역 | 396면 | 29,000원 | 신국판

육효학 총론
육효학의 핵심만을 정확하고 알기 쉽게 정리
육효는 갑자기 문제가 생겨 난감한 경우에 명쾌한 답을 찾을 수 있는 학문이다. 그러나 시중에 나와 있는 책들이 대부분 원서를 그대로 번역해 놓은 것이라 전문가인 필자가 보기에도 지루하며 어렵다는 느낌이 들었다. 그래서 보다 쉽게 공부할 수 있도록 이 책을 출간하게 되었다.
신비한 동양철학 89 | 김도희 편저 | 174쪽 | 26,000원 | 신국판

기문둔갑 비급대성
기문의 정수
기문둔갑은 천문지리 · 인사명리 · 법술병법 등에 영험한 술수로 예로부터 은밀하게 특권층에만 전승되었다. 그러나 아쉽게도 기문을 공부하려는 이들에게 도움이 될만한 책이 거의 없다. 필자는 이 점이 안타까워 천견박식함을 돌아보지 않고 감히 책을 내게 되었다. 한 권에 기문학을 다 표현할 수는 없지만 이 책을 사다리 삼아 저 높은 경지로 올라간다면 제갈공명과 같은 지혜를 발휘할 수 있을 것이다.
신비한 동양철학 86 | 도관 박흥식 편저 | 725면 | 39,000원 | 신국판

기문둔갑옥경
가장 권위 있고 우수한 학문
우리나라의 기문역사는 장구하나 상세한 문헌은 전무한 상태라 이 책을 발간하였다. 기문둔갑은 천문지리는 물론 인사명리 등 제반사에 관한 길흉을 판단함에 있어서 가장 우수한 학문이며 병법과 법술방면으로도 특징과 장점이 있다. 초학자는 포국편을 열심히 익혀 설국을 자유자재로 할 수 있도록 하고, 개인의 이익보다는 보국안민에 일조하기 바란다.
신비한 동양철학 32 | 도관 박흥식 저 | 674면 | 39,000원 | 사륙배판

오늘의 토정비결
일년신수와 죽느냐 사느냐를 알려주는 예언서
역산비결은 일년신수를 보는 역학서이다. 당년의 신수만 본다는 것은 토정비결과 비슷하나 토정비결은 토정 선생께서 사람들에게 용기와 희망을 주기 위함이 목적이어서 다소 허황되고 과장된 부분이 많다. 그러나 역산비결은 재미로 보는 신수가 아니라, 죽느냐 사느냐를 알려주는 예언서이이니 재미로 보는 토정비결과는 차원이 다르다.
신비한 동양철학 72 | 역산 김찬동 편저 | 304면 | 16,000원 | 신국판

國運 · 나라의 운세
역으로 풀어본 우리나라의 운명과 방향
아무리 서구사상의 파고가 높다하기로 오천 년을 한결같이 가꾸며 살아온 백두의 혼이 와르르 무너지는 지경에 왔어도 누구하나 입을 열어 말하는 사람이 없으니 답답하다. 불확실한 내일에 대한 해답을 이 책은 명쾌하게 제시하고 있다.
신비한 동양철학 22 | 백우 김봉준 저 | 290면 | 9,000원 | 신국판

남사고의 마지막 예언
이 책으로 격암유록에 대한 논란이 끝나기 바란다
감히 이 책을 21세기의 성경이라고 말한다. 〈격암유록〉은 섭리가 우리민족에게 준 위대한 복음서이며, 선물이며, 꿈이며, 인류의 희망이다. 이 책에서는 〈격암유록〉이 전하고자 하는 바를 주제별로 정리하여 문답식으로 풀어갔다. 이 책으로 〈격암유록〉에 대한 논란은 끝나기 바란다.
신비한 동양철학 29 | 석정 박순용 저 | 276면 | 16,000원 | 신국판

원토정비결
반쪽으로만 전해오는 토정비결의 완전한 해설판
지금 시중에 나와 있는 토정비결에 대한 책들을 보면 옛날부터 내려오는 완전한 비결이 아니라 반면의 책이다. 그러나 반면이라고 말하는 사람이 없다. 그것은 주역의 원리를 모르기 때문이다. 따라서 늦은 감이 없지 않으나 앞으로의 수많은 세월을 생각하면서 완전한 해설본을 내놓았다.
신비한 동양철학 53 | 원공선사 저 | 396면 | 24,000원 | 신국판 양장

나의 천운 · 운세찾기
몽골정통 토정비결
이 책은 역학계의 대가 김봉준 선생이 몽골토정비결을 우리의 인습과 체질에 맞게 엮은 것이다. 운의 흐름을 알리고자 호운과 쇠운을 강조하고, 현재의 나를 조명하고 판단할 수 있도록 했다. 모쪼록 생활서나 안내서로 활용하기 바란다.
신비한 동양철학 12 | 백우 김봉준 저 | 308면 | 11,000원 | 신국판

역점 | 우리나라 전통 행운찾기
쉽게 쓴 64괘 역점 보는 법
주역이 점치는 책에만 불과했다면 벌써 그 존재가 없어졌을 것이다. 그러나 오랫동안 많은 학자가 연구를 계속해왔고, 그 속에서 자연과학과 형이상학적인 우주론과 인생론을 밝혀, 정치·경제·사회 등 여러 방면에서 인간의 생활에 응용해왔고, 삶의 지침서로써 그 역할을 했다. 이 책은 한 번만 읽으면 누구나 역점가가 될 수 있으니 생활에 도움이 되길 바란다.
신비한 동양철학 57 | 문명상 편저 | 382면 | 26,000원 | 신국판 양장

이렇게 하면 좋은 운이 온다
한 가정에 한 권씩 놓아두고 볼만한 책
좋은 운을 부르는 방법은 방위·색상·수리·년운·월운·날짜·시간·궁합·이름·직업·물건·보석·맛·과일·기운·마을·가축·성격 등을 정확하게 파악하여 자신에게 길한 것은 취하고 흉한 것은 피하면 된다. 이 책의 저자는 신학대학을 졸업하고 역학계에 입문했다는 특별한 이력을 갖고 있기 때문에 더 많은 화제가 되고 있다.
신비한 동양철학 27 | 역산 김찬동 저 | 434면 | 16,000원 | 신국판

운을 잡으세요 | 改運秘法
염력강화로 삶의 문제를 해결한다!
행복과 불행은 누가 주는 것이 아니라 자기 자신이 만든다고 할 수 있다. 한 마디로 말해 의지의 힘, 즉 염력이 운명을 바꾸는 것이다. 이 책에서는 이러한 염력을 강화시켜 삶에서 일어나는 문제를 해결하는 방법을 알려준다. 누구나 가벼운 마음으로 읽고 실천한다면 반드시 목적을 이룰 수 있을 것이다.
신비한 동양철학 76 | 역산 김찬동 편저 | 272면 | 10,000원 | 신국판

복을 부르는방법
나쁜 운을 좋은 운으로 바꾸는 비결
개운하는 방법은 여러 가지가 있으나, 이 책의 비법은 축원문을 독송하는 것이다. 독송이란 소리내 읽는다는 뜻이다. 사람의 말에는 기운이 있는데, 이 기운은 자신에게 돌아온다. 좋은 말을 하면 좋은 기운이 돌아오고, 나쁜 말을 하면 나쁜 기운이 돌아온다. 이 책은 누구나 어디서나 쉽게 비용을 들이지 않고 좋은 운을 부를 수 있는 방법을 실었다.
신비한 동양철학 69 | 역산 김찬동 편저 | 194면 | 11,000원 | 신국판

천직·사주팔자로 찾은 나의 직업
천직을 찾으면 역경없이 탄탄하게 성공할 수 있다
잘 되겠지 하는 막연한 생각으로 의욕만 갖고 도전하는 것과 나에게 맞는 직종은 무엇이고 때는 언제인가를 알고 도전하는 것은 근본적으로 다르고, 결과도 다르다. 만일 의욕만으로 팔자에도 없는 사업을 시작했다고 하자, 결과는 불을 보듯 뻔하다. 그러므로 이런 때일수록 침착과 냉정을 찾아 내 그릇부터 알고, 생활에 대처하는 지혜로움을 발휘해야 한다.
신비한 동양철학 34 | 백우 김봉준 저 | 376면 | 19,000원 | 신국판

운세십진법·本大路
운명을 알고 대처하는 것은 현대인의 지혜다
타고난 운명은 분명히 있다. 그러니 자신의 운명을 알고 대처한다면 비록 운명을 바꿀 수는 없지만 향상시킬 수 있다. 이것이 사주학을 알아야 하는 이유다. 이 책에서는 자신이 타고난 숙명과 앞으로 펼쳐질 운명행로를 찾을 수 있도록 운명의 기초를 초연하게 설명하고 있다.
신비한 동양철학 1 | 백우 김봉준 저 | 364면 | 16,000원 | 신국판

성명학 | 바로 이 이름
사주의 운기와 조화를 고려한 이름짓기
사람은 누구나 타고난 운명이 있다. 숙명인 사주팔자는 선천운이고, 성명은 후천운이 되는 것으로 이름을 지을 때는 타고난 운기와의 조화를 고려해야 한다. 따라서 역학에 대한 깊은 이해가 선행함은 지극히 당연하다. 부연하면 작명의 근본은 타고난 사주에 운기를 종합적으로 분석하여 부족한 점을 보강하고 결점을 개선한다는 큰 뜻이 있다고 할 수 있다.
신비한 동양철학 75 | 정담 선사 편저 | 488면 | 24,000원 | 신국판

작명 백과사전
36가지 이름짓는 방법과 선후천 역상법 수록
이름은 나를 대표하는 생명체이므로 몸은 세상을 떠날지라도 영원히 남는다. 성명운의 유도력은 후천적으로 가공 인수되는 후존적 수기로써 조성 운화되는 작용력이 있다. 선천수기의 운기력이 50%이면 후천수기도의 운기력도50%이다. 이와 같이 성명운의 작용은 운로에 불가결한조건일 뿐 아니라, 선천명운의 범위에서 기능을 충분히 할 수 있다.
신비한 동양철학 81 | 임삼업 편저 | 송충석 감수 | 730면 | 36,000원 | 사륙배판

작명해명
누구나 쉽게 활용할 수 있는 체계적인 작명법
일반적인 성명학으로는 알 수 없는 한자이름, 한글이름, 영문이름, 예명, 회사명, 상호, 상품명 등의 작명방법을 여러 사례를 들어 체계적으로 분석하여 누구나 쉽게 배워서 활용할 수 있도록 서술했다.
신비한 동양철학 26 | 도관 박흥식 저 | 518면 | 19,000원 | 신국판

역산성명학
이름은 제2의 자신이다
이름에는 각각 고유의 뜻과 기운이 있어 그 기운이 성격을 만들고 그 성격이 운명을 만든다. 나쁜 이름은 부르면 부를수록 불행을 부르고 좋은 이름은 부르면 부를수록 행복을 부른다. 만일 이름이 거지같다면 아무리 운세를 잘 만나도 밥을 좀더 많이 얻어 먹을 수 있을 뿐이다. 저자는 신학대학을 졸업하고 역학계에 입문한 특별한 이력으로 많은 화제가 된다.
신비한 동양철학 25 | 역산 김찬동 저 | 456면 | 19,000원 | 신국판

작명정론
이름으로 보는 역대 대통령이 나오는 이치
사주팔자가 네 기둥으로 세워진 집이라면 이름은 그 집을 대표하는 문패라고 할 수 있다. 따라서 이름을 지을 때는 사주의 격에 맞추어야 한다. 사주 그릇이 작은 사람이 원대한 뜻의 이름을 쓰면 감당하지 못할 시련을 자초하게 되고 오히려 이름값을 못할 수 있다. 즉 분수에 맞는 이름으로 작명해야 하기 때문에 사주의 올바른 분석이 필요하다.
신비한 동양철학 77 | 청월 박상의 편저 | 430면 | 19,000원 | 신국판

음파메세지(氣)성명학
새로운 시대에 맞는 새로운 성명학
지금까지의 모든 성명학은 모순의 극치를 이룬다. 그러나 이제 새 시대에 맞는 음파메세지(氣) 성명학이 나왔으니 복을 계속 부르는 이름을 지어 사랑하는 자녀가 행복하고 아름다운 삶을 살아갈 수 있도록 하는데 도움이 되었으면 한다.
신비한 동양철학 51 | 청암 박재현 저 | 626면 | 39,000원 | 신국판 양장

아호연구
여러 가지 작호법과 실제 예 모음
필자는 오래 전부터 작명을 연구했다. 그러나 시중에 나와 있는 책에는 대부분 아호에 관해서는 전혀 언급하지 않았다. 그래서 아호에 관심이 있어도 자료를 구하지 못하는 분들을 위해 이 책을 내게 되었다. 아호를 짓는 것은 그리 대단하거나 복잡하지 않으니 이 책을 처음부터 끝까지 착실히 공부한다면 누구나 좋은 아호를 지어 쓸 수 있을 것이라고 생각한다.
신비한 동양철학 87 | 임삼업 편저 | 308면 | 26,000원 | 신국판

한글이미지 성명학
이름감정서
이 책은 본인의 이름은 물론 사랑하는 가족 그리고 가까운 친척이나 친구들의 이름까지도 좋은지 나쁜지 알아볼 수 있도록 지금까지 나와 있는 모든 성명학을 토대로 하여 썼다. 감언이설이나 협박성 감명에 흔들리지 않고 확실한 이름풀이를 볼 수 있을 것이다. 그리고 아름답고 멋진 삶을 살아갈 수 있는 이름을 짓는 방법도 상세하게 제시하였다.
신비한 동양철학 93 | 청암 박재현 지음 | 287면 | 10,000원 | 신국판

비법 작명기술
복과 성공을 함께 하려면
이 책은 성명의 발음오행이나 이름의 획수를 근간으로 하는 실제 이용이 가장 많은 기본 작명법을 서술하고, 주역의 괘상으로 풀어 길흉을 판단하는 역상법 5가지와 그외 중요한 작명법 5가지를 합하여 「보배로운 10가지 이름 짓는 방법」을 실었다. 특히 작명비법인 선후천역상법은 성명의 원획에 의존하는 작명법과 달리 정획과 곡획을 사용해 주역 상수학을 대표하는 하락이수를 쓰고, 육효가 들어가 응험률을 높였다.
신비한 동양철학 96 | 임삼업 편저 | 370면 | 30,000원 | 사륙배판

올바른 작명법
소중한 이름, 알고 짓자!
세상 부모들에게 가장 소중한 것이 뭐냐고 물으면 자녀라고 할 것이다. 그런데 왜 평생을 좌우할 이름을 함부로 짓는가. 이름이 얼마나 소중한지, 이름의 오행작용이 일생을 어떻게 좌우하는지 모르기 때문이다.
신비한 동양철학 61 | 이정재 저 | 352면 | 19,000원 | 신국판

호(雅號)책
아호 짓는 방법과 역대 유명인사의 아호, 인명용 한자 수록
필자는 오래 전부터 작명연구에 열중했으나 대부분의 작명책에는 아호에 관해서는 전혀 언급하지 않고, 간혹 거론했어도 몇 줄 정도의 뜻풀이에 불과하거나 일반작명법에 준한다는 암시만 풍기며 끝을 맺었다. 따라서 필자가 참고한 문헌도 적었음을 인정한다. 아호에 관심이 있어도 자료를 구하지 못하는 현실에 착안하여 필자 나름대로 각고 끝에 본서를 펴냈다.
신비한 동양철학 97 | 임삼업 편저 | 390면 | 20,000원 | 신국판

관상오행
한국인의 특성에 맞는 관상법
좋은 관상인 것 같으나 실제로는 나쁘거나 좋은 관상이 아닌데도 잘 사는 사람이 왕왕있어 관상법 연구에 흥미를 잃는 경우가 있다. 이것은 중국의 관상법만을 익히고 우리의 독특한 환경적인 특징을 소홀히 다루었기 때문이다. 이에 우리 한국인에게 알맞는 관상법을 연구하여 누구나 관상을 쉽게 알아보고 해석할 수 있도록 자세하게 풀어놓았다.
신비한 동양철학 20 | 송파 정상기 저 | 284면 | 12,000원 | 신국판

정본 관상과 손금
바로 알고 사람을 사귑시다
이 책은 관상과 손금은 인생을 행복하게 만든다는 관점에서 다루었다. 그야말로 관상과 손금의 혁명이라고 할 수 있다. 여러분도 관상과 손금을 통한 예지력으로 인생의 참주인이 되기 바란다. 용기를 불어넣어 주고 행복을 찾게 하는 것이 참다운 관상과 손금술이다. 이 책이 일상사에 고민하는 분들에게 해결방법을 제시해 줄 것이다.
신비한 동양철학 42 | 지창룡 감수 | 332면 | 16,000원 | 신국판 양장

이런 사원이 좋습니다
사원선발 면접지침
사회가 다양해지면서 인력관리의 전문화와 인력수급이 기업주의 애로사항이 되었다. 필자는 그동안 많은 기업의 사원선발 면접시험에 참여했는데 기업주들이 모두 면접지침에 관한 책이 있으면 좋겠다는 것이다. 그래서 경험한 사례를 참작해 이 책을 내니 좋은 사원을 선발하는데 많은 도움이 될 것이라고 믿는다.
신비한 동양철학 90 | 정도명 지음 | 274면 | 19,000원 | 신국판

핵심 관상과 손금
사람을 볼 줄 아는 안목과 지혜를 알려주는 책
오늘과 내일을 예측할 수 없을만큼 복잡하게 펼쳐지는 현실에서 살아남기 위해서는 사람을 볼줄 아는 안목과 지혜가 필요하다. 시중에 관상학에 대한 책들이 많이 나와있지만 너무 형이상학적이라 전문가도 이해하기 어렵다. 이 책에서는 누구라도 쉽게 보고 이해할 수 있도록 핵심만을 파악해서 설명했다.
신비한 동양철학 54 | 백우 김봉준 저 | 188면 | 14,000원 | 사륙판 양장

완벽 사주와 관상
우리의 삶과 관계 있는 사실적 관계로만 설명한 책
이 책은 우리의 삶과 관계 있는 사실적 관계로만 역을 설명하고, 역에 대한 관심과 흥미를 갖게 하고자 관상학을 추록했다. 여기에 추록된 관상학은 시중에서 흔하게 볼 수 있는 상법이 아니라 생활상법, 즉 삶의 지식과 상식을 드리고자 했다.
신비한 동양철학 55 | 김봉준·유오준 공저 | 530면 | 36,000원 | 신국판 양장

사람을 보는 지혜
관상학의 초보에서 실용까지
현자는 하늘이 준 명을 알고 있기에 부귀에 연연하지 않는다. 사람은 마음을 다스리는 심명이 있다. 마음의 명은 자신만이 소통하는 유일한 우주의 무형의 에너지이기 때문에 잠시도 잊으면 안된다. 관상학은 사람의 상으로 이런 마음을 살피는 학문이니 잘 이해하여 보다 나은 삶을 삶을 영위할 수 있도록 노력해야 한다.
신비한 동양철학 73 | 이부길 편저 | 510면 | 20,000원 | 신국판

한눈에 보는 손금
논리정연하며 바로미터적인 지침서
이 책은 수상학의 연원을 초월해서 동서합일의 이론으로 집필했다. 그야말로 논리정연한 수상학을 정리하였다. 그래서 운명적, 철학적, 동양적, 심리학적인 면을 예증과 방편에 이르기까지 상세하게 기술했다. 이 책은 수상학이라기 보다 바로미터적인 지침서 역할을 해줄 것이다. 독자 여러분의 꾸준한 연구와 더불어 인생성공의 지침서가 될 수 있을 것이다.
신비한 동양철학 52 | 정도명 저 | 432면 | 24,000원 | 신국판 양장

이런 집에 살아야 잘 풀린다
운이 트이는 좋은 집 알아보는 비결
한마디로 운이 트이는 집을 갖고 싶은 것은 모두의 꿈일 것이다. 50평이니 60평이니 하며 평수에 구애받지 않고 가족이 평온하게 생활할 수 있고 나날이 발전할 수 있는 그런 집이 있다면 얼마나 좋을까? 그런 소망에 한 걸음이라도 가까워지려면 막연하게 운만 기대하고 있어서는 안 된다. 좋은 집을 가지려면 그만한 노력이 있어야 한다.
신비한 동양철학 64 | 강현술·박홍식 감수 | 270면 | 16,000원 | 신국판

점포, 이렇게 하면 부자됩니다
부자되는 점포, 보는 방법과 만드는 방법
사업의 성공과 실패는 어떤 사업장에서 어떤 품목으로 어떤 사람들과 거래하느냐에 따라 판가름난다. 그리고 사업을 성공시키려면 반드시 몇 가지 문제를 살펴야 하는데 무작정 사업을 시작하여 실패하는 사람들이 많다. 그래서 이 책에서는 이러한 문제와 방법들을 조목조목 기술하여 누구나 성공하도록 도움을 주는데 주력하였다.
신비한 동양철학 88 | 김도희 편저 | 177면 | 26,000원 | 신국판

쉽게 푼 풍수
현장에서 활용하는 풍수지리법
산도는 매우 광범위하고, 현장에서 알아보기 힘들다. 더구나 지금은 수목이 울창해 소조산 정상에 올라가도 나무에 가려 국세를 파악하는데 애를 먹는다. 따라서 사진을 첨부하니 많은 활용하기 바란다. 물론 결록에 있고 산도가 눈에 익은 것은 혈 사진과 함께 소개하였다. 이 책을 열심히 정독하면서 답산하면 혈을 알아보고 용산도 할 수 있을 것이다.
신비한 동양철학 60 | 전항수·주장관 편저 | 378면 | 26,000원 | 신국판

음택양택
현세의 운·내세의 운
이 책에서는 음양택명당의 조건이나 기타 여러 가지를 설명하여 산 자와 죽은 자의 행복한 집을 만들 수 있도록 했다. 특히 죽은 자의 집인 음택명당은 자리를 옳게 잡으면 꾸준히 생기를 발하여 흥하나, 그렇지 않으면 큰 피해를 당하니 돈보다도 행·불행의 근원인 음양택명당에 관심을 기울여야 한다.
신비한 동양철학 63 | 전항수·주장관 지음 | 392면 | 29,000원 | 신국판

용의 혈 · 풍수지리 실기 100선
실전에서 실감나게 적용하는 풍수의 길잡이
이 책은 풍수지리 문헌인 만두산법서, 명산론, 금랑경 등을 이해하기 쉽도록 주제별로 간추려 설명했으며, 풍수지리학을 쉽게 접근하여 공부하고, 실전에 활용하여 실감나게 적용할 수 있도록 하는데 역점을 두었다.
신비한 동양철학 30 | 호산 윤재우 저 | 534면 | 29,000원 | 신국판

현장 지리풍수
현장감을 살린 지리풍수법
풍수를 업으로 삼는 사람들이 진가를 분별할 줄 모르면서 많은 법을 알았다고 자부하며 뽐낸다. 그리고는 재물에 눈이 어두워 불길한 산을 길하다 하고, 선하지 못한 물을 선하다 한다. 이는 분수 밖의 것을 바라기 때문이다. 마음가짐을 바로 하고 고대 원전에 공력을 바치면서 산간을 실사하며 적공을 쏟으면 정교롭고 세밀한 경지를 얻을 수 있을 것이다.
신비한 동양철학 48 | 전항수 · 주관장 편저 | 434면 | 36,000원 | 신국판 양장

찾기 쉬운 명당
실전에서 활용할 수 있는 책
가능하면 쉽게 풀어 실전에 도움이 되도록 했다. 특히 풍수지리에서 방향측정에 필수인 패철 사용과 나경 9층을 각 층별로 설명했다. 그리고 이 책에 수록된 도설, 즉 오성도, 명산도, 명당 형세도 내거수 명당도, 지각형세도, 용의 과협출맥도, 사대 혈형 와겸유돌 형세도 등은 국립중앙도서관에 소장된 문헌자료인 만산도단, 만산영도, 이석당 은민산도의 원본을 참조했다.
신비한 동양철학 44 | 호산 윤재우 저 | 386면 | 19,000원 | 신국판 양장

해몽정본
꿈의 모든 것
시중에 꿈해몽에 관한 책은 많지만 막상 내가 꾼 꿈을 해몽을 하려고 하면 어디다 대입시켜야 할지 모르는 경우가 많았을 것이다. 그러나 최대한으로 많은 예를 들었고, 찾기 쉽고 명료하게 만들었기 때문에 해몽을 하는데 어려움이 없을 것이다. 한집에 한권씩 두고 보면서 나쁜 꿈은 예방하고 좋은 꿈을 좋은 일로 연결시킨다면 생활에 많은 도움이 될 것이다.
신비한 동양철학 36 | 청암 박재현 저 | 766면 | 19,000원 | 신국판

해몽 · 해몽법
해몽법을 알기 쉽게 설명한 책
인생은 꿈이 예지한 시간적 한계에서 점점 소멸되어 가는 현존물이기 때문에 반드시 꿈의 뜻을 따라야 한다. 이것은 꿈을 먹고 살아가는 인간 즉 태몽의 끝장면은 죽음을 향해 달려가고 있는 인간이기 때문이다. 꿈은 우리의 삶을 이끌어가는 이정표와도 같기에 똑바로 가도록 노력해야 한다.
신비한 동양철학 50 | 김종일 저 | 552면 | 26,000원 | 신국판 양장

명이용어와 시결음미
명리학의 어려운 용어와 숙어를 쉽게 풀이한 책
명리학을 연구하는 이들은 기초공부가 끝나면 자연스럽게 홀륭하다고 평가하는 고전의 이론을 접하게 된다. 그러나 시결과 용어와 숙어는 어려운 한자로만 되어 있어 대다수가 선뜻 탐독과 음미에 취미를 잃는다. 그래서 누구나 어려움 없이 쉽게 읽고 깊이 있게 음미할 수 있도록 원문에 한글로 발음을 달고 어려운 용어와 숙어에 해석을 달아 이 책을 내게 되었다.
신비한 동양철학 103 | 원각 김구현 편저 | 300면 | 25,000원 | 신국판

완벽 만세력
착각하기 쉬운 서머타임 2도 인쇄
시중에 많은 종류의 만세력이 나와있지만 이 책은 단순한 만세력이 아니라 완벽한 만세경전으로 만세력 보는 법 등을 실었기 때문에 처음 대하는 사람이라도 쉽게 볼 수 있도록 편집되었다. 또한 부록편에는 사주명리학, 신살종합해설, 결혼과 이사택일 및 이사방향, 길흉보는 법, 우주천기와 한국의 역사 등을 수록했다.
신비한 동양철학 99 | 백우 김봉준 저 | 316면 | 20,000원 | 사륙배판

정본만세력

이 책은 완벽한 만세력으로 만세력 보는 방법을 자세하게 설명했다. 그리고 역학에 대한 기본적인 내용과 결혼하기 좋은 나이·좋은 날·좋은 시간, 아들·딸 태아감별법, 이사하기 좋은 날·좋은 방향 등을 부록으로 실었다.

신비한 동양철학 45 | 백우 김봉준 저 | 304면 | 사륙배판 26,000원, 신국판 16,000원, 사륙판 10,000원, 포켓판 9,000원

정본 | 완벽 만세력
착각하기 쉬운 서머타임 2도인쇄

시중에 많은 종류의 만세력이 있지만 이 책은 단순한 만세력이 아니라 완벽한 만세경전이다. 그리고 만세력 보는 법 등을 실었기 때문에 처음 대하는 사람이라도 쉽게 볼 수 있다. 또 부록편에는 사주명리학, 신살 종합해설, 결혼과 이사 택일, 이사 방향, 길흉보는 법, 우주의 천기와 우리나라 역사 등을 수록하였다.

신비한 동양철학 99 | 김봉준 편저 | 316면 | 20,000원 | 사륙배판

원심수기 통증예방 관리비법
쉽게 배워 적용할 수 있는 통증관리법

『원심수기 통증예방 관리비법』은 4차원의 건강관리법으로 질병이 악화되는 것을 예방하여 건강한 몸을 유지하는데 그 목적이 있다. 시중의 수기요법과 비슷하나 특장점은 힘이 들지 않아 어린아이부터 노인까지 누구나 시술할 수 있고, 배우고 적용하는 과정이 쉽고 간단하며, 시술 장소나 도구가 필요 없으니 언제 어디서나 시술할 수 있다.

신비한 동양철학 78 | 원공 선사 저 | 288면 | 16,000원 | 신국판

운명으로 본 나의 질병과 건강상태
타고난 건강상태와 질병에 대한 대비책

이 책은 국내 유일의 동양오술학자가 사주학과 정통명리학의 양대산맥을 이루는 자미두수 이론으로 임상실험을 거쳐 작성한 자료다. 따라서 명리학을 응용한 최초의 완벽한 의학서로 질병을 예방하고 치료하는데 활용하면 최고의 의사가 될 것이다. 또한 예방의학적인 차원에서 건강을 유지하는데 훌륭한 지침서로 현대의학의 새로운 장을 여는 계기가 될 것이다.

신비한 동양철학 9 | 오상익 저 | 474면 | 15,000원 | 신국판

서체자전
해서를 기본으로 전서, 예서, 행서, 초서를 연습할 수 있는 책

한자는 오랜 옛날부터 우리 생활과 뗄 수 없는 관계를 맺어왔음에도 잘 몰라 불편을 겪는 사람들이 많아 이 책을 내게 되었다. 이 책에서는 해서를 기본으로 각 글자마다 전서, 예서, 행서, 초서 순으로 배열하여 독자가 필요한 것을 찾아 연습하기 쉽도록 하였다.

신비한 동양철학 98 | 편집부 편 | 273면 | 16,000원 | 사륙배판

택일민력(擇日民曆)
택일에 관한 모든 것

이 책은 택일에 대한 모든 것을 넣으려고 최선을 다하였다. 동양철학을 공부하여 상담하거나 종교인·무속인·일반인들이 원하는 부분을 쉽게 찾아 활용할 수 있도록 칠십이후, 절기에 따른 벼농사의 순서와 중요한 과정, 납음오행, 신살의 의미, 구성조견표, 결혼·이사·제사·장례·이장에 관한 사항 등을 폭넓게 수록하였다.

신비한 동양철학 100 | 최인영 편저 | 80면 | 5,000원 | 사륙배판

모든 질병에서 해방을 1·2
건강실용서

우리나라는 아주 오랜 옛날부터 건강과 관련한 약재들이 산천에 널려 있었고, 우리 민족은 그 약재들을 슬기롭게 이용하며 나름대로 건강하게 살아왔다. 그러나 오늘날 현대의학에 밀려 외면당하며 사라지게 되었다. 이에 옛날부터 내려오는 의학적인 『기사회생』과 『단방심편』을 바탕으로 민가에서 활용했던 민간요법들을 정리하고, 현대에 개발된 약재들이나 시술방법들을 정리했다.

신비한 동양철학 102 | 원공 선사 편저 | 1권 448면·2권 416면 | 각 29,000원 | 신국판

명리용어와 시결음미
어려운 명리용어와 숙어를 쉽게 풀이한 책
명리학을 연구하는 이들은 기초공부가 끝나면 자연스럽게 훌륭하다고 평가하는 고전의 이론을 접하게 된다. 그러나 음양오행의 논리와 심오한 명리학의 진리에 큰 뜻을 갈무리하고 있는 것으로, 이 모두가 세상의 도리와 관련이 있는 시결(詩訣)과 용어와 숙어는 어려운 한자로만 되어 있어 대다수의 역학도는 선뜻 탐독과 음미에 취미를 잃을 수 있다. 그래서 누구나 어려움 없이 쉽게 읽고 깊이 있게 음미할 수 있도록 원문에 한글로 발음을 달고 어려운 용어와 숙어에 해석을 달아 이 책을 내게 되었다.
신비한 동양철학 103 | 원각 김구현 편저 | 300면 | 25,000원 | 신국판

참역학은 이렇게 쉬운 것이다② — 완결편
역학을 활용하는 방법을 정리한 책
『참역학은 이렇게 쉬운 것이다』에서 미처 쓰지 못한 사주를 활용하는 방법을 정리한다는 의미에서 다시 이 책을 내게 되었다. 전문가든 비전문가든 이 책이 사주라는 학문을 이해하는 데 도움이 되고, 사주에 있는 가장 좋은 길을 찾아 행복하게 살았으면 합니다. 특히 사주상담을 업으로 하는 분들도 참고해서 상담자들이 행복하게 살도록 도와주었으면 한다.
신비한 동양철학 104 | 청암 박재현 편저 | 330면 | 23,000원 | 신국판